Die kühne Reisende

Emily Lowe war die Tochter eines englischen Richters. Sie studierte Schifffahrt und erwarb als erste Frau in England das Kapitänspatent, um am Steuer einer 350 Tonnen Yacht das Mittelmeer zu überqueren. Die gesamte Mannschaft hörte auf ihr Kommando.
Sie war die erste Frau, die Norwegen mit dem Schlitten bereiste, und die erste, die den Ätna bestieg. In jenem Dezember 1857 hatte es ungewöhnlich viel geschneit. Niemand wollte den Aufstieg auf den Vulkan wagen. Als Emily oben angekommen war, unter ihr das golden leuchtende Sizilien, riefen die Träger aus: »Ein solches Wunder konnte sich nur am Tag der Santa Lucia ereignen!«

Klaudia Ruschkowski, geboren 1959 in Dortmund, lebt in Volterra, Italien und Berlin. Sie ist Dramaturgin, Autorin, Kuratorin und Übersetzerin. Sie übersetzt aus dem Italienischen und Englischen, zuletzt Etel Adnan, Giuseppe Zigaina, Vincenzo Latronico.

Susanne Gretter studierte Anglistik, Romanistik und Politische Wissenschaft in Tübingen und Berlin. Sie lebt und arbeitet als Verlagslektorin in Berlin. Sie ist die Herausgeberin der Reihe Die kühne Reisende.

Emily Lowe

Palermo, oh Palermo!

Eine gewagte Reise durch Sizilien

Aus dem Englischen und mit einem Vorwort
von Klaudia Ruschkowski

ERDMANN

Emily Lowe

Inhalt

Kalabrien

Für meine Mutter

Vorwort

Emily Lowe – Reisen ohne Gepäck

Es ist früh im Herbst, als Emily Lowe und ihre Mutter 1857 in Palermo eintreffen. Sie sind bereits seit mehreren Wochen unterwegs. In einer Rückblende skizziert Emily die Route: die Überquerung der Alpen über den St. Gotthard, ein Besuch in Mailand und Genua, die Fahrt über Rapallo und Sestri Levante durch Cinque Terre bis nach La Spezia, schließlich die Ankunft in Livorno, von wo aus sie sich nach Sizilien einschiffen, dem Ziel ihrer Reise. In einem Zug beschreibt sie die abendliche Stimmung über dem Golf von Palermo. Sie entwirft ein paradiesisches Bild, Inbegriff von Süden und romantischem Gefühl. Mit leichter Hand umreißt sie den geografischen, kulturellen und mythologischen Raum des Mittelmeers: Der Schirokko verbindet Europa mit Afrika, Palermo verweist auf das maurische Spanien mit Al Andalus, dies führt zur arabischen Welt, die palermitanischen Berge rufen den Olymp auf und damit die griechische Götterwelt. Der romantische Traum, ein Topos der englischen Reiseliteratur des 19. Jahrhunderts, mit dem Emily Lowe ihr Buch eröffnet, mündet am Ende des ersten Kapitels in die Wirklichkeit. Hier beginnen die eigentlichen Entdeckungen der beiden »schutzlos« reisenden Ladies, die 1859 unter dem Titel »Unprotected females in Sicily, Calabria, and on the top of Mount Aetna« unter »anonymous« im Londoner Verlag Routledge erscheinen. Eine Parenthese verweist jedoch auf die Autorschaft von »E. Lowe«.

Es handelt sich bereits um das zweite Reisebuch, das die junge Emily Lowe selbstbewusst veröffentlicht. 1857 erschien im selben Verlag »Unprotected females in Norway or the pleasantest way of travelling there, passing through Denmark and Sweden«. Im Zentrum des Berichts über die Reise nach Norwegen, damals »Terra incognita«, die sie ebenfalls gemeinsam mit ihrer Mutter unternimmt, steht die Überquerung des Sognefjells im Pferdeschlitten, auf der höchstgelegenen Passstraße Nordeuropas.

Die beiden Engländerinnen geben sich nicht mit konventionellen Zielen zufrieden. Sie bereisen Europas geografische Extreme, die sich außerhalb der seit der Renaissance obligatorischen und den Söhnen des europäischen Adels und später auch des gehobenen Bürgertums vorbehaltenen »Grand Tour« befinden. Es zieht sie nach Süditalien, das als unzugänglich und gefährlich gilt, für Frauen ohnehin undenkbar. Emily Lowes Buch über Sizilien und Kalabrien kann daher als Pionierarbeit betrachtet werden.

Durch die Formulierung »unprotected females« kreiert sie für sich und ihre Mutter eine originelle Identität. Zwar war die Bezeichnung »unprotected« für Frauen, die ohne männliche Begleitung reisen, in der viktorianischen Kultur durchaus verbreitet, galt aber als exzentrische Verirrung, als ebenso komische wie tragische Abweichung von der Norm. In einer Reihe von Sketchen machte sich die Londoner Satirezeitschrift »Punch« über die »Unprotected females« lustig und verhöhnte in den zwischen 1849 und 1851 erschienenen »Szenen aus dem Leben einer schutzlosen Frau« die Missgeschicke einer gewissen »Miss Martha Struggles«, die ohne männliche Obhut – oder Aufsicht – mit der »Komplexität des viktorianischen Lebens« kämpft, um schließlich erschöpft in die Arme eines Mr. Jones zu sinken, der sie noch gerade rechtzeitig aus einer scheinbar hoffnungslosen Situation befreit.

In ihren Veröffentlichungen besetzt Emily Lowe den Ausdruck »unprotected« positiv und dreht den Spieß um. Für sie hat die sogenannte »Schutzlosigkeit« einen ganz praktischen Sinn. Bevor sie nach Norwegen aufbrachen, sind Emily und ihre Mutter schon häufiger gereist und haben festgestellt, dass »Ladies weitaus besser *allein* reisen als zusammen mit Gentlemen«. Jeder ist freundlich, jeder versucht zu helfen. Reist die Frau in Begleitung eines Mannes, dann steht sie zwangsläufig im Hintergrund. Der Mann führt die Gespräche, er entscheidet über die Route, er schließt die Bekanntschaften, er erlebt die Abenteuer, die Emily, zum Zeitpunkt ihrer Reisen nicht älter als Anfang zwanzig, selbst erleben will. »Auf Reisen besteht der einzige Nutzen eines Gentleman darin, dass er sich um das Gepäck kümmert, und wir achten darauf, kein Gepäck dabei zu haben«, eröffnet sie dem Leser gleich zu Beginn ihres Norwegen-Berichtes. Detailliert beschreibt sie in ihrem Buch über Sizilien die Vorbereitungen zur Besteigung des Ätna, ein logistisches Unterfangen, aber auch eine Frage der Willenskraft. Wobei sie wie nebenbei darauf hinweist, dass nicht nur der berühmte Geologe Sir Charles Lyell mehrfach versucht hat, bis zum Gipfel des Ätna zu gelangen, im Gegensatz zu ihr jedoch nie über einen Nebenkrater hinausgekommen ist.

Emily Lowes streitlustiger und selbstbewusster Ton brachte ihr einige bissige Kritiken ein. Der Rezensent der englischen Wochenzeitschrift »The Era« bemerkte 1859, kurz nach dessen Erscheinen, das Buch über Sizilien »ist nicht eben das, was wir uns aus der Feder einer englischen Dame wünschen, aber es könnte laufen, immerhin so lange wie eine Weihnachtspantomime, und dann ist es vergessen«. Trotz oder vielleicht gerade wegen der Verrisse durch die männliche Kritik hatten Emily Lowes Bücher Erfolg. Sie blieben – ebenso wie ihre Reisen – während der zweiten Hälfte des 19. Jahrhunderts im Gedächtnis der englischen Öffentlichkeit. A. T. Camden Pratt widmete ihr einen Artikel in seinem 1897 in London erschienenen »People of the Period«, einem viktorianischen »Who's Who«, wo sie als eine »Frau mit starkem Charakter« und »glühende Pionierin des Reisens« bezeichnet wird.

Emmeline Marjory Lowe wurde 1835 geboren. Englische Personenverzeichnisse des 19. Jahrhunderts und »Debrett's Illustrated Baronetage« von 1864 stellen sie als Tochter des Richters R. Atwell Lowe vor, von dem Camden Pratt berichtet, er sei in Indien tätig gewesen. Die Mutter wird hier nicht erwähnt. In späteren Veröffentlichungen trifft man auf den Namen Helen Lowe, und wahrscheinlich handelt es sich bei Emilys Mutter um die Autorin des 1841 in London erschienenen Bandes »Cephalus and Procris«. Die Londoner Zeitschrift für Literatur, Wissenschaft und die Schönen Künste »The Athenaeum« veröffentlicht am 7. Mai 1842 die Notiz, dass »Cephalus und Procris« wegen der poetischen, an Milton erinnernden Sprache und einer großen Vertrautheit der Autorin mit der griechischen Mythologie und Literatur »mit Erstaunen aufgenommen wurde«. Die junge Emily muss die Liebe zu Mythologie und Dichtung durch ihre Mutter erfahren haben. So praktisch sie über Transport- und Zahlungsmittel, über Straßenverhältnisse, Brückenbauten und die Ausstattung von Gasthöfen berichtet, so passioniert flicht sie Götter und Mythen ein, um Sizilien zu beschreiben, das »antike Thrinakria«, »Helios' leuchtende Insel«. Sie war, worauf die Zeitschrift »Woman's World« ausdrücklich hinweist, das einzige Kind ihrer Mutter. Die Abenteuer, die beide zusammen erleben, ihr unkomplizierter Umgang miteinander und die lebhafte Art ihres Reisens lassen auf ein enges, schwesterliches Verhältnis schließen. »Mamma«, wie Emily ihre Mutter auf italienische Art nennt, erscheint als die praktischere von beiden, zügelt die ungestüme Jüngere, lässt sich dann aber immer wieder von ihr mitreißen.

Ab 1856 ist »Miss E. Lowe« als Mitarbeiterin bei »The Athenaeum« tätig, dessen Herausgeber, dem englischen Historiker und Reisenden Hepworth Dixon, sie ihr Buch über Norwegen widmet. Sie übernimmt die Recherche für Reise- und Geschichtsbeiträge von Autoren wie Walter White, einem Sekretär der Royal Society: »Zu Fuß durch Tirol im Sommer 1855«, für den Historiker Edward Stillingfleet Cayley: »Die Revolutionen von 1848« oder für das von Francis Coghlan herausgegebene »Handbuch für Reisende in Norditalien«, verfasst aber auch eigene Texte, zum Beispiel »Wo ein Wille ist, ist auch ein Weg« – erschienen am 17. Mai 1856, vor ihrem Aufbruch in den Norden. »Für den wahren Reisenden«, beginnt sie ihren Bericht über Norwegen, »liegt die eigentliche Faszination in einem unerforschten Land …« Die beiden Ladies wollen sich daher in »den wildesten Teil Skandinaviens« wagen. Die Reise in die Gegenrichtung, an einen der südlichsten Punkte Europas, stellt Mitte des 19. Jahrhunderts kein geringeres Wagnis dar. Hinzu kommt, dass Emily sich vorgenommen hat, im Winter und bei Schnee den Ätna zu besteigen und auf jeden Fall bis zum Krater zu gelangen, eine Herausforderung, der sie sich mit der eigenwilligen Bemerkung stellt, sie sehe »den Moment gekommen, wo zwei Wunder der Schöpfung, ein schneebedeckter Vulkan und die Neugier einer Frau, sich gegenseitig in ihrer Glut auf die Probe stellen«.

Dennoch ist Emily Lowe keine typische englische »Lady Explorer«. Sie erkundet keine exotischen Landstriche oder fernen Kontinente wie Isabella Bird, die nach Amerika, Australien und in den Fernen Osten aufbricht, oder wie Mary Kingsley, die es nach Afrika zieht. Weder erfüllt sie eine gesellschaftliche oder politische Mission, noch reist sie, um sich selbst zu finden. Sie scheint vielmehr von Neugier und einer ungemeinen Lebenslust getrieben, was mit einer jugendlich romantischen Vorstellung von Abenteuern einhergeht, deren Heldin sie ist. Vor allem in Kalabrien, dessen antike griechische Besiedlung, sarazenische Piratenüberfälle und albanische Einwanderung eine ganz eigene Kultur geschaffen haben, einem »wilden Land«, dem »romantische Gefahren« nachgesagt werden, zeigt sich Emilys Leidenschaft für Schauergeschichten, die im damaligen England sehr beliebt waren. Schließlich ist es aber wirklicher Wissensdurst, die Begeisterung für Natur und Geschichte und nicht zuletzt das aufrichtige Interesse an der Begegnung mit Menschen, was aus ihren Reiseberichten spricht. Obwohl sie im Laufe der Wochen, in denen sie unterwegs ist und mehr und mehr Einblick in die Verhältnisse des Landes gewinnt, in manch viktorianische Vorstellungen und von Standesdünkel getragene Vorurteile zurückfällt, sind ihre Reisen im Kern von der Überzeugung getragen, jederzeit herzlich auf die Menschen zugehen zu sollen, denn »ein kühl distanziertes Gebaren der Überlegenheit« verletzt den anderen und verhindert ein wirkliches Kennenlernen.

Emily Lowes Originalität als Verfasserin von Reisebüchern liegt, wie Stefania Arcara bemerkt, in der Stärke der Persönlichkeit, die sie in ihren Texten durch die Figur einer Reisenden kreiert, die ihre Unabhängigkeit ostentativ zur Schau stellt. Emily scheut sich nicht, sich selbst zu skandalisieren, Kühnheit und Antikonformismus zu zeigen. In Norwegen schneidert sie sich Hosen aus leuchtend rotem Flanell, um »à la Zouave« reiten zu können, »frei und unabhängig, einen Fuß in jedem Steigbügel«, und sieht sich in der Rolle eines militärischen Anführers, der in unerforschte Gegenden vordringt. In Sizilien legt sie es als »femme fatale« auf einen Flirt mit einem Mönch an, in Kalabrien sonnt sie sich in der Bewunderung einiger junger Männer, die ihr ein Sonett widmen. Die Verkleidungen, in denen sie sich nur zu gern zeigt, entsprechen ihrem Hang zur Theatralität und ihrer Liebe zur Bühne. Emily und ihre Mutter lassen in Sizilien keine Gelegenheit aus, die Oper zu besuchen – es sei denn, es handle sich um einen Sonntag, an dem sich die protestantischen Damen jegliches Vergnügen versagen.

Emily Lowe zeigt in jeder Hinsicht ein ambivalentes Verhalten, das zwischen extremer Grenzüberschreitung und der Annahme einer ganz traditionell weiblichen Haltung schwankt. Das hat durchaus Kalkül. »Trotz gelegentlich immenser Kraftanstrengungen«, vertraut sie dem Leser an, erscheinen sie und ihre Mutter von »trügerisch zarter Gestalt«. So werden die vermeintlich »Schutzlosen« während ihrer Reise unentwegt beschützt – wenn es in ihrem Interesse liegt. »Wie erstaunlich ist es doch, dass die Leute, wenn Damen einen vollkommen hilflosen und unschuldigen Eindruck machen, sogleich in die Falle gehen und alles unternehmen, um ihnen zu Diensten zu sein«, notiert Emily in Norwegen. »›Unprotecteds‹ fahren am besten damit, sich eng an die alte Kombination der Qualitäten von Schlange und Taube zu halten.«

Durch ihre Reiseberichte erschafft Emily Lowe, wie Hannah Sikstrom feststellt, einen neuen symbolischen Raum für die reisenden Frauen des 19. Jahrhunderts. Dieser »metamorphische Raum« gestattet es ihnen, sich selbst in ihrer Weiblichkeit zu definieren und je nach Situation über das Maß zu entscheiden, in welchem sie die zu jener Zeit dominanten Rollenvorstellungen von sich weisen oder ihnen entgegenkommen wollen.

Am 4. Oktober 1859 heiratet Emily Lowe den zwanzig Jahre älteren Sir Robert Cavendish Spencer Clifford, »3rd Baronet Clifford Of The Navy« und »Yeoman Usher of the Black Rod«, einen ranghohen Beamten im britischen Parlament und direkten Nachfahren von Königin Maria I. (Tudor). Wie Camden Pratt berichtet, macht sich Emily sogleich daran,

Rutland House, ihren Wohnsitz in Knightsbridge, nach eigenen architektonischen Plänen zu gestalten. Mit der Heirat endet ihre Tätigkeit für »The Athenaeum«. Im Herbst 1861 lanciert der Verleger Samuel Beeton das Frauenmagazin »Queen«, das eine überraschend ausführliche Reisekolumne enthält. Dreißig Jahre lang wird das Blatt von einer anonymen Herausgeberin betreut. Jill Steward weist sie in ihrem 2005 erschienenen Beitrag zur Rolle des Reisejournalismus in England und der Entwicklung des Tourismus als »Helen Lowe« aus, »die als ›unprotected female‹ in Begleitung ihrer Mutter durch Norwegen und Sizilien reiste.« »Helen Lowe« soll demnach für »Queen« auch Beiträge »im Stil ihrer Reisetagebücher« verfasst haben. Vermutlich handelt es sich um einen Irrtum, und es war Emily, die ebenso »anonymous«, wie sie ihre beiden Bücher veröffentlicht hat, als Herausgeberin des Blattes fungierte. »Queen« ermutigte die Frauen, Reisen als eine ebenso befreiende wie bestärkende Erfahrung zu begreifen, und enthielt darüber hinaus zahlreiche praktische Ratschläge zum Verhalten in anderen Ländern.

Die Abenteuerlust hat Emily mit ihrer Heirat nicht verlassen. Die Londoner Gesellschaftsblätter berichten im Laufe der Jahre immer wieder von den Reisen, die sie, nun Lady Spencer Clifford, mit ihren drei Töchtern unternimmt, vor allem nach Italien. Sie besitzt eine Yacht, mit der sie unter dem Kommando eines Kapitäns etliche Fahrten durch das Mittelmeer und den Atlantik unternimmt. Auf die Dauer führt die zwischen Besitzerin und Kapitän geteilte Autorität jedoch zu Konflikten. Als gegen ihren Willen immer wieder Häfen außerhalb der festgelegten Route angelaufen und obskure Waren an Bord geladen werden, wendet sie sich an den zuständigen Konsul und erhält die offizielle Erlaubnis, den Kapitän und die mit ihm konspirierenden Offiziere zu entlassen. Nach dem Tod ihres Mannes im Januar 1892 macht Emily, wie die Zeitschrift »Woman's World« vom 5. Oktober 1895 berichtet, ihr Kapitänspatent und wird bei der englischen Kammer als »Kapitän auf einem Handelsschiff« eingetragen. Dadurch eröffnet sie den Frauen ein neues Berufsfeld, gemäß ihrem Motto: »Wenn du willst, dass etwas getan wird, dann tu es selbst.« Nachdem sie die Prüfung in Nautik bestanden hat, die ihr als Frau, wie sie der Zeitschrift gegenüber ironisch versichert, »ganz gewiss leichter gemacht wurde«, steuerte sie bis zu ihrem Tod 1897 als erster weiblicher Kapitän in England ihre 350 Tonnen Yacht durch den Ärmelkanal, umrundete die iberische Halbinsel und passierte die Meerenge von Gibraltar auf dem Weg in ihr geliebtes Mittelmeer.

Klaudia Ruschkowski

Literatur

Emily Lowe, *Unprotected females in Norway or the pleasantest way of travelling there, passing through Denmark and Sweden*, London, 1857

Emily Lowe, *Due viaggiatrici ›indifese‹ in Sicilia e sull'Etna: diario di due lady vittoriane*, übersetzt und herausgegeben von Stefania Arcara, La Spezia, 2001

A. T. Camden Pratt, *People of the Period: Being a Collection of the Biographies of Upwards Six Thousand Living Celebrities*, London 1897, 2 Bde., S. 232–33

H. M. L. S., *A Few Words of Advice on Travelling and Its Requirements Addressed to the Ladies*, London, 1875

John Pemble, *The Mediterranean Passion: Victorians and Edwardians in the South*, Oxford 1987

Hannah Sikstrom, *›The Serpent and the Dove‹: The Adventures of an Unprotected Victorian Female Traveller in Norway and Sicily*, Liverpool Conference Paper, 2013

Jill Steward, How and Where to Go: The Role of Travel Journalism in Britain and the Evolution of Foreign Tourism, 1840–1914, in: *Histories of Tourism: Representation, Identity and Conflict*, Hg. John K. Walton, Clevedon – Buffalo – Toronto, 2005

Kathryn Walchester, *Gamle Norge and Nineteenth-Century British Women Travellers in Norway*, London / New York, 2014

Ein besonderer Dank gilt Stefania Arcara, Anglistin an der Universität Catania, und Übersetzerin von Emily Lowes Bericht über ihre Reise nach Sizilien ins Italienische.

Sizilien

Kapitel I

Der Traum

Palermo bei Nacht – Ein Traum – Genua –
Die »Sommerfrische« – Südwärts – Erwachen

Wer hat nicht schon von den Hymnen der Sizilianischen Vesper gehört?[1]... Sie erklingen, während wir von unserer Terrasse aus, zwischen Palmen und Aloe, die Sonne im Tyrrhenischen Meer versinken sehen. Der Mond wächst wie die Sichel der Ceres, in den Reihen der Paläste nach Osten und nach Westen gehen in allen Fenstern die Lichter an, die vorspringenden Berge, anmutig wie die Felsen des Olymp, verbleichen zu Schatten und wir spüren, wie sich der müde Schirokko aus den Wüsten Afrikas ein letztes Mal aufbäumt, die balsamische Luft durchzieht und säuselt: Schlafe!

Ja, schlafe ... und vielleicht ist es nur ein Traum, dass wir die von allen Göttern geliebte Insel erreichten – im alten Panormus eintrafen, dem heutigen Palermo, einst eine maurische, dann spanische Stadt, wo die Menschen einander immer noch mit »Don« und »Donna« begrüßen? Süßer trügerischer Traum, vergehe nicht. Voll Zuversicht verließen wir

1 Als Sizilianische Vesper wird der am 30. März 1282 zunächst in Palermo ausgebrochene Aufstand gegen die französische Herrschaft unter Karl I. bezeichnet. Er breitete sich rasch über die ganze Insel aus und führte zur Vertreibung des Hauses Anjou aus Sizilien.

unsere Heimat, kamen mit Bergführern über die Gletscher der Schweiz zum Fuß des St. Gotthard – überquerten seinen felsigen Pass, hinab zu den Ufern des Lago Maggiore, wo die Berge, die unter der milden Berührung der südlichen Sonne ihre Strenge verlieren, in sanften Biegungen und schillernden Farben rings um das Wasser auslaufen und der Ebene gestatten, das Antlitz der Natur bis zu Füßen des schwesterlichen Apennin mit ihren lieblichen Weinstöcken zu bedecken – einsam der Monte Rosa, errötender Gemahl des Mont Blanc, der nach Süden vordringt und sein Prachtgewand vom Gipfel bis zum Fuß erstrahlen lässt, um den Bergsteiger zu trösten, der den Schneefeldern der Nordwand nachtrauert. Wir stiegen auf die Kuppel des Mailänder Doms, errichtet aus weißem Marmor, in seiner Schönheit beinahe ein Werk der Natur, von wo aus wir mit einem einzigen Blick das gewaltigste Panorama dieser Welt vor uns hatten: die Alpen. Wir kamen an bemalten Gebäuden vorbei, jedes umgeben vom eigenen gestutzten Orangenhain, durchquerten vierzehn Tunnel und gelangten so in das geschäftige Genua, »wo der Osten noch an das Tor zu klopfen scheint«; und wo inmitten von Reihen reich geputzter und beladener Maulesel, die durch die engen Gassen trotten, der weiße Schleier über sprechende schwarze Augen und ungebärdige Locken weht; wo sich marmorne Aufgänge und schlafende Löwen aus dem Schmutz erheben und an jedem Eingang eine der Parzen Michelangelos ihren Rocken spinnt; wo eine Straße voll Gold und Silber sich zur herrlichen Nuova und Nuovissima verzweigt, der »neuen« Straße und der »ganz neuen«, auf Kirchen zu, deren Pracht sich durch Frische bricht, und hin zu kleineren Tempeln, aus denen man kaum die Betten für die Opfer der Choleraepidemie entfernt hatte, die nun unter den die Wälle verdunkelnden Zypressen ruhen. Griechische Seeleute, wahre Korsaren mit steif abstehenden Röcken und Schärpen, springen zu den groben Klängen eines

Musikers auf dem Platz vor der Kathedrale in Matrosenquadrillen herum, während auf der großen Opernbühne ein politisches Drama mit dem Titel »Der Traum eines Verbannten« getanzt wird, mit Garibaldi als Held – der sich im wirklichen Leben auf ein eigenes Stück Land auf Sardinien zurückgezogen und alle Angebote zur Vergrößerung seines Vermögens abgelehnt hat –, umgeben von tollenden Nymphen in höchst raffinierten Kostümen: die auf der einen Seite mit den drei Nationalfarben, die auf der anderen österreichisch gestreift. Letztere lösten mit dem Erscheinen einer bekrönten Dame, auf deren Brust der Doppeladler des Kaiserreichs prangte, einen Sturm an Pfiffen aus, während erstere, angeführt von einer rot-grün-weiß geflügelten Sardischen Fee, das Publikum in Entzücken versetzten, bis der Auftritt eines Jesuiten, der Heftchen an die Kinder verteilte, den Sturm der Entrüstung erneut aufleben ließ; er legte sich erst, als ein Schwarm von Amoretten Lorbeerkränze auf ihr geliebtes Land niederregnen ließ, während die österreichische Flagge in Flammen aufging. Dieses Schauspiel, das sich Abend für Abend wiederholt, zeigt, mit welchen Gefühlen die Menschen auf ihre Habsburger Nachbarn reagieren, deren italienische Staatsbürger diese Empfindungen voll und ganz teilen. Könnten Mailand und Turin, die beide den Aufstieg des anderen zur Hauptstadt fürchten, nur ihre Rivalität vergessen, so würden die fruchtbaren Ebenen der Lombardei noch immer die Felsenkrone des Piemont bereichern.

Am nächsten Morgen umrundeten wir die Mauern von Genua, schritten durch die Paläste der Stadt, verloren uns in den endlosen Arkaden, wo tausend Ambosse einer Welt von Schmieden ihre Funken versprühen. Dann längs der Riviera di Levante, einer überwältigend schönen Küste, gesäumt von einem herrlichen Meer. Marmorne Landspitzen erhoben sich von Olivenhainen, eine blaue Bucht erstreckte sich vor vielfarbigen Dörfern, Lateinersegel flogen auf den Horizont zu,

Kaktus, Kapern, Feigen säumten unseren Weg. Zauberhafte Szene, in welch leuchtenden Worten der Palette meines Geistes könnte ich dich malen?

Während sich all diese Reize zu meiner rechten ausbreiteten, entfalteten sich auf der linken die Wunder der Villen, in denen die italienischen Herrschaften ihre Sommer verbringen. Jeder Hügel war von ihnen bekrönt, vom herrschaftlich mit Portiken versehenen Palast bis hin zum kleinen Sommerhaus waren alle umgeben von Wein und Spalieren. In ihren Formen und Farben drückten sich tausenderlei Launen aus: Hier eine karmesinrote Festung mit zahlreichen Erkertürmen, bewacht von hochglanzlackierten gepanzerten Kriegern; daneben ein Tempel, dessen pastellig getönte Bogengewölbe sämtliche Musen beherbergen; die Wände eines anderen geformt aus Lapislazuli und Malachit; wir blickten in ein Fenster, hinter dem eine Katze saß, die einem Kanarienvogel zublinzelte, hinter einem anderen jagte ein Affe einen Papagei. Um eine Ahnung vom italienischen Fresko zu bekommen, *müsst* ihr diesen Weg nehmen. Und wie alles in der Sonne leuchtete!

Der erste Tag der Reise führte uns über Rapallo nach Sestri, unter dessen steinernen Säulengängen die weibliche Bevölkerung sich ihrer kostbaren Seidenspitzenarbeit widmete. Am nächsten Tag begann die Überquerung des Ligurischen Apennins, wo wir auf nichts anderes als Felsen, Wiesen, Ziegen, Schafhirten und weit voneinander entfernte Berggipfel stießen, bis nach einem langen, gewundenen Abstieg die ligurische Hauptstadt La Spezia vor uns auftauchte, ihr Golf sah aus wie ein Türkis, eingefasst von einem silbernen Kranz runder, weiß-wipfeliger Olivenbäume.

Ein Dampfer nahm eine Ladung rot bemützter Bauern an Bord, um sie zum Holzfällen nach Korsika zu bringen, das deutlich sichtbar in der Ferne aufragte. Wie sehr wünschte ich, wir wären mit ihnen gefahren! Denn nun kündigte sich der Alb des Traumes an: Sturzbäche von Regen, so viel der italienische Himmel fünf Tage lang nur ununterbrochen herab schütten kann, als wolle er dadurch all sein Strahlen vergessen machen. Häuser und Land waren überschwemmt, zu zeichnen gab es nichts anderes als Regen. Nur wenige Meilen entfernt floss der brückenlose, überflutete Macra[2], der unpassierbar geworden war, nicht zuletzt wegen einer erpresserischen Forderung. Wir waren dumm genug gewesen, von Genua aus eine Kutsche mit einer irischen Familie zu teilen, die nie zuvor im Ausland gewesen war, keiner fremden Sprache mächtig, die den Italienern gab, was immer sie auch verlangten und zuließ, dass der Kutscher ihre Freundlichkeit und damit auch die unsere missbrauchte. Er hatte während des unfreiwilligen Aufenthalts bereits eine stattliche Summe für seine eigenen Ausgaben und zur Pflege der Pferde erhalten, aber als der Fluss passierbar wurde, war er nicht willens, uns ohne ein neuerliches Handgeld hinüberzubringen. Wäre nicht ein hartnäckiger Schotte mit seiner Familie eingetroffen, die sich weder ausnehmen lassen, noch verspäten wollten, hätten wir gewiss noch weitere fünf Tage versucht, durch den Nebel hindurch Byrons Residenz in Lerici zu erspähen und in regendurchtränkten Booten einen Ausflug zu der Süßwasserquelle in der Bucht zu unternehmen. Zu einem ähnlichen Verdruss wird es an diesem Ort nicht mehr kommen, denn als die Regierung kurz darauf beschloss, in La Spezia einen großen Hafen anzulegen, erhielt der Fluss eine steinerne Brücke.

In Sarzana, am gegenüberliegenden Ufer, gab es einige schöne römische Ruinen, auch die Villen tauchten hier und dort wieder auf; doch wie hatte die Nässe ihnen zugesetzt! Gewiss sieht keine Operndiva mit schlammverschmutzter Schleppe erbärmlicher aus als ein verregnetes Norditalien.

---

2 Der heutige Magra; als »Macra« wurde er in der Antike bezeichnet.

Zöllner, die unter einem Bogen mit der herzoglichen Krone einige Franken erbettelten, ließen uns nach Modena hinein: nichts als baufällige Ortsteile, Schmutz und jammervolles Elend. Carrara mit seinen Steinbrüchen und den Marmorblöcken, die quer durch die Stadt hindurch zum Meer gebracht werden, waren die einzig interessanten Dinge. Dieselbe offizielle Bettelei kündigte uns die Toskana an. Nach einer weiteren Nacht, die wir an der Straße nach Pietrasanta verbrachten, durchquerten wir am nächsten Morgen ein sehr viel besser gestelltes Land, bis sich vor uns ein weißer Turm erhob, der deutlich aus der Lotrechten wich: Pisa. Dort, Reisender, sind Kathedrale, Baptisterium, Friedhof und Portale so herrlich wie alles, was du von nun an erblicken wirst.

Dann flog Morpheus mit uns nach Livorno und trug uns, nachdem er uns sanft durch zwei Nächte auf dem Meer gewiegt hatte, zu jener schönen Maske auf verdorbenem Gesicht: dem Golf von Neapel. Der Vesuv flammte, und als wir des Nachts erneut aufbrachen, war sein Feuer weithin sichtbar in der Dunkelheit. Bei Tagesanbruch lag eine Insel mit Felsvorsprüngen vor uns auf dem Wasser. Ich glaube, wir gingen an Land – und es war *kein* Traum, denn hundert Glocken zugleich schlagen die Stunde, die Sonne funkelt hell durch den Fensterflügel, die vorspringenden Felsen ragen aus dem Meer, eine kleine Eidechse huscht am Myrtentopf entlang: heute wollen wir Palermo entdecken.

Kapitel II

Palermo

Angriffslustige Fahrer – Die Straßen – Die Kirchen –
Die Kathedrale – Der Palast –
Die Glocke der »Sizilianischen Vesper« –
Die Menschen auf den Straßen – Der Liebesbrief

Und nun Palermo, oh Palermo! Du liegst im vollen Tageslicht vor uns, aber es ist nicht leicht, deine Straßen zu erkunden. Kaum setzt man den Fuß vor die Tür, füllt sich die enge Gasse augenblicklich mit verrückten Fahrzeugen, wieder andere nähern sich von deren beiden Enden. Die Fahrer beknien uns alle zugleich, als könnten wir sämtliche Wagen auf einmal besteigen, drängen uns gegen die Hauswände, füllen die Luft mit Peitschenknall und folgen uns einer hinter dem andern durch die Stadt. In Zukunft werden wir den erstbesten Wagen nehmen, dies versprechen wir, doch heute wollen wir nur bummeln, umherstreifen und einen Blick auf den neuen Ort werfen. Und noch etwas anderes beschäftigt uns: Wie können wir das Heer der Bettler bezwingen? Begierig, das große Los zu ziehen, erwarten sie die Ankunft eines jeden neuen Reisenden, wollen herausfinden, ob er die Absicht hat, während seines Aufenthalts ihre Börse zu füllen, um ihn – je nachdem, wie die Antwort ausfällt –, in dieser Zeit entweder zu verfolgen oder ihn in Ruhe zu lassen; der erste *grano*[3], den er gibt, weist ihn als Opfer aus; verweigert er ihn, ist er ihrer Aufmerksamkeit nicht mehr würdig.

Schmale Gehwege säumen beide Seiten der vier lebendigen, sich kreuzenden Straßen, die quer durch Palermo zu den vier Stadttoren Felice, Maquada, Toledo und St. Antonino führen. Sie treffen sich im Zentrum der Stadt[4], wo sich neben Opernplakaten und dem Bildnis der Madonna vier steinerne Brunnen befinden, deren Wasser aus satinweißen, bannerförmigen Dekors und Verzierungen sprudelt. Inmitten der Piazza steht – typisch für alle gut ausgestatteten sizilianischen Straßen und Plätze – eine eiserne Brücke auf Rädern, mit deren Hilfe man schlammigen Stellen ausweichen kann. Junge Männer unternehmen ihren frühmorgendlichen Ausflug auf glatt gestriegelten Eseln; die Händler diskutieren in den schönen, zur Straße gelegenen Salons, in denen sie ihre Waren feilbieten; Konditoren haben gerade begonnen, mit langen Stangen, an deren Enden bunte Papierfahnen geknüpft sind, die bereits versammelten Fliegenschwärme zu verscheuchen; gelb gekleidete, aneinander gekettete Gefangene ziehen in Reihen zu ihrer frühmorgendlichen Arbeit; kindliche Novizen, die kaum unter ihren Hüten hervorschauen, gehen zum Unterricht, und Donna Luisa verschwindet mit ihrer Kammerfrau in der Kirche. Lasst uns ihr folgen, denn es gilt, dreihundert heilige Gebäude zu besuchen, die alle am Mittag schließen. Sie kniet vor einem von van Dycks[5] heilig melancholischen Bildern. Die reiche Innenausstattung der Kirche besteht aus vielfarbig glänzen-

3 Kleine Kupfermünze, im 18. und 19. Jahrhundert im Königreich Neapel und in Sizilien geprägt.

4 Es handelt sich um die oktogonale Piazza Vigliena.

5 Anthonis van Dyck (1599–1641), war ein flämischer Maler im Umfeld von Rubens. Bei dem Gemälde handelt es sich um die 1628 entstandene »Madonna del Rosario« im Oratorio del Rosario di San Domenico.

dem Marmor; die Säulen sind reliefartig mit detaillierten Szenen aus der Heiligen Schrift überzogen – die, an der wir lehnen, zeigt die Geschichte von Jonas, das Schiff, den Walfisch, alles farbgetreu und von prächtigem Glanz; hinter einem vergoldeten Gitter entdecken wir schließlich die Schwestern von Santa Caterina, denen die Kirche gewidmet ist.

Die Innenräume von Santissimo Salvatore und die der Basilika San Giuseppe dei Teatini, in der sich eine kleine »Heilige Familie« von Raphael befindet, sind ebenso vollkommen gestaltet wie die der Kirchen La Martorana, Sant'Ignazio all'Olivella und der Casa Professa, überall treffen wir auf Meisterwerke der sizilianischen Mosaikkunst, die Ähnlichkeiten mit der Florentinischen aufweist. Nur der Dom – ein höchst poetisches Bauwerk! – ist in seinem Inneren von strenger Schlichtheit, außen dagegen so, wie ich mir eine edle spanische Kathedrale erträumen würde. Halb maurisch, halb gotisch öffnet er sich auf eine Piazza – auf der einen Seite bewacht von Santa Rosalia, seiner süßen Schutzpatronin, auf der anderen von Santa Olivia mit ihrem Friedenszweig; tausende kleiner Bögen, deren hochaufragende Mauern mit Blumenkränzen verziert sind, folgen dicht aufeinander, bis sich der letzte Bogen weiträumig zum Kardinalspalast hinüberspannt, aus dem Scharen rotgewandeter Lakaien strömen.

Im Inneren des Gotteshauses liegt Friedrich Barbarossa in seinem Porphyr-Sarkophag – zwischen den prachtvollen Gräbern von Roger II. und den frühen normannischen Königen.[6] Die hohen Seitenschiffe wurden jüngst restauriert, und obwohl sie sich im Stil von dem zauberhaften Äußeren unterscheiden, sind die achtzig Granitsäulen, von denen die rauen Bögen getragen werden, eine Augenweide. Santa Rosalias Altar besteht aus Lapislazuli; nur zu den Festen ist es

6 Emily Lowe verwechselt Barbarossa mit dessen Enkel Friedrich II. Es ist sein Sarkophag, der sich in der Kathedrale befindet.

erlaubt, den heiligen Ernst dieses Ortes durch Flitterkram zu stören.

Vom frühen Morgen an huschten Gestalten ein und aus und knieten vor den Beichtstühlen; anmutige Frauen bewegten sich lautlos durch die Arkaden und bekreuzigten sich. Wir hielten uns lange dort auf, und es wäre uns kaum in den Sinn gekommen, welch romantischer Begebenheit wir gedankenverloren beiwohnen sollten: Als wir den Dom verließen, fiel unser Blick vom Portikus aus auf Ciceros Haus gegenüber, nun im Besitz des Prinzen Ninfa; vom Licht geblendet, wanderte unser Auge blinzelnd über die Steine der Kathedrale, die golden in einer Sonne leuchteten, deren Schein seit sieben Jahrhunderten auf sie fällt; es verweilte beim benachbarten Convento dei Sett'Angeli, dem Kloster der sieben Engel, wo wir beobachteten, wie die Armen Geschirr und Flaschen auf eine Drehscheibe neben dem Fenster des Parlatoriums stellten und alles nach einer Umdrehung mit Fleisch und Wein gefüllt zurück erhielten. Welche Freude bereitete uns dieser kurze Blick in die Zeiten des Mittelalters!

Die Orden und Kloster wechseln einander beim Verteilen der Speisen ab, so dass die Armen sich jeden Tag einer Mahlzeit gewiss sein können. Zudem gibt es ein weiträumiges und gut geführtes Obdachlosenhaus namens »Albergo dei Poveri«, wo man sich der Bedürftigen annimmt; in einem anderen wird dem notleidenden Adel geholfen, womit das Betteln eigentlich unnötig sein sollte.

Nun auf zum Palast! Vor dessen Toren wartet eine Karosse auf den gegenwärtigen Bewohner Prinz Castelcicala, der lange Zeit Botschafter in England gewesen war und nun im Alter das Amt des Vizegouverneurs von Sizilien als Pfründe erhalten hat. Die Regierungsgeschäfte liegen in Wirklichkeit jedoch in Händen von fünf Direktoren. Sie gehören als Minister dem neapolitanischen Kabinett an. Die hübsch ausgemalten königlichen Wohnräume mit ihren Volten, Marmorfußböden und den wenigen klassischen Möbeln geben eine gute Vorstellung von einer gepflegten italienischen Residenz. Auf einer Säule ruht der letzte Widder von Syrakus, der einst mit seinen bronzenen Gefährten die vier Eckpunkte der Stadt zierte – der Wind, der durch ihre hohlen Körper zog, röhrte aus ihren Mäulern und zeigte an, aus welcher Richtung Äolus wehte – eine Anlage von Archimedes, so heißt es.

Das große Treppenhaus mit seinen offenen Kolonnaden und den maurischen Fresken führt zur Cappella Palatina, wo trübes Tageslicht die Gemmen, die zu Tausenden Bögen, Wände und Fußböden schmücken, nur erahnen lässt. Die Kapelle wurde im 11. Jahrhundert von sarazenischen Händen für christliche Herrscher errichtet; sie ist vollständig mit winzigen Goldmosaiken verkleidet und dadurch von unvergleichlicher Schönheit. Unter ihr, in einer von Säulen getragenen Krypta, erlagen vier edle sizilianische Damen während einer der verzweifelten Kämpfe Siziliens gegen seine Unterdrücker lieber dem langsamen Hungertod, als den Zufluchtsort ihrer Männer und deren Gefolge preiszugeben. Würdige Schwestern jener Frauen, deren herrliches Haar die Bogen spannte, um von den Mauern aus Pfeile durch die Brust der Angreifer zu jagen! Und doch behaupten wir, die wir aus dem Norden kommen, den inbrünstigen Sizilianern fehle es an Standhaftigkeit. Ist ihr Herz getroffen, so sind sie wie kein anderer dazu fähig, mit aller Entschlossenheit Opfer zu bringen; und wie wir sie auf dieser langen Reise kennengelernt haben, können wir – so unvollkommen und ungebildet sie auch sein mögen –, ohne zu zögern beipflichten, dass sie »ehrlicher als die Franzosen, zuvorkommender als die Engländer und kultivierter als die Deutschen« sind. Aber, Reisende, denkt daran, ihnen herzlich zu begegnen; ein kühl, distanziertes Gebaren der Überlegenheit wird auf zwanzig Meter Entfernung wie ein elektrischer Schlag empfunden; der Schatten eines Verdachts verletzt jene sprichwörtliche »Sensibilität«, die sie in solch hohem Maß besitzen. Wie vergnüglich sich euer Streifzug über die Insel gestalten wird, hängt ganz davon ab, ob ihr ihnen *sympathisch* oder *unsympathisch* seid: Legt ihr es auf letzteres an, so solltet ihr besser nicht dorthin reisen; im anderen Fall könnt ihr alles unternehmen, was ihr wollt.

Ein vornehmer Priester der Cappella Palatina, der gut Englisch sprach, wies uns auf Manuskripte in seinen Archiven hin, die er bei Interesse zeigen könne. Er geleitete uns an der Außenseite des Palastes entlang, der in demselben antiken Stil restauriert ist wie die schöne Porta Maqueda, führte uns an den alten Befestigungsmauern mit ihren artesischen Brunnen vorbei, hieß uns durch die Porta St. Antonino erneut in die Stadt eintreten und brachte uns zu einer kleinen Kapelle mit zwei orientalischen Kuppeln und Türmen: Santo Spirito. Sie war aufgrund ihres Alters dazu ausersehen worden, mit ihren ersten Glockenschlägen die Vesper einzuläuten und damit den Aufstand, der die Insel von den französischen Usurpatoren befreite. Das Innere der Kirche fällt dem Schimmel zum Opfer; zu ihren Schätzen gehören jedoch zwei sehr alte Holzmalereien von 1184. Die eine zeigt die Madonna bei der Beschriftung eines Manuskriptes, neben ihr ein geöffnetes Fenster, hinter dem ein Adler zu sehen ist, der, angezogen von ihrem erhabenen Glanz, in seinem Flug zur Sonne innehält. Im sechsten Jahrhundert wurde einer der Mönche von Santo Spirito als Papst Agatho nach Rom berufen.

Die übrigen Kirchen sind erwähnenswert nur als Orte einer absonderlichen Art der Verehrung: vergoldete Stucksäulen, behängt mit protzigen Draperien; Kandelaber, umhüllt von gelbem Musselin; Schreine der beliebtesten Heiligen, umgeben von rosafarbenen aus Wachs nachgebildeten Körperteilen, die durch Fürbitten geheilt worden waren; dunkle Bilder des Jesuskindes im Arm seiner Mutter, über ihren

Köpfen gewaltige reliefartig geformte Silberkronen, seine kleinen, mit Ringen besteckten Finger um ihren juwelengeschmückten Hals; in Glaskästen ausgezehrte Heilige in Festtagsgewändern; prosaische Beichtstühle aus konkav gebogenem, perforiertem Blech, wie Wärmpfannen an der Wand befestigt; am Eingang gelegentlich das schöne Gesicht, die zarte Gestalt eines Cherubs oder eines Engels mit einer Muschel voll Weihwasser; Geruch von Knoblauch und Räucherwerk; Bettler drinnen wie draußen – all diese Erscheinungen machen auf den Fremden wohl den größten Eindruck.

In der Universität finden sich Trophäen des Forschergeistes unserer jungen Landsleute: Zwei von ihnen entdeckten vor einigen Jahren in Selinunt sehr wertvolle antike Flachreliefs; eines zeigt Perseus, ein anderes Herkules, ein drittes stellt einen Triumphwagen dar.

Lasst uns nun den Wagen von einem der Fahrer besteigen, die uns den ganzen Tag über nicht aus den Augen ließen, und in wenigen Minuten werden wir an der Zisa sein, dem Wohnsitz des letzten Emirs, der im Gegensatz zu seinen maurischen Brüdern auf der Insel geblieben war.[7] Hier, in diesem marmornen Becken, badeten seine jungen Töchter ihre zarten, braunen Glieder, umgeben von Fresken auf Wänden, die dick genug waren, die Sommerhitze abzuhalten, und auch jetzt noch unveränderlich dort stehen. Sie beherbergen eine sizilianische Familie, die im oberen Stockwerk wohnt und uns erlaubt, die massiven Stufen zu erklimmen und zu bewundern, wie gut das arabische *Die Glanzvolle* zur Zisa passt, ein Name, den sie erhielt, als dunkle Augen sehnsuchtsvoll von dem betürmten Dach auf das hinabschauten, was auch

7 Wegen der arabischen Einflüsse wurde La Zisa von den Historikern lange Zeit als arabischer Palast betrachtet. Es handelt sich jedoch um ein Schloss, das den normannischen Königen Siziliens als Sommerresidenz diente, 1165 unter Wilhelm I. begonnen und 1167 unter dessen Sohn Wilhelm II. fertiggestellt.

wir nun sehen: Palermo, gebettet in seine goldene Muschel, die *Conca d'Oro.* So nennen sie die reiche Ebene, die sich in Form einer Ellipse zu Füssen der schützenden Berge ausbreitet und alles hervorbringt, was eines Gartens Eden würdig ist. Auf dem Meer treiben die Äolischen Inseln, zart und klar; das Vorgebirge erstreckt sich bis weit in die Ferne und zeichnet eine Linie zwischen Luft und Meer, beides so blau, bis auf den Punkt, wo ein sanft weißer Nebel hoch aufsteigt und das Herz zum Klopfen bringt: der Kegel des Ätna … Unten erstreckt sich die Stadt mit ihren flachen Dächern und den orientalischen rechten Winkeln, die Licht und Schatten in aller Deutlichkeit zeichnen; da und dort erhebt sich eine Palme und wetteifert in ihrer Anmut mit den Türmen … wir wenden unseren Blick nicht ab, bis klingende Gongs, die hundert Stunden zugleich zu schlagen scheinen, die Muselmanen zum Gebet rufen, und wir Frauen müssen hinabsteigen, bevor deren Turbane den Hof und die Treppenhäuser bevölkern.

Zurück quer durch Palermo, Kutscher! Es ist nun Nachmittag, und die Straßen sind voll von Bettlern, Faulenzern, Priestern und Equipagen; die Fächer wedeln unablässig über den Süßigkeiten, die Obststände sind mit Girlanden aus Granatäpfeln und Feigen aus Nordafrika geschmückt; aus dem Korb, den einer der Männer auf dem Rücken trägt, taucht plötzlich ein kleiner Junge auf, reißt den Vorübergehenden die Hüte vom Kopf und taucht wieder ab, ohne von seinen Opfern in der Menschenmenge gesehen zu werden; Kutschen und Fuhrwerke verstopfen die engen Straßen, die Händler wickeln ihre Geschäfte auf dem Gehweg ab und drängen die Passanten wie selbstverständlich an die Wand. Die vornehme Donna Luisa ist schon seit längerem im Haus verschwunden und wirft einen Blick durch die purpurgestreiften Vorhänge auf dem reichverzierten Balkon, gut geschützt durch die Wäsche, die dort auf der Leine trocknet;

darüber Reihen von Fenstern, mit eisernen Gittern fragil wie Klöppelspitze, durch die reizende, von religiösem Gewand umrahmte Gesichter spähen, die ihre Klosterzellen jeden Tag einmal verlassen, um diesen flüchtigen Blick auf die Welt zu werfen. Die oberen Stockwerke, die auf die Straße zugehen, sind stattlich und schön; unten aber sieht man aufgereiht jede Menge armseliger Unterkünfte, dazu Verkaufsstände und schäbige Buden. In einigen Cafés sitzen noble Herren, zu fein zum Laufen und zu arm zum Fahren, und wispern *Inglesi*, Engländerinnen, als wir vorübergehen; ihre reichen Verwandten rattern in aufgetakelten Wagen geräuschvoll durch den Triumphbogen zum Meer hinunter, um einen Ausflug längs der Küste zu unternehmen, Neptuns Gefolge würdig. Ein junger Bacchus, der auf einem Fass hockt, verkündet unter Trommelschlägen, dass ein Schiff mit einer Ladung guten Weins im Hafen eingelaufen sei, und alles gerät in ungestüme Bewegung. Aufgewühlt von dieser Lebhaftigkeit kehren wir heim, und wer könnte angesichts eines liebenswürdigen Briefchens, das er auf seinem Tisch vorfindet, bestreiten, sich in einem romantischen Land zu befinden, wo spanisches Blut und ritterliche Tugend durch die Adern der Menschen fließen? Sein Inhalt zeigt deren Charakter besser, als es jede andere Beschreibung vermöchte: Don Quichotte muss unbedingt zurückkehren!

Just zur Stunde 9 des 17/9 57

Madamigella!
Vom ersten Moment an, da ich das Glück besaß, Euch in der Kathedrale zu erblicken, entflammtet Ihr in mir solch eine Sympathie für Euch, wie größer (was verlangt Ihr, reizendste Madamigella!) sie nicht sein könnte. Angesichts der – so bete ich – Euch angeborenen Liebenswürdigkeit

und Güte, gewährt mir eine Unterredung, sei es mit Euch oder, so es Euch besser gefällt, mit Eurer Mutter, wo und wann immer Ihr wollt, um zu erfahren, ob meine Neigung Erwiderung findet, damit sich alles zum Besten füge, damit aus unserer zufälligen Nachbarschaft eine dauerhafte werde.

Beim Pförtner Eurer Herberge hinterlege ich dieses, im Vertrauen, durch denselben noch heute Eure heißersehnte Antwort zu erhalten.

Vergebt, liebreizendste Madamigella, ich bitte Euch, meinen Wagemut, nehmt ihn als Hochschätzung Eurer natürlichen und moralischen Vorzüge und gewährt mir, in aller Ergebenheit, die Ehre und das Vergnügen, Euch diese zu erweisen.

Euer demütigster, ergebenster Diener

____

… dessen edlen und ehrenvollen Namen ich hier nicht nennen will.

Kapitel III

Palermitanische Bräuche

Die Innenausstattung der Häuser – Die Lebensweise – Wertvolle Gemälde und alte Spitzen – Verlosung der Preise – Das Trugbild – Englischer Gottesdienst – Die Gärten – Schöne Damen und ihre Kavaliere – Die königliche Villa – Der Monte Pellegrino – Die Katakomben

Die jungen Damen, die Sizilien künftig besuchen werden und womöglich sogar die Absicht haben, sich dort länger aufzuhalten (besser vielleicht, als nach Neuseeland zu gehen), werden gewiss erfahren wollen, wie die Interieurs der Häuser der Oberschicht beschaffen sind. Natürlich sind sie allesamt Palazzi, nichts Geringeres als das; mit Ausnahme des Hauses neben dem Hotel, das dem Prinzen Trabia gehört. Man muss es über die Terrasse betreten; andernfalls könnten die Scheußlichkeiten in Hof und Treppenaufgang einen vom Weitergehen abhalten. Die Empfangsräume im ersten Stock, dem *piano nobile*, sind wirklich schön; die Kühle ihrer marmornen Weite wird durch hübsch gemalte Natur- und Hirtenszenen auf Wänden und Decken gemildert; auf den Fussböden und vor den Fenstern Tapisserien mit mythologischen Motiven, das Werk der Frauen der Familie Trabia, Spiegel und Bilderrahmen mit so viel Gold verziert, dass täglich eine weitere Unze davon nötig ist, um ihren Glanz zu bewahren. Die Familie, die sich jetzt im Exil aufhält, wohnte im Obergeschoss; und sofern sie nicht mit ganz unsizilianischen Vorstellungen aufgezogen wurde, hätte der frühmorgendliche Besucher sie beim Schlürfen ihres Kaffees antreffen können, die Köpfe mit alten Halstüchern oder Nachtmützen bedeckt, die Körper in Baumwollfetzen oder Schlafröcke gehüllt, an den Füßen Schuhe, die nur noch dazu gut sind, über den kohlegefüllten Messingbecken, den *bracieri* – an denen man sich nicht nur wärmt, sondern gleichzeitig zu ersticken droht –, zu verschmoren; bis sie um zwei Uhr munter wie Stechfliegen in ihren Wagen steigen und einige Runden auf der Strandpromenade drehen, oder einen Spaziergang im Garten der Villa Flora unternehmen; nach einem frugalen Abendessen bei Sonnenuntergang verlagern sie sich in die Oper, um ihren weiten Bekanntenkreis zu treffen.

Dann und wann meint eine reiche Familie, eine glanzvolle Veranstaltung ausrichten zu müssen, und gibt dafür ein Vermögen aus; eine andere wiederum lädt zu einem traumhaften Fest in ihre Villa ein. An den drei Tagen im Juli, die Santa Rosalia gelten, erstrahlt das Meer im Glanz der Festlichkeiten; doch so etwas wie einen netten Besuch oder ein behagliches Beisammensein kennen sie nicht. Da es keine nennenswerte Bildung gibt, Literatur nicht existiert und Politik auf direktem Wege ins Gefängnis führt, *muss* das Gespräch seicht bleiben. Das leidenschaftliche Wesen der Sizilianer verlangt nach einem Ventil, wozu das Glücksspiel dient.

Den Sizilianern sagt man Galanterie nach: doch auch in anderen Ländern schlagen Müßiggänger ihre Zeit damit tot. Die Sizilianer sind sich ihrer Schwächen wohl bewusst; ein Mangel an wahrem Gefühl ist der letzte Makel, den man an ihnen finden wird. Sie betrachten sich selbst als warmherzige Menschen, was sich auch daran erweist, dass sie die ersten waren, die ihre Geisteskranken gut behandelt haben, wovon eine große, gut funktionierende Einrichtung zeugt.[8]

Am meisten verwunderte es uns allerdings, dass die schönen Künste ihre heimische Gegend verlassen haben. Bis auf die Mandolinen der Bauern war keine Musik zu hören; die Oper dient als Ort für Gespräche, niemand achtet auf das, was auf der Bühne geschieht. Die Bildhauer können ihr täglich Brot nicht verdienen; mittelmäßige Sonette werden nur von Verliebten verfasst; und die Wertschätzung für die Malerei zeigte sich auf solche Weise, dass eine junge Dame, die wir besuchten, uns weder etwas zum Thema der Gemälde sagen, noch die Maler der echten Spagnolettos[9] und Velasquez'[10] nennen konnte, die an den Wänden ihres Elternhauses hängen; dies erinnerte uns an eine Gruppe von Amerikanern, die beim Betreten des Saales mit den alten italienischen Meistern im Florentiner Palazzo Pitti laut ausriefen: »Oh, hier sind die Chinesen!« Als unser Blick nun aber über die Wände des sizilianischen Hauses wanderte, fanden wir die Ansammlung dunkelbrauner Heiliger und purpurner Martyrien einfach nur scheußlich! Obwohl der Name eines alten Meisters, der wieder und wieder dieselben Sujets malt, genügt, um Kenner – die sich übrigens niemals für ein gut

8 Die Real Casa dei Matti di Palermo, gegründet 1824, das heutige psychiatrische Krankenhaus Pietro Pisani, gilt als eine der ersten psychiatrischen Kliniken in Europa, die bei der Behandlung nicht auf Psychopharmaka setzte, sondern auf die psychologische Hilfe baute.

9 Jusepe de Ribera (1591–1652) war ein aus der spanischen Provinz Valencia stammender Maler, der in Neapel tätig war. Wegen seiner Herkunft wurde er auch »lo Spagnoletto«, »der kleine Spanier« genannt.

10 Giuseppe Velasco (1750–1827), auch Velasquez genannt, aus Palermo gilt als einer der bedeutendsten Vertreter des mediterranen Neoklassizismus des ausgehenden 18. und beginnenden 19. Jahrhunderts.

gemaltes und ergreifendes modernes Bild interessieren würden – in Ekstase zu versetzen; sie sollten jedoch nicht versuchen, eines jener alten Gemälde zu erwerben: der Eigentümer besitzt zu viel Geld und Stolz, um sich von solchen Erbstücken zu trennen; dies gilt auch für den bemerkenswert schönen Familienschmuck. Alte Spitzen sind sehr günstig in einigen der Konvente zu finden; die heutige Generation der Nonnen widmet ihr Talent hingegen der Zubereitung von Konfekt und Konfitüren. Jede Jahreszeit hat ihre Spezialität: so wurden uns zu Weihnachten zartlilafarbene Mandeltürmchen angeboten.

In diesem Land versorgt die Regierung die Armen gnädig mit Unterhaltung statt mit Arbeit. Der Reisende wird in allen Städten auf bestimmte Straßenabschnitte stoßen, wo ein Durchkommen unmöglich ist; die zerlumpte Menge drängt sich dort so dicht, dass sie ihn in den Rinnstein schiebt. Dies ist der Pöbel, der die Lotteriestelle belagert. Für einen *grano* – weniger als ein halber Penny – gibt es die Chance auf ein Vermögen. Wer wird sich abrackern, mit solch einer Möglichkeit vor Augen? Auf der Piazza, wo sich noch bis zum Ende des vorigen Jahrhunderts der Sitz der Inquisition befand, steht heute Fortunas Tempel; an jedem Samstagnachmittag begegnet man ihren Anhängern, die gedankenverloren Salatblätter kauen, während sie zu den gipsverputzten Säulen und dem rot verkleideten Balkon hinaufblicken, auf dem sich eine Urne befindet, und neben ihr ein weiß gekleidetes Kind. Ein höflicher Gassenjunge wies uns den Weg durch Reihen von Soldaten bis hin zu einer Treppe, die zur anderen Seite der Szene führte; dort saßen in Roben gekleidete Preisrichter vor großen, auf geschmückten Tischen aufgeschlagenen Büchern. Eine Ansammlung von Priestern und Verehrern (von Fortuna) aus der Oberschicht stand um sie herum; auf einen Glockenton hin vergrub das Kind seine Hand in der Urne, zog ein Los heraus und hielt es zuerst der

Menge, dann den Preisrichtern entgegen; die trugen die Gewinnzahl in ihr Buch ein und entsandten einen Boten, um sie den aufgeregten Leuten mitzuteilen, worauf alle im Chor brüllten, als hätte jeder einzelne von ihnen gewonnen; der tatsächliche Gewinner war ein dicker, rosiger Mönch, der neben uns stand, und von den Messdienern, die ihn begleiteten, auf das Wärmste beglückwünscht wurde. Einer der Preisrichter bereitete sich schon auf die nächste Glücksziehung vor. Insgesamt wurden fünf Lose gezogen: nicht viel, angesichts des unermesslichen Abschaums von Palermo, der dort unten angeschwemmt worden zu sein schien. Ein paar hohlwangige Faulenzer hatten die restlichen Preise gewonnen, genug, um den befreundeten *Lazzaroni* einen ganzen Monat lang ein Festmahl zu bereiten und sie dann im Lazarett abzuliefern; oder um – was oft der Fall war – in neue Lose zu investieren, weitere Salatblätter zu kauen, oder die Zeit mordend zu verbringen – eine Beschäftigung, die regelmäßig auf diese erbaulichen wöchentlichen Ereignisse folgt. Die 200.000 Lire, die die Regierung jährlich durch die Lotterie einnimmt, dienen der Unterstützung ihrer Schweizer Truppen, die jetzt entgegen des ursprünglichen Abkommens in Sizilien eintreffen, zuvor jedoch erst einmal bis nach Livorno gelangen müssen, um sich von dort aus einzuschiffen; seit die Genueser ihre Freiheit erlangt haben, jagen sie sie durch die Straßen und beschimpfen sie als »Tyrannenknechte«.

Ein langer Blick auf die Herrlichkeit der Bucht von Palermo tat not, um die Verstörung, die uns durch die jüngsten Ereignisse befallen hatte, zu zerstreuen. Bald umrundeten die Lichter der halbmondförmigen Stadt den Horizont und trieben in all der Schönheit eines nächtlichen Trugbildes auf den Wellen. Welch außergewöhnliche Szene, dem Hochzeitsfest einer Meerjungfrau würdig! Bei Tage hängt die zauberhafte Täuschung häufig in der trügerischen Luft, trägt die weit im Westen liegenden Inseln scheinbar mitten in die

Bucht, lässt den Stromboli und die Äolische Inselgruppe auf dem Kopf erscheinen. Die »Fata Morgana« oder die Krieger, die Heiligen und die anderen Kämpfer am Himmel, die aussehen, als wären sie von unverbesserlichen Sündern in den Sturm gemalt, erscheinen immer dann, wenn ein Erdbeben oder ein *maremoto*, ein Aufruhr des Meeres, bevorsteht.

Am Sonntagmorgen fand im Haus des Konsuls ein Gottesdienst der Church of England statt; Geistlicher und Chor wurden von den reichen Kaufleuten aufgeboten, derer es eine beträchtliche Menge gibt; in eines ihrer Häuser – ein imposantes – wurden wir eingeführt, doch da uns dies keine neuen Erkenntnisse brachte, können wir nichts anderes von ihnen sagen, als dass sie darüber klagten, wie schwierig es sei, für die hundert Pfund, die sie pro Jahr für diesen Dienst zur Verfügung stellten, wortgewandte Geistliche zu finden.

Um ein Uhr spielte die Militärkapelle in der Flora, einem bezaubernden Garten voller tropischer Pflanzen, Statuen, Marmorbänken mit Lehnen aus kunstvoll beschnittener Myrte, mit Wasserbecken und frisch mit Blumen und Moos verzierten Brunnen. Dieser hier lässt sein kristallklares Wasser durch steinerne Rosen rinnen, von der Hand einer Dryade zwischen zwei sich öffnende Muscheln geführt. Die dunklen Palermitaner stehen vornehm und wohlgestalt herum; die Damen anziehend, mit ausdrucksvollen Gesichtern, ihr herrliches Haar auf tausenderlei Art geflochten, »um den Bogen zu spannen, nicht den kriegerischen, sondern den des Cupido«.[11]

Warum behindern sie sein Tun durch eine Haube, wo doch das zarte Gewebe eines Schleiers seinem Pfeil entgegenkäme und die Fächer entzündete, die sie so gefährlich schwenken? Ach! Wie wenig verstehen jene Länder, die ihre Volkstracht aufgeben, um sie durch Pariser Imitationen zu

11 Emily Lowe spielt hier auf Shakespeares »Viel Lärm um nichts« an.

ersetzen, deren Wirkung sich einer schmal geschnürten Taille und einem Affengesicht verdankt, von ihren faszinierenden Qualitäten.

Nach dem Spaziergang fuhren alle zum Boulevard Real Favorita – was »königliche Mätresse« bedeutet –, der während der letzten Revolution gegen die Bourbonen in Libertà, »Freiheit«, umbenannt wurde, und durch die Rückkehr der Regierung dann wieder seinen vorigen Namen erhielt. Dies führt dazu, dass die Leute anstelle von »Ich nehme die Libertà« scherzhaft sagen »Ich nehme die Favorita«. Es bereitet ihnen auch Vergnügen, eine unbeliebte Person mit den Worten »Spia che ora è« – »Frag mal, wie spät es ist« um die Uhrzeit zu bitten, dies jedoch so zu betonen, dass es sich anhört wie »Spion, wie spät ist es« – denn im Gegensatz zu den geknechteten Neapolitanern verzichten die Sizilianer nicht auf ihre Spitzen gegen die Regierung, und auch dem Reisenden muss bewusst sein, dass er sie nicht ungestraft beleidigen darf. Würde ihr hochgestimmter Geist jedoch in die rechte Richtung geleitet, so müsste die Welt voll Neid auf dessen Errungenschaften blicken, denn die Sonne über ihnen ist gerade heiß genug, um sie nicht durch Müdigkeit zu schwächen, sondern zu entzünden.

In der Nähe des Boulevards liegt der Englische Garten mit seinen sanften blühenden Hügeln und unbeschnittenen Bäumen, vielleicht der einzige schattige Ort auf der ganzen Insel, den man erreicht, ohne erst sechstausend Fuß hoch in die bewaldeten Gegenden des Ätna aufzusteigen. Der Palast im Park der Favorita ist eine hübsche, kleine chinesische Pfefferdose; sein schön angelegter Orangenhain so adrett wie Petersilienbeete, dazwischen immer wieder Brunnen; die Blumen stehen, wie es hier üblich ist, zusammen auf einem Fleck. Einer der Räume des Hauses ist auf raffiniert einfache Weise ausgemalt, zarte, Kühle spendende Rankengewächse überziehen die der Feuchtigkeit zum Opfer fallenden Wände; auf ein Glockenzeichen hin erscheint im Zentrum durch eine Klappe im Fußboden ein großer, gedeckter Tisch, so dass die königliche Gesellschaft auch ohne Bedienstete dinieren kann. In Olivuzza, in Nachbarschaft des Turms, befinden sich die Gärten zweier Prinzen; dort kann sich der Pflanzenliebhaber mit guten Samen und Stecklingen versorgen; im Botanischen Garten hinter der Flora muss er sich unbedingt den indischen Kautschukbaum und die Robinie anschauen; hier findet man auch von Pilzen überzogene Steine.

Der erste klare Morgen soll der Besteigung des Monte Pellegrino, jenes Gibraltar ähnlichen Felsens gelten, der so majestätisch hinter der Küste aufragt und über den Hafen wacht. Nah seinem Gipfel ruht Santa Rosalia, die im Alter von sechzehn Jahren eine seiner Grotten zu ihrem Wohnort erkor; ihr süßes Bildnis, in Marmor gemeißelt und in ein Gewand aus Gold gehüllt, liegt dort drinnen auf einem Altar.[12] Vom Gipfel des Berges, hoch über ihrem Grab, zeugt ein weiter, herrlicher Blick von der Liebe der jugendlichen Heiligen zur Schönheit der Natur.

Noch eine weitere Sehenswürdigkeit gibt es in Palermo, so traditionsreich, dass wir nicht umhin kommen, sie aufzusuchen, und so schmerzvoll, dass wir es eigentlich lieber bleiben ließen. Liebst du, Leser, unsere alten englischen Friedhöfe, ganz Klage und Schatten? Welches Gefühl würde der Anblick von zehntausend rußgeschwärzten, in gewölbten steinernen Nischen an den Hälsen aufgehängten Skeletten in dir auslösen?

Andere sind in gläsernen Särgen zu sehen, in hochhackigen Schuhen und im Ballkleid; fahle Kinder, mit Rosen be-

---

12 Dem Eingang der Höhle, die auf einer Höhe von 458 Metern liegt, wurde 1625 eine Kapelle im Barockstil vorgebaut. Im Inneren befindet sich heute ein gläserner Reliquienschrein mit der ausgestreckten Gestalt der heiligen Rosalia, einer im 17. Jahrhundert von Gregorio Tedesco geschaffenen Marmorstatue.

kränzt; Frauen mit dem Anflug eines schiefen Lächelns noch im Tode, mit Kleidern aus Satin und armseligen Gliedern, die aus den spitzenbesetzten Ärmeln ragen; nur Knochen und Staub, gehüllt in all die grell vulgäre Buntheit, vor der, prunkt man damit im Leben, das Tageslicht zurückschreckt. Dennoch, einer der ihren zu werden ist dem sterbenden Palermitaner Trost; er selbst, seine Familie oder seine Freunde sind für dieses Privileg zu großen Opfern bereit. In der Gruft des Kapuzinerklosters findet sich eine kreidehaltige Erde, die den Körper einige Jahre lang leidlich konserviert, bis sich die schwindenden Nerven und Gliedmaßen allmählich gelbbraun verfärben, um das verwehrte Begräbnis hundertfach zu ahnden.[13] Zu Allerheiligen steigen die Lebenden, jeder mit einer Wachskerze, in großer Zahl hinab, um die Überreste ihrer Angehörigen aufzusuchen – ob ein Liebender hier je die einst geliebte Frau besucht hat? –; einige bringen neues Flitterzeug, um das alte zu ersetzen; andere betrachten die Neuankömmlinge und sprechen ungezwungen über deren Vorleben; hier und da zeigt eine Nische ohne Kerze an, dass »deren Bewohner vergessen ist, lasst ihn einem anderen Platz machen«; über jenen Sarg dort vorn beugt sich eine junge Frau, ihre Bediensteten kleiden die Mumie in der neuesten Mode. Mütter! Wollt ihr die Schrecken dieses Ortes ein für allemal verstehen, so müsst ihr wissen: das Kind unter jenem fröhlichen Käppchen hat Glasaugen!

Wenn ihr zwischen den beiden Bildern vom Tod des guten Mannes und des schlechten und den Abbildungen vom Zerfall des Körpers die Treppen hinaufeilt, geht nicht zu hart mit den Sizilianern ins Gericht: alle Länder haben ihre barbarischen Gebräuche; und einige sehr zivilisierte Menschen

13 Das 1534 vor den Toren Palermos erbaute Kapuzinerkloster ist berühmt für seine Katakomben, lange unterirdische Korridore, in denen sich heute noch mehr als 2000 Mumien befinden. Zu den letzten Bestattungen kam es 1881.

würden sich, wenn man sie fragte, lieber als Tote martern lassen, denn als Lebende.

Tags darauf standen wir neben einem Gebäude, das ehemals ein Kloster gewesen war. Während wir eine Weile warteten, schauten wir zufällig durch ein altes Gitter in den Hof hinab und erblickten die verstorbenen Mönche, die dort in Kutten, Kapuzen und mit ihrem Rosenkranz standen; hier und da schien noch der Rest eines weißen Bartes hervor.

Kapitel IV

Palermos Umgebung

Auf der Straße nach Bagheria – Exzentrische Paläste – Liebesgeschichte – Sommerliche und winterliche Gewohnheiten – Unannehmlichkeiten für Besucher – Die Pracht von Monreale – Vorbereitungen zur Abreise – Exkursion zum Tempel von Segesta und zu den Ruinen von Selinunt

Lasst uns nun zu einer erfrischenden Fahrt nach Bagheria, dem Richmond[14] von Palermo, aufbrechen, die uns sechs Meilen an der Küste entlangführt, Kap Zafferano mit seinen ständig sich verändernden Bergzügen betrachten und die schönen Fischerboote mit ihrem hohen, gleich einem Schweif gerollten Bug, deren Farbenvielfalt sich im Strom des Wassers widerspiegelt. Auf der Straße holpern Omnibusse voll mit Bauern, die in der Hauptstadt waren, um Gelübde zu erfüllen; die Frauen haben ihren Putz dort zurückgelassen und werden das nächste Jahr hindurch schwarze, von weißen Stickereien durchwirkte Gewänder tragen.

Der Reiz einer englischen Villa liegt darin, dass sie sich an einem kühlen, abgeschiedenen Ort befindet; der einer sizilianischen scheint darin zu bestehen, dass sie der Sonne

14 Richmond war zu Emily Lowes Zeiten eine kleine Stadt ca. 8 Kilometer südwestlich von London, wo die Londoner ihre Wochenenden und Sommerferien verbrachten.

ausgeliefert und so zugänglich wie nur möglich ist. Wie um Eindruck zu erwecken, stehen die zahllosen Palazzi von Bagheria auf erhöhten, aus ungewöhnlichem Geröll bestehenden Wällen, ringsum vereinzelte Blumenbeete, die sich zu behaupten suchen. Pfade führen von einem Haus zum anderen; sind die Städter für einige Wochen anwesend, machen sie ihr Exil so erträglich wie möglich, indem sie sich von morgens bis abends Besuche abstatten. Nur ein einziger Palazzo, die berühmte Villa Palagonia, besitzt eine Auffahrt, an deren Ende wir abgesetzt wurden – wodurch wir der schrecklichen Stadt vorerst entgingen, die wir, von fataler Wissbegier getrieben, dann aber doch besuchten – und feststellten, dass es – um Hamlet zu zitieren – mehr scheußliche Dinge auf der Welt gibt, als unsere Schulweisheit sich hätte träumen lassen. Der Vater des Prinzen von Palagonia besaß eine Vorliebe für ornamental gestaltete Monstren, deren auffälligste der Sohn entfernt hat; ein paar von den weniger furchterregenden Exemplaren stehen zum Ergötzen der Neugierigen immer noch da. Die Räume der Villa sind prunkvoll und exzentrisch: Wände und Decken aus Spiegelglas, Intarsien aus vielfarbigem Marmor, gold- und korallendurchwirkte Stickereien. Die anderen Paläste können von den pflichtbewussten Reisenden auf eigenen Wunsch besichtigt werden. Neben dem Palazzo des Prinzen Butera befindet sich eine kleine Kapelle mit knienden Wachsfiguren in der Ordenstracht der Trappisten, erbaut in Erinnerung an ein sizilianisches Mädchen, das einen ihr ergebenen Geliebten in Klosterzelle und Verzweiflung getrieben hatte; zur Sühne legte sie selbst den Habit jenes strengen Ordens an, um ihr Leben unerkannt an seiner Seite zu verbringen – bis zum Tage ihres Todes.

Ein schöner Spaziergang führt zum Telegrafen, dem höchsten Punkt der Gegend, von wo aus sich mithilfe des Fernrohrs eines hier stationierten, intelligenten jungen Mannes eine herrliche Sicht auf die Küste auftut; wie jeder Sizilianer, wenn er nicht gerade notleidend ist, lehnte auch dieser jegliche Bezahlung ab. Cefalù und das antike Termini Imerese waren deutlich zu sehen. Der Blick von oben auf das Gedränge der Palazzi, fast alle im Besitz von Prinzen, jeder auf einem kaum taschentuchgroßen Stück Land und direkt vor der Tür einer Stadt wie Palermo, eröffnete eine völlig neue Art von Perspektive. Um ihrer Neigung Gerechtigkeit widerfahren zu lassen, sollte ich erwähnen, dass die Palermitaner ihre Villen nur im Frühling und im Herbst bewohnen und sich während der heißen Sommerzeit in die engen, schattigen Gassen ihrer Stadt zurückziehen, um die langen Tage in einer einzigen Siesta zu verdämmern und des Nachts, wenn für uns die Stunde der Ruhe schlägt, ihr bewegtes Leben aufzunehmen. Bootsfahrten bei Mondschein sind dann kein Traum; die Nachtblumen der Flora erblühen vor sich eifrig zufächelnden Menschenmengen; und vom Hafen kommen Wagen voll fröhlicher Familien, um die abendlich frische Luft der Berghänge zu atmen. Im Sommer liegen die Geschäfte lahm. Im Winter dagegen zieht es zahlreiche Kranke des milden Klimas wegen her, sogar die russische Zarin war darunter: das Thermometer zeigt gewiss andere Temperaturen als in Sankt Petersburg; aber selbst in Polen haben wir in den Häusern nicht so sehr gefroren wie hier. Die Sonne brennt, der Wind ist erbärmlich kalt, legt er sich aber unerwartet, dann beißt die Kälte umso mehr. Die besten Gästehäuser und das große Hotel gehen nach Norden, auf ihre Fassade verirrt sich nicht ein Sonnenstrahl. Einige Apartments im Palazzo Belmonte, unterhalb des Monte Pellegrino, werden von Osten von der aufgehenden Sonne bedacht. Aber ich gebe allen Gebrechlichen den ernsthaften Rat, noch einmal gut nachzudenken, ehe sie ihre komfortablen Häuser gegen ungeheizte Marmorhallen tauschen, wo ein Kohlebecken nur die Wahl lässt zwischen dem Erstickungstod bei geschlossenen oder chronischem Zähneklappern bei geöffneten Türen.

Sieht man vom äußeren Erscheinungsbild, den harten Kissen und der Sehnsucht nach einer englischen Zeitung ab, war das Hotel ausgezeichnet; die meisten der sauberen und mit Teppichen ausgelegten Räume besaßen einen Kamin; das Abendessen am »Stammtisch« war von bester Qualität; der Preis, soweit wir beurteilen konnten, nicht überhöht, vor allem nicht für jene, die für längere Zeit blieben; der Wirt ist ein einfacher Mann von gutem Charakter, der sein Geld als Kurier verdient hat; dennoch unterstützte er mich darin, der Forderung der Schiffer nicht nachzugeben, die acht *tarì* für die zehn Minuten verlangten, die es sie gekostet hatte, uns vom Dampfer an Land zu bringen; ein Ärger, der sich stets einstellt, wenn es keinen Landungssteg gibt. In Zukunft wollten wir den Preis am besten gleich an Bord aushandeln, oder das hinlegen, was wir für angemessen hielten, und davongehen, ohne uns den Unsinn über Tarife anzuhören: dieselben Männer würden ganz gewiss grinsend am nächsten Morgen auftauchen, uns in bestem Englisch eine Bootsfahrt anbieten, »Ave a boat, Mammy?«, und uns während unseres Aufenthaltes zu Diensten sein. Der Reisende sollte sich bei einem Einheimischen eine Vorstellung davon verschaffen, wie viel für die Dinge berechnet wird, und dann jedem, mit dem er verhandelt, gleich seinen Preis nennen; nach einigen Ausrufen wie *»Ha, Eccellenza!«,* wobei ein verschlagener Ausdruck in ihren fröhlichen Augen lauert, werden sie es bereitwillig hinnehmen, werden höflich sein und schließlich dankbar für ein zusätzliches kleines »Handgeld«. Seit einigen Jahren wird der Wechselkurs mit England gedrückt; ein englisches Pfund ist eigentlich sechzig *tarì* wert, gewechselt wird jedoch für siebenundfünfzig. Die Münzen sind dieselben wie in Neapel; der *carlino,* zehn *grani* wert, wird *tarì* genannt; der *grano* heißt *bajocco*; der Piaster entspricht zwölf *tarì*[15]: gerechnet wird jedoch in Dukaten zu zehn und Unzen zu drei *tarì*. In Palermo sollte genügend Geld für die Reise durch das Inland getauscht werden, da fremdes Geld dort nur widerwillig akzeptiert und mit großem Verlust gewechselt wird. Ich will hier einige der festen Preise vermerken, die anderen hängen ganz davon ab, ob die Bedingungen im Vorhinein geklärt werden, oder nicht; in einer Provinzstadt beispielsweise zahlten Bekannte für dasselbe Apartment, das wir zuvor für acht *tarì* am Tag bekommen hatten, fünfzehn Dukaten. Die Sizilianer, die zu jeder Zeit als Diplomaten glänzten, neigen dazu, von der verschwenderischen Haltung jener zu profitieren, für die Geld keine Rolle spielt. In Palermo kostet eine Kutsche zwei *tarì* pro Stunde, in der Umgebung ist es ein wenig mehr. Beim Besuch des Palazzo Reale waren der Portier, der Pfarrer und die Herren, die uns die Räume zeigten, in denen sie ihre Regierungsgeschäfte führten, mit einem kleinen Trinkgeld zufrieden; und ein *tarì* ist beinahe so viel wert wie ein Franc.

Die schönste Ausfahrt in der Umgebung führt nach Monreale; es liegt auf einem Hügel, auf den eine ausgezeichnete, von Kakteen gesäumte Straße emporführt. Jedes der stacheligen Blätter ist im Sommer von einer prächtigen roten Blüte gekrönt, im Herbst von einer eiförmigen Frucht, die hier »Feige von Barberia« genannt wird, köstlich und erfrischend, doch übersät mit winzigen Stacheln, furchtbar für die bloße Hand, die eine der über der Mauer leuchtenden Früchte stiehlt.[16] An manchen scharfen Kurven gaben mit Brunnen versehene Rastplätze einen zauberhaften Blick auf die Bucht, die *Conca d'Oro*, und die sie schützenden Berge frei, die von

---

15 Nach der Vereinigung der Königreiche von Neapel und Sizilien zum »Regno delle Due Sicilie« 1816 durch Ferdinand IV. wurde als gemeinsame Währung die des Königreichs von Neapel eingeführt.

16 Emily Lowe beschreibt die Früchte der Opuntia ficus-indica.

kleinen Schneekappen bedeckt waren; es war bereits November. Am Eingang zur Stadt kamen wir an einer langen Reihe von Fenstern vorbei, deren oberste mit gewölbten Gittern versehen waren, zu denen die Herren im Wagen vor uns Handküsse warfen, worauf sich hinter ihnen hübsche Gesichter zeigten: eine günstige Lage für ein Kloster. Die Kirche ist ein Juwel; dieselbe Art von Mosaik, die wir bereits in der Cappella Palatina bewundert hatten, schmückt ihren gesamten großen Innenraum; die Biblische Geschichte, beginnend mit der Entstehung Evas aus Adams Lende, ist von so edler, reicher Kunstfertigkeit, dass die Mönche trotz der sieben Jahrhunderte, die bemüht waren, den Glanz durch ihren Staub zunichte zu machen, schwerlich das angemessene Material finden, um einen jüngst durch ein Feuer entstandenen Schaden zu beheben. Neben dem goldenen Altar befindet sich ein Porphyr-Sarkophag mit den Gebeinen von Wilhelm dem Guten, während Wilhelm der Schlechte unten in Palermo ruht[17]; ein Thron aus weißem Marmor erwartet den Erzbischof oder den König, wenn sie sich zur Messe einfinden; ein vortreffliches Gemälde von Velasquez hängt am Eingang zum Kreuzgang einem von dem großen sizilianischen Künstler Il Monrealese gemalten Bild gegenüber.[18] Frauen ist der Zugang verwehrt, doch kann man durch die geöffneten Bronze-Tore die ersten der zweihundert Säulen erblicken, von denen jede eine andere Zeichnung aufweist. Monreale zählt zu den Wundern Italiens. Die Benediktinermönche, zu deren Orden es gehört, besitzen vier Kilometer entfernt in

17 Guglielmo I. (1120?–1166), genannt »der Schlechte«, aus der Familie der Altavilla, König von Sizilien; sein Sohn und Nachfolger Guglielmo II. (1153–1189) erhielt den Beinamen »der Gute« und gilt als einer der populärsten Normannenkönige.

18 Es handelt sich um zwei große Leinwände: »St. Benedetto gibt die Ordensregel aus« (1635) von Pietro Antonio Novelli aus Monreale, genannt »Il Monrealese« (1603–1647), und »Das Glühen eines Schatzes« (1797) von Giuseppe Velasco (1750–1827).

San Martino noch eine weitere prächtige Kirche und ein Kloster, auf dessen Schwelle Damen jedoch nicht einmal den Fuß setzen dürfen; Herren dagegen sind stets willkommen, werden oft gebeten, mit den Mönchen zu speisen, der Orgel zu lauschen und die Bibliothek zu besuchen, wo sich der Kelch befindet, aus dem Sokrates sein Gift trank.

Nach einem Bummel durch die engen Seitenstraßen von Palermo, wo die endlosen Wäscheleinen einen Amerikaner gewiss sogleich zu einem »rate mal, wann sie aufgehängt wurden« veranlassen würde, besuchten wir die Märkte, um echtes Geschrei zu hören, die Vielzahl uns unbekannter Früchte und die offenen Küchen zu betrachten; anschließend einen Blick auf einen höchst sonderbaren Brunnen zu werfen, der fast die ganze Piazza del Senato einnimmt und zu kompliziert konstruiert ist, um Wasser zu speien, und flüchtig in eine mit allerlei undefinierbaren Tierknochen gefüllte Höhle zu schauen. Wäre es Sommer, würden wir zu den Thunfischfängern am Fuß des Monte Pellegrino übersetzen; deren Netze sind tief eingelassen und derart stark, dass Schiffen bekanntlich schon die Anker, die zwischen die Maschen gerieten, abgerissen wurden. Wenn diese angenehmen Pflichten erfüllt sind, werden die kühnen Reisenden Vorbereitungen treffen, Palermo zu verlassen; und wenn sie klug sind, lehnen sie den Vorschlag ab, sich auf dem Rücken eines Maulesels im Schneckentempo einmal über die ganze Insel schicken zu lassen, um täglich zwanzig Wildbäche zu durchwaten. Trotz unseres Trainings in Norwegen*[19] fanden wir es recht anstrengend, das Landesinnere auf den beiden einzig existierenden Poststraßen zu durchqueren, deren westliche nach Trapani, die östliche über Catania nach Messina führt, das zweihundertdreißig Meilen von hier entfernt liegt. Daher empfehlen wir allen, sofern sie nicht von dem faszi-

---

19 *»Unprotected Females in Norway, Sweden, and Denmark«, A. d. V.

niert sind, was wir erlebt haben, eine Lohnkutsche zu nehmen und nach Pferden zu fragen, um so schnell wie möglich von der Stelle zu kommen. Jene, die nicht Richtung Süden nach Agrigent reisen wollen, können die Postkutsche nach Trapani nehmen oder bis Calatafimi fahren, um den griechischen Tempel von Segesta zu besichtigen – eine Tagesreise von drei Meilen bis zu der Ruine mit ihren zwölf dorischen Säulen, die langsam majestätisch verfällt. Ein sechsunddreißig Meilen langer Weg über einen schmalen Saumpfad, vorüber an Campobello mit seinen antiken Steinbrüchen, wo man die klassischen Säulen hauen ließ, führt nach Selinunt, dessen Überreste von den Erdbeben im Gras verteilt wurden. Jene aber, die Agrigent im Sinn haben, brauchen ihre Zeit nicht im Tempel einer minderen Gottheit zu opfern: auf dem dortigen Boden finden sich die wichtigsten Altäre der antiken Insel.

Kapitel V

Reisen in Sizilien

Transportmittel und Mitreisende – Der erste Landgasthof – Mönche, Bauern und Tiere – Dörfer und Landhäuser – Ein Abenteuer – Wächter und Banditen – Mandolinenmusik – Ein Streit – Die Madonna erscheint – Der Pascha und seine Sklavin

Ein Kutscher namens Antonino aus der Casa Madonna in der Via Toledo pendelt jede Woche zwischen Palermo und Caltanisetta, der Hauptstadt einer Provinz, die sich auf halbem Wege nach Agrigent befindet. Ein sizilianischer Gentleman und seine Frau hatten zwei Plätze reserviert, die Kutsche war neu und in gutem Zustand, besaß große Glasfenster und wurde von drei Pferden gezogen. Die Postkutsche setzt ihre Passagiere in Santa Caterina Villarmosa ab; von dort sind sie auf Maulesel, Lastkarren oder ihre eigenen Beine angewiesen, um zum zehn Meilen entfernten Caltanissetta zu gelangen; eine direkte Postkutsche – sie ist die ganze Nacht hindurch unterwegs – geht nur jeden Mittwoch. Transportmittel, die direkt von der Herberge abfahren, sind sehr teuer; wir zogen es dennoch vor, auf unserer ersten Reise durch solch ein selten besuchtes Land mit anderen Reisenden unterwegs zu sein, und mussten nur sechseinhalb Dukaten für die beiden verbliebenen Plätze in der Kutsche zahlen. Unsere Reisegefährten erwiesen sich als wohlerzogen und liebenswürdig; der Gentleman rauchte nur, wenn er sich auf den Hügeln die Beine vertrat.

Solange wir nicht in der Kutsche saßen, wollte niemand glauben, dass wir wirklich aufbrechen würden; allein reisende Damen sind in Sizilien ebenso ungewöhnlich wie in Norwegen; auf dem Gesicht eines Einheimischen spiegelte sich das blanke Entsetzen bei der bloßen Vorstellung, dass Frauen ohne Begleitung reisen: *»Girare senza essere accompagnate!!«*, der Inbegriff des Schreckens. Für eine italienische Dame ist eine Begleitung ebenso unerlässlich wie Geld, sollte die Arme wirklich einmal gezwungen sein, zwanzig Meilen zurücklegen zu müssen; und allein schon, einen Aufstieg auf den Ätna nur anzudeuten, trieb die Einheimischen zu heftigen *»impossibile!«*, unmöglich!, und diese aufmunternde Haltung begleitete uns bis zum Fuß des Vulkans.

Ein Weidenkorb gefüllt mit kaltem Huhn, Kuchen, Wein und kleinen Köstlichkeiten aus Palermo, zwei wasserdichte Taschen und einige warme Schals waren unsere Reiseausrüstung, die unter der Sitzbank verstaut wurde; über unsere warmen Unterröcke zogen wir Baumwollkleider – strapazierfähig genug, um häufig gewaschen zu werden –, und da man sich mit einem Hut in der Kutsche nicht bequem zurücklehnen kann, trug Mamma eine originelle, weiche Strohkappe. Von meiner Hüfte hing ein todsicheres Mittel, um zu verhindern, von schmutzigen Bettlern und Kindern angefasst zu werden: der ausgestopfte Kopf eines Fuchses mit listig glänzenden Augen, der mir auch als Tasche für meine Tuschfarben diente; als Gefahrensignal eine kleine Pfeife aus Gemshorn.

Wir brachen nicht vor Mittag auf, erreichten am Abend Villafrati, ein einsames Gasthaus auf einer Anhöhe, und wurden von einer Frau, drei Kindern und zwei Hunden ins obere Stockwerk geleitet. Im Gegensatz zu Norwegen, wo alles aus Holz ist, war hier alles aus Stein: Fußboden, Wände, Korridore. Nur die Betten bestanden aus Eisengestellen, über die man Bretter gelegt hatte. Unser Raum besaß als einziger einen Tisch, klein, aber doch groß genug, um ihn mit den anderen Reisenden zu teilen. Während diese ein eigens für sie gekochtes Gericht aus Kalbsfleisch und Makkaroni mit einem Hauch Knoblauch verzehrten, begnügten wir uns mit unserem kalten Nachtessen, von dem wir einige Bissen für den nächsten Tag zurücklegen wollten, bis der Kutscher mit der Bemerkung eintrat, er hoffe, wir hätten genug, um auch ihn während der Reise zu versorgen. Die Lady und der Gentleman erklärten, dass die Passagiere verpflichtet seien, sich während der Reise um die Verpflegung des Kutschers zu kümmern, und überließen ihm den Rest ihrer Mahlzeit; ich legte ihm Geld für Wein in die Hand, versprach, das auch an den folgenden Abenden zu tun, und er ging stillvergnügt von dannen; künftige Reisende könnten keinen gutmütigeren Kutscher finden. Matratzen und saubere Laken ließen die Schlafstätten bald weniger klösterlich erscheinen. Wir verbrachten eine friedliche Nacht – entgegen der Prophezeiung, wir würden gewiss kein Auge zu tun, die uns jene mit auf den Weg gegeben hatten, die den Mut zu einer solchen Reise nicht aufgebracht hätten. Im Sommer sieht das vermutlich anders aus; im Winter dagegen, und von einem einzigen Gasthaus abgesehen, glaube ich kaum, dass jemand auf der Route, die wir gewählt hatten, Belästigungen ausgesetzt ist. Was die Bedrohung durch Menschen betrifft, waren wir sorglos genug, nicht daran zu denken; keines der Türschlösser funktionierte, und die gebrechlichen Kaktusfaserstühle gaben armselige Barrikaden ab, aber es war tröstlich, ein anderes Paar in derselben schutzlosen Lage zu wissen.

Bei Tagesanbruch versammelten sich die Ziegen beim Haus, um gemolken zu werden, ehe sie sich aufmachten und bis zum Abend zwischen den Felsen grasten; als ich die Panflöte des Hirten hörte, öffnete ich die Läden, und wäre da nicht der unvermeidliche kleine Balkon gewesen, so wäre ich wohl direkt auf ihren Hörnern gelandet: die Fenster hatten keine Scheiben. Da wir uns unmöglich in der beißend kalten Morgenluft ankleiden konnten, ließ ich die Lampe vom Vorabend entzünden, ein schön gestaltetes, in ganz Sizilien gebräuchliches Stück, dessen Form und Zeichnung aus Etrurien stammen muss; vier Dochte wachsen aus einem schlanken Hals, der auf einer beständig mit Olivenöl aufgefüllten Schale sitzt, nicht unähnlich den Terrakottakrügen, die die Frauen auf ihrem Kopf tragen – im Winter auf einem wollenen Schal, im Sommer auf einem Tuch aus Musselin –, was zu einer anmutigen Haltung führt.

Vor dem Aufbruch wurde uns Kaffee in Puppentässchen mit winzigen Löffelchen gebracht; er kostete uns einen *tarì*, jedes Bett wurde mit zwei *tarì* berechnet, und mit dem Trinkgeld für das mürrische Dienstmädchen ergab dies – abzüglich des Abendessens von drei *tarì* – genau die Summe, die auch die anderen Reisenden zahlten; was eine gute Vorstellung von den Kosten im sizilianischen Inland vermittelt, die nicht überzogener sind als in Norwegen.

Die Bauern, von Kopf bis Fuß in zottige Schaffelle gehüllt, schienen gegen die bitterste Kälte gerüstet; wir fragten sie, ob ihnen die Verbannung nach Sibirien bevorstünde; nach einigen Stunden waren wir jedoch wie betäubt durch den eisigen Mistral, der schneidend durch den Wagen zog, und brauchten all unsere Wollsachen, um uns warm zu halten. Jene, die nicht bereits ihre winterlichste Kleidung angelegt hatten, trugen den braunen Überwurf mit der spitz zulaufenden Kapuze, den die Sizilianer *cappottu* nennen; ein höchst bequemes Kleidungsstück, das den Hals und die Ohren vor dem Wind schützt und seine Träger wie Mönche und Klosterbrüder erscheinen lässt, die dieses Gewand schon seit langem für sich entdeckt haben. Ein kurzer Blick auf die Gesichtszüge unter der Kapuze zeigt, dass es sich um eine Täuschung handelt: sie sind nicht rund und rosig, sondern dunkel und hager, mit einem glänzend schwarzen, ausdrucksvollen Augenpaar, das den Reisenden freundlich oder weniger freundlich betrachtet, ganz so, wie er sich selbst ihm gegenüber zeigt. Unser lebensfrohes Wort »jolly« kann in Sizilien nur dem gelten, der die Priestertracht trägt; von diesen rotwangigen, beleibten Kuttenträgern gibt es mehr als 18.000, und sie sind der Ansicht, dass ihre Besitzungen, die doch über ein Viertel der Insel ausmachen, kaum für ein bequemes Leben ausreichen. Mit diesem Wissen sollte ein Reisender einmal den Fischer betrachten, der mit seinen Netzen das Ufer erreicht: die Mönche erwarten ihn dort; doch lösen sie die Kordeln um ihre Taille nicht, um mit deren Hilfe die Last an Land zu ziehen, sondern schwenken sie zum Segen gen Himmel und suchen als Lohn dafür den feinsten Fisch für die Gefolgsleute ihres Klosters aus; den Rest lassen sie den solcherart begünstigten Fischer, der sich den raschen Verkauf der gesegneten Ware verspricht, zum Markt tragen. Sind Trauben oder Melonen knapp? Der Gärtner eilt mit einem Körbchen für seine junge Familie heim; er trifft einen Klosterbruder, der darüber das Zeichen des Kreuzes schlägt und die reifsten Früchte in seinen Sack steckt. Klaglos bringt der Mann das Opfer; doch zu erleben, wie hart ehrliche Arbeit besteuert wird, tat dem romantischen Gefühl Abbruch, mit dem wir die Mildtätigkeit vor den Klostertoren betrachtet hatten; denn es handelt sich hier um den Besitz der Leute, der nicht durch natürlichen Austausch, sondern als Almosen zurückgegeben wird, wodurch Macht und Einfluss der Gebenden zunehmen, deren Kirche die einzige Institution ist, die wächst und gedeiht.

Die Tiere sind ebenso abgemagert wie die Menschen; gestreifte Bulldoggen, groß wie Zerberus, deren Köpfe und Schwänze an beiden Enden des hageren Körpers mutlos herabbaumeln, scheinen die bevorzugte Hunderasse der Insel zu sein; Ochsen, deren monströse Hörner als einziges Gegenmittel gegen den Zauber der *iettatura*, den bösen Blick, dienen – und daher in allen strenggläubigen Höfen angenagelt sind –, tragen ihr eigenes Fell würdevoll wie einen Reifrock über Reihen hervorstarrender Rippen; trotz ihres Putzes aus Schleifen, Glocken, Spiegeln, Bildchen und Federn zeigen die Pferde und Maulesel, nicht anders als ihre Besitzer, die Dürftigkeit ihrer Seelen. Grausamkeit gegenüber Tieren scheint allen Behörden zu entgehen; Esel mit abgeschnittenen Ohren oder Vögel mit ausgestochenen Augen, damit sie lauter singen, sind ein normaler Anblick. Ein kleines Maultier, vor einen mit drei Männern beladenen Wagen gespannt, wurde bergauf zum Galopp angetrieben; auf der Straße rasten die *carretti*, kleine, bemalte Karren, um die Wette; und als ich mich daran machte, eines dieser japanisch aussehenden Gefährte mit den zahllosen kleinen Figuren auf gelbem Grund zu zeichnen, mit seinem pittoresken Fahrer – der, da er sein *cappottu* vergessen hatte, nichts weiter trug als ein rosa Halstuch, eine weiße Jacke und schwarze Steghosen – und mit einer Pyramide aus Glöckchen und dem Bildnis der Madonna als Geschirr, erblickte ich die schrecklichen roten Striemen auf dem Rücken des Pferdes, was mich gegen das Ganze einnahm. Kein Tier weit und breit, das keine Spuren von Verletzungen aufwies; ein Lederriemen, der quer über der Pferdebrust einschnitt wie ein Tranchiermesser, je schwerer die Last wurde. Obwohl sie ausgiebig praktiziert wird, ist die Misshandlung von Tieren keine Eigenart dieser Insel; ganz Italien macht sich desselben Verbrechens schuldig.

Die Sonne beschien das Antlitz des baumlosen, in gewellten Hügeln vor uns liegenden Landes, das all seine Schönheit den Farben verdankt; es machte einen unfruchtbaren Eindruck, was jedoch nicht sein kann, da es sich um das Land handelt, das die Kornkammern Roms füllte, ehe die Kunst der Bewässerung vernachlässigt wurde: den Mais mit schlaffen Flegeln zu dreschen, die Oliven in Körben zu pressen und Ochsen an der Straße zu töten, waren die einzigen ländlichen Beschäftigungen; hier und da erhob sich ein einstöckiges *casino*, ein herrschaftliches Landhaus, und zeigte seine unverglasten Fensteröffnungen; Fresken waren nicht mehr zu erblicken; die Dörfer erschienen alle wie kleine Bagherias, deren Bewohner auf der Straße den verschiedensten Beschäftigungen nachgingen, und jeder dieser Orte erinnerte an ein Sprichwort dieser Gegend: »das Haus vor die Tür setzen«. Die Fassaden mit den von Makkaroni oder anderer Pasta geschmückten Eisengittern und die Schweine, die aus den Häusern liefen, ließen auf die beliebtesten Speisen schließen. Die Teller mit Pasta, die während der Mittagspause von unseren Mitreisenden verzehrt und für den Kutscher und den Jungen, der unser Gepäck bewachte, erneut gefüllt wurden, hätte einen Neapolitaner zu der Frage veranlasst, warum seine Landsleute gerade von diesen hier spöttisch als »Makkaroni-Esser« bezeichnet werden.

Ein enormer, wie eine englische Postkutsche von sechs galoppierenden Pferden gezogener Wagen erreichte die Poststation, an der wir warteten. Zwei Gentlemen sprangen heraus, und der erste rief sogleich aus: »Ich wette, dies sind englische Ladies! Sie sind selbst in Jerusalem allein unterwegs!« Er kam auf uns zu und verwickelte uns in ein angenehmes Gespräch; als er feststellte, dass wir, wie er vermutet hatte, auf dem Weg nach Agrigent waren, fragte er, ob wir Bekannte dort hätten, was wir verneinten. Dies schien ihn tatsächlich zu überraschen, er sagte zu uns: »Ich werde Euch eine nützliche Bekanntschaft vermitteln«, und zu seinem Sekretär: »Schreib an Don Angelo.« Der andere Gentleman verfasste einen Brief, den Graf Tasca unterzeichnete und mit dem Wagen fortbringen ließ; er war eigens gebaut, um seine Familie unentwegt hin und her zu befördern. Seine Tochter sprach ein gutes Englisch; und ich erwähne hier seinen Namen und seine Geschichte, da sie seinem Land zur Ehre gereichen. Der Vater des Grafen war ein reicher Bauer, der seinen Sohn mit einer vorzüglichen Ausbildung versah und ihn auf Reisen schickte. Bei dessen Rückkehr ernannte er ihn zu seinem Nachfolger. Der Sohn widmete sich derart erfolgreich dem Studium der höheren Sparten der Agrikultur, dass die dankbaren Ländereien immensen Reichtum abwarfen; durch hervorragende Manieren und Bildung gelang ihm die Aufnahme in die Gesellschaft und die Heirat mit einer Prinzessin. Sein Besitz wuchs zusehends und brachte ihm den Grafentitel über seine Ländereien ein. Ohne nationale Vorurteile übertrug er deren Verwaltung einem englischen Farmer; und jene, die sich der Schwierigkeiten und der verschiedenen Arten von Zeitverschwendung, mit der die Sizilianer zu kämpfen haben, bewusst sind, werden ihn als Genie betrachten. Seine Art, mit den Dingen umzugehen, erwies sich schon an einer scheinbaren Kleinigkeit: die einzig gut genährten, unerschrockenen Maultiere, die wir auf unserer Reise erblickten, transportierten sein Getreide.

Dieses erfreuliche Abenteuer machte die Rückständigkeit der wenigen Engländer in Palermo wett und war der Ausgangspunkt für eine Vielzahl künftiger Vergnügungen. Als wir uns bereit machten, die Kutsche zu besteigen, grüßte uns ein smarter, militärisch aussehender Mann mit langem Haar und Schaftstiefeln, hob höflich die Hand an den Hut und teilte uns mit, dass er beauftragt worden war, die Damen durch das Land zu geleiten. »Drohte Gefahr? ... ... und wer hatte ihn beauftragt?«

Gefahr drohte keine, doch der Graf, mit dem zusammen er eingetroffen war, wollte uns – eine kleine Aufmerksamkeit seinerseits – mit einer Ehrenwache versehen; eine solche Begleitung würden wir nun an jeder Station vorfinden und: »Seine Exzellenz duldet keinen Widerspruch.«

Ob wir wollten oder nicht, wir befanden uns in der Obhut der berühmten *Compagnie d'armi*[20], erstklassige Burschen, die allesamt Banditen gewesen waren und durch einen Meisterstreich in den Dienst der Regierung kamen; großzügige Bezahlung, vollständige Amnestie und ein Posten beim Militär waren die Lockmittel; sie nahmen an – und das Banditenunwesen hatte ein Ende. Jetzt ist der Reisende geschützter vor Gewalt als in England, denn die *Compagnie* müssen für alle Raubüberfälle mit ihrem eigenen Sold aufkommen; und da sie selbst Diebe waren, gibt es keine Erpressungen mehr; macht ein dummer Anfänger den Versuch, wird er mit einer Heftigkeit verfolgt und bestraft, die zeigt, wie klug es ist, »den Bock zum Gärtner zu machen«. Man könnte geneigt sein, die Loyalität solcher Einsatzkräfte zu bezweifeln, aber ein Sizilianer respektiert seinen Eid. Lasst euch von einem von ihnen ernsthaft sein Ehrenwort geben, und ihr könnt ihm vertrauen; dies ist kein *parole d'honneur* der Franzosen.

Das Gasthaus in Vallelunga, in dem wir abends abstiegen, hatte große Ähnlichkeit mit dem vorigen, bis auf die Klänge einer sizilianischen Gitarre, der Mandoline, die aus einem Raum am anderen Ende des Flurs drangen. Zwei in Samt gekleidete Herren saßen mit dem Wirt und seiner Familie an einer *braciera* und beklagten in ihrem Lied das Leid einer hübschen Nonne. Sie bemerkten unsere Neugier, und nachdem sie uns einen Platz angeboten und ihren wieder einge-

---

20 1813 stellte die Bourbonen-Regierung die insgesamt 23 Compagnie d'Armi auf, von denen jede für einen Bezirk im Umkreis der sieben Täler Siziliens – Palermo, Messina, Catania, Trapani, Agrigent, Caltanissetta und Noto – verantwortlich war. Jede Kompanie unterstand dem Befehl eines Capitano d'Armi, dieser wiederum dem Staatssekretär des Inneren. Dieser Versuch, die öffentliche Sicherheit unter den Schutz einer privaten Armee zu stellen, misslang, da die meisten Angehörigen der Kompanien selbst an den kriminellen Aktivitäten beteiligt waren. Nach der Einheit Italiens wurden die Compagnie d'Armi aufgelöst.

nommen hatten, baten sie auf die allerhöflichste Weise, eine noch melancholischere Weise singen zu dürfen, verfasst von ihrem Landsmann Bellini.

»Eine bessere Wahl hättet Ihr nicht treffen können«, antworteten wir; und sie begannen:

»Sahst du das schöne junge Antlitz sich verfärben, bleich werden, sterben? … Vor einer Stunde noch blühte Donna Lauretta wie die persische Rose. Sie war dem hochherzigen und edlen Don Silvestro versprochen, er hatte ihr unschuldiges Herz für immer erobert. ›Ich werde in die Stadt fahren‹, sagte er, ›um meine herzoglichen Säle für die Eine herzurichten, die sie mit ihrem Zauber füllen, in denen sie herrschen soll.‹ Sie folgte mit ihren fürstlichen Eltern und saß bei Mondschein auf dem Balkon, um auf die Stadt zu blicken, die ihren Liebsten barg … Er würde an ihrer Seite sein, kaum dass der Bote ihre Ankunft gemeldet hätte … Fackeln erleuchten die Straße – langsam nähern sich lange Reihen psalmodierender Priester – der grelle Schein, das erboste Lodern erreichen den Balkon – ein grässlicher Katafalk erscheint inmitten der Rauchschwaden – ein Körper ruht auf ihm – wessen Körper? Oh, wessen? … Laura, wahnsinnig, antwortet –«

Die letzten Akkorde der Mandoline waren kaum verklungen, als ein furchterregendes Wutgeschrei das Haus erfüllte; wir stellten fest, dass der Wirt sich unbemerkt davongestohlen hatte, und flohen in unser Zimmer, zitternd im niedergehenden Unwetter brodelnden, südländischen Blutes. Jemand klopfte an die Tür, und da unsere Stille beredtes Zeugnis unseres Schreckens war, hieß es: »Wir sind Freunde.« Es war die Stimme der Herren, die gesungen hatten und nun gekommen waren, um uns zu beruhigen. Unten in der Gaststube war ein Streit ausgebrochen, für uns bestünde jedoch keine Gefahr; dann wünschten sie uns mit »Felice notte« eine glückliche Nacht, versicherten, dass es uns, komme was wolle, nicht an Beschützern mangeln werde, und wählten die zartfühlendste Art, uns gänzlich zu besänftigen, indem sie im Flur auf und ab schritten und leise zur Mandoline sangen, was uns, während sich die Wut allmählich legte, bald mild in den Schlaf wiegte. Die beiden waren Ingenieure, entsandt, um Bauarbeiten in der Nachbarschaft zu überwachen, und führten höchst intelligente Gespräche.

Diese Szene zeigte uns, was man in Sizilien unter »Leidenschaft« versteht; und am nächsten Morgen hörten wir einen der Hitzköpfe ausrufen: »Oh, hätte ich nur ein Messer zur Hand gehabt!« Obwohl der Gebrauch von Schusswaffen ausdrücklich verboten ist, trugen fast alle, denen wir begegneten, eine Waffe bei sich; die Oberschicht bewegt sich nie ohne eine solche; ein junger Mann, der uns auf einer Fahrt von zehn Meilen begleitet hatte, besaß einen Stock, in den ein Messer eingelassen war.

Unsere Tagesreise führte durch die Neptunischen Berge, an deren Hängen man Alabaster abbaut; hier und da lag am Wegrand ein heller Block, um den herum blaue Schwertlilien wuchsen; wir pflückten sie, um uns die Zeit während der langen Anstiege zu verkürzen. Am Mittag rasteten wir in Santa Caterina und nahmen das Mahl in der Kutsche ein; als wir erfuhren, dass es sich bei dem Ort um mehr als ein Dorf handelte, waren wir bereit, durch den Schlamm zu waten, um neue Entdeckungen zu machen. Hinter uns sammelte sich allmählich eine Schar, die uns überallhin folgte; wir suchten Schutz in der Kirche, sie jedoch strömten herein, um uns mit einer innigen und unbegreiflicherweise wachsenden Aufmerksamkeit zu betrachten, bis sich jemand mit einem lauten Flüstern an einen Neuankömmling wandte: »Schau! Die Heilige Madonna!« Da wir nicht in ein respektloses Lachen ausbrechen wollten, gingen wir hinaus; und als wir das Tor eines besseren Hauses offenstehen sahen, nahmen wir die Außentreppe ins Obergeschoss und baten dort eine Gruppe spinnender Frau um Erlaubnis, uns im Vorraum ausruhen zu dürfen. Sie nahmen unser plötzliches Erscheinen sehr freundlich auf, und obwohl wir nichts anderes als einen Moment der Stille wollten, konnten wir sie nicht davon abhalten, den Hausherrn zu rufen. Er erschien in einem samtenen grünen Morgenrock mit roter Kappe, ein richtiger Pascha, gefolgt von einer reizenden Sklavin in zerschlissenen Unterröcken, ein Tüchlein auf dem Kopf. Sie boten uns Kaffee, Früchte und alles an, was unser Herz begehrte, und ließen uns im besten ihrer Zimmer auf samtenen Sofas ruhen; durch die halbangelehnte Tür erhaschten wir einen Blick in den ebenfalls im Landhausstil eingerichteten Nebenraum. Nach einem angenehmen Gespräch mit dem Hausherrn, der als Sizilianer eine natürliche Höflichkeit besaß und uns nicht wie die wohlmeinenden Norweger mit den immer gleichen Fragen belästigte, machten wir Anstalten zu gehen; die Münzen für die Bediensteten legten wir in die Hand einer der Spinnerinnen, da wir sie der Sklavin nicht in Gegenwart ihres Herrn geben wollten. Wir sahen ihn auf der Straße wieder; er lenkte einen prächtigen Zweispanner, ihm zur Seite ein kleiner Junge und eine lächelnde Dame: *jenes verwilderte Mädchen war seine Ehefrau*!

Kapitel VI

Eine Provinzstadt

Schwierigkeiten und Verzweiflung –
Wiederbelebung und Rettung – Ein Held erscheint –
Noch mehr Romantik – Stil des Ortes – Die Clubs –
Verbannte – Eifersucht – Ein Kurier sucht seine Opfer –
Neugierige Bauern – Vierundzwanzig Stunden

Caltanissetta war nur noch zehn Meilen entfernt, und wir trafen mit der Dämmerung dort ein. Der Kutscher fand ein hübsches Apartment für uns, in einem Haus namens »Il Giardino verde«, der grüne Garten, ganz in der Nähe der zentralen Piazza. Da die Straße hier endete, setzten unsere gutherzigen Reisegefährten den Weg in ihre Heimatstadt auf dem Rücken von Mauleseln fort; das weite Gebiet im Südosten des Landes weist nichts anderes als Saumpfade auf.

All unsere Vorräte waren verbraucht; und da wir sehr müde waren, gab ich der alten Hausdienerin etwas Geld, um Eier oder eben das zu kaufen, was zu bekommen war. Nach einer aufreibend langen Wartezeit kehrte sie zurück – ohne etwas Essbares, aber mit einer Tirade im breitesten Sizilianisch, der ich als einziges entnehmen konnte, dass nichts zu haben war. Die Läden hatten zu dieser Stunde bereits geschlossen, es war sinnlos, selbst auf die Jagd zu gehen; alle Bewohner des Hauses und viele, die von draußen dazu gekommen waren, standen im Flur, um – wann immer sich unsere Tür öffnete – einen Blick auf uns zu tun; einige Männer fragten nach den Pässen; jeder befand sich in einem Zustand kichernder Exaltiertheit angesichts der Ankunft von »due donne sole«. Wir waren wirklich erschöpft, und mit den Piastern in der Tasche fühlten wir uns wie jener imaginäre Franzose, der den sozialistischen Gedanken der gerechten Verteilung des Eigentums in die Tat umsetzte, indem er jedem täglich fünfundzwanzig Francs gab. Als er zum Bäcker ging, um Brot zu kaufen, sagte der ihm, er würde nicht mehr backen, darauf der Franzose: »Aber was soll ich nun essen?« und der Bäcker: »Nun, Eure fünfundzwanzig Francs«.[21] Wir waren gründlich verzweifelt; und wäre der Fußboden statt aus grobem Ziegelstein aus Marmor gewesen, so wäre ich ohnmächtig auf ihn niedergefallen; ich war schon fast so weit, dieses Hindernis außer Acht zu lassen, als meine Hand in meiner Tasche außer auf Silbermünzen noch auf etwas anderes stieß: Graf Tascas Brief!

Diese wunderbare Entdeckung war so belebend, dass sie uns den Mut gab, einen Führer zu rufen, um das Schreiben eigenhändig zu überbringen; solch rettendes Dokument war zu kostbar, wir konnten nicht riskieren, dass die draußen Versammelten ihre Nasen hineinsteckten und sich die Mäuler darüber zerrissen.

Don Angelos Haus lag in der Nachbarschaft; doch war er vor kurzem zu einer Reise aufgebrochen. »Dann müssen wir nach Palermo zurückkehren«, murmelten wir in trüber Verzweiflung und traten eben aus dem Tor, als ein Gentleman, der eine Karte hinterlassen hatte, mit den Worten auf uns zu-

21 Heftig diskutiert wurde zu jener Zeit das Werk »Qu'est ce que la propriété?« des französischen Ökonomen und Soziologen Pierre-Joseph Proudhon (1809–1865), der sich für die Abschaffung der Ausbeutung, für die Herrschaft des Menschen über den Menschen, für Mutualismus und Föderalismus einsetzte. Vielzitiert war sein Satz »Eigentum ist Diebstahl«.

trat: »Meine Damen, ich bin einer von Don Angelos besten Freunden und wäre überglücklich, Euch an seiner statt zu Diensten zu sein«; er stellte uns den jungen Mann vor, der ihn begleitete: »Dies ist mein Bruder, er ist verheiratet und bietet Euch im Namen seiner Frau an, den Damen in jedem weiblichen Belang zur Seite zu stehen.«

Die beiden boten uns ihren Arm; wir fühlten uns gerettet; eine lange Reihe spitzer Kapuzen blieb in nebliger Entfernung hinter uns zurück. Dies war gewiss eine Szene aus einem Theaterstück; als wir das Tor erreichten, fragten wir unseren galanten Freund nach seinem Namen; er lautete – Don Giovanni!

Im oberen Stock angelangt, fanden wir einen gedeckten Tisch, auf dem ein Abendessen auf uns wartete; dies alles war so voller Magie, dass ich befürchtete, der *Steinerne Gast* würde gleich eintreten, um mit uns zu speisen; Don Giovanni, der einige Augenblicke später eintraf, erinnerte mich jedoch daran, dass er meine Erzählung von unseren Schwierigkeiten in Caltanissetta kurz unterbrochen hatte, um in einem Café einen Boten zu benachrichtigen, und bekannte, er habe uns auf einem Umweg zu seinem Haus gebracht, damit genügend Zeit für die Vorbereitungen bliebe. Welch Wonne, auf diese Weise etwas vom sizilianischen Charakter zu erfahren und bis in die heutige Zeit einen Hauch von Romantik zu genießen!

Uns wurde nicht gestattet, für das Mahl zu zahlen, und als der Junge kam, um abzuräumen, bestellten wir diskret und auf eigene Rechnung dasselbe für den nächsten Tag; es wurde pünktlich gebracht, mit Tellern, Gläsern, Tischtuch und allem, was noch dazu gehört. Reisende werden feststellen, dass sie viel Zeit sparen, wenn sie ihren Frühstückskaffee rechtzeitig bestellen, da er nie im Haus zubereitet wird, und die Leute lieber herumstehen und zuschauen, als eilig mit einer Order loszulaufen.

Am nächsten Morgen kamen die jungen Barone fast noch vor dem Morgengrauen, um nach unseren Plänen für den Tag zu fragen. Es blieb uns nichts anderes übrig, als sie durch das Schlüsselloch hindurch zu bitten, in ein paar Stunden wiederzukommen. Am Vormittag machten wir uns dann daran, die Stadt zu erkunden; obwohl »Capo di Provincia«, eine Provinzhauptstadt mit zwölftausend Einwohnern, schien sie nichts anderes zu sein, als das Hauptquartier des Elends; es machte den Eindruck, als wären die verschiedenen Dörfer mit den ungepflasterten Straßen einfach zusammengekehrt worden; hier und da ein hübsches Gebäude, das bessere Tage gesehen hatte. Die Lage auf dem Grund des antiken Gela ist jedoch bezaubernd.[22] Caltanissetta erstreckt sich auf dem Gipfel eines Hügels, der sich inmitten anderer befindet, die zusammen ein natürliches Amphitheater bilden. Die Stadt schaut in alle Richtungen, im Winter wird sie jedoch von Kälte geplagt, was ihr den Namen »Piccola Siberia«, das kleine Sibirien, eingetragen hat.

In der Ferne erhebt sich der schneebedeckte Ätna. Die »Villa«, der Garten, in dem sich die Menschen am Abend einfinden, um frische Luft zu schöpfen, ist für jede Stadt unverzichtbar, und auch hier – wie in Palermo – der einzige Fleck, wo den Damen ein Spaziergang erlaubt ist; was nichts anderes heißt, als dass man eine langsame Runde vom Wagen und wieder zurück dreht. Die Sizilianerinnen scheinen ohne jegliche Körperübungen auszukommen, und da sie selbst in dieser kleinen Stadt niemals auf den Gedanken kämen, ohne Begleitung auszugehen, gibt es keine Worte, die zum Ausdruck bringen könnten, wie furchtbar und unangemessen es ist, das Haus zu verlassen »senza essere accompagnate«! Die Land-

---

22 Emily Lowe geht irrtümlicherweise davon aus, dass Caltanissetta über der antiken Stadt Gela errichtet wurde. Es handelt sich aber vermutlich um eine Siedlung der Sikaner, sehr frühen Bewohnern Siziliens, bei denen der Ort den Namen »Nissa« trug.

häuser auf den Hügeln ringsum sahen von Ferne recht nett aus; Don Giovanni hatte das Glück gehabt, eines von ihnen samt Titel und Einkünften von einem Onkel zu erben; sein Bruder als der älteste Sohn würde einmal des Vaters große Schwefelminen bekommen; aus der Entfernung sahen wir Esel, die Körbe mit Schwefelgestein auf ihrem Rücken trugen.

Nach dem Essen, das wir selbst bestellten und dafür von den Herren unserer Heimlichkeit wegen lebhaft getadelt wurden, wobei sie uns vorwarfen, ihnen nur die Sorge für den Nachtisch – Orangen und süße Zitronen – zu überlassen, begleiteten sie uns zum »Casino dei Nobili«, dem Club für die Oberschicht, wo eine Anzahl untadelig aussehender junger Sizilianer versammelt war, die allerdings rauchten und pausenlos auf den Marmorboden spuckten, was es selbst einer englischen Lady erschwerte, ihr ewiges Lächeln auf sie zu richten. Die Zigarren zumindest wurden dem leichten Rümpfen unserer Nasen geopfert. Einige der Herren spielten für uns Klavier und sangen dazu patriotische Lieder: eine verbotene Unterhaltung; als Lohn baten sie darum, uns vorgestellt zu werden. Einer von ihnen sprach Englisch, hatte an der jüngsten Revolution teilgenommen und war vor kurzem aus dem Gefängnis entlassen worden; dort hatte man ihm als erstes seine englischen Bücher und sein Wörterbuch abgenommen. Als talentiertem Mann war ihm verboten, seinen Beruf in der Stadt auszuüben, in der er zuvor gelebt hatte, und in der, wie er uns versicherte, »selbst das Wasser in den Straßen liberal war«; man hatte ihn an einen isolierten Ort im Landesinneren verbannt, wo er nichts, aber auch gar nichts tun konnte. Die Untätigkeit lastete auf ihm und war dabei, ihn an den Rand des Wahnsinns zu treiben; es gibt Tausende, die ähnlich wie er an die ödesten Flecken der Insel verbannt wurden, einer von vielen, die mit der grausamen Strafe der »residenza sforzata« belegt wurden, des zwangsweise zugewiesenen Wohnsitzes.

Zehn Meilen von Caltanissetta entfernt befindet sich eine große sarazenische Brücke, Capo d'Arso, eines der drei nationalen Wunder: »un Fonte« (der Lentini See), »un Ponte« (jene Brücke), »un Monte« (der Ätna). Wir begnügten uns damit, uns die gewaltigen Brückenbögen vorzustellen, da die Gentlemen bereits den Kutscher aus Palermo beauftragt hatten, uns am nächsten Morgen nach Agrigent zu bringen; dank privater Initiative war die Straße seit kurzem fertiggestellt. Am Abend kamen unsere Freunde, um sich zu verabschieden. Ein Herr aus dem Club, der sich selbst ein wenig Englisch beigebracht hatte, schaute ebenfalls vorbei und versicherte, es bereite ihm ein unsagbares Vergnügen, zumindest einige englische Worte sprechen zu können. Don Giovanni schien nicht besonders erfreut über seine Kenntnisse, und als ich dem jungen Mann zum Studium eine Ausgabe der *Times* schenkte, schaute er gekränkt drein, was den anderen zu erheitern schien; beider Eifersucht aufeinander wuchs mit jedem Moment und hätte sich, wären wir nicht anwesend gewesen, wohl spätestens in dem Moment in einer Explosion entladen, als sie zusammen auf den Flur hinaus traten. Zum Glück bemerkte ich, dass die Beilage der Zeitung liegengeblieben war; ich ging ihnen nach und legte sie triumphierend in Don Giovannis Hände – der sich sogleich mit seinem vermeintlichen Rivalen versöhnte.

Frühmorgens um fünf Uhr wurde ein Korb mit einem fetten, kalten Huhn, köstlichem Brot, »ricotta« – oder gebackener Sahne, die hier die Butter ersetzt –, gerösteten Mandeln und getrockneten Feigen, alles von uns selbst besorgt, in unserer komfortablen Kutsche verstaut. Keinem der jungen Männer war es gelungen, einen Pass zu bekommen, ohne den man nicht in eine andere Provinz reisen kann, so dass uns glücklicherweise niemand folgen konnte, und so fuhren wir allein davon. Zuvor hatten wir vergebens versucht, uns mit einer Dame und einem Herrn zusammenzutun, die ebenfalls auf dem Weg nach Agrigent waren; sie hatten sich jedoch in die Hände eines Kuriers begeben und konnten ihre Route nicht selbst festlegen; obwohl sie aus Schweden – wahrlich keinem Nachbarland – gekommen waren, um die Altertümer der Insel zu besichtigen, hatte er sie, wie wir hörten, von Caltanissetta aus direkt wieder nach Palermo zurückgebracht. Das »Aquila Nera«, in dem sie logierten, gilt als beste Herberge für Reisende; die Einrichtung der unsrigen gefiel uns jedoch besser; obwohl uns ein Mann und eine Frau am Eingang zur Küche versicherten, sie könnten uns alles kochen, was wir wünschten, war es uns bei weitem lieber, die Speisen auf das Zimmer zu bestellen, und nicht bei ihrer Zubereitung zusehen zu müssen.

An der ausgezeichneten, fünfzig Meilen langen Straße trafen wir alle zehn Meilen auf eine Absperrung, wo der Wegzoll zu entrichten war. Der Kutscher zahlte den *tarì* aus seiner eigenen Börse; er sollte Agrigent am Abend erreichen, dort einen Tag verweilen und am darauffolgenden zurückfahren, wofür er fünf Unzen erhielt, in Form von zwölfeinhalb »pezzi«, was dreißig *tarì* entspricht – ein guter Lohn, von dem er jedoch auch seine eigene Versorgung zu bestreiten hatte. Die Kutsche nach Agrigent kostet sieben »pezzi«; einmal im Monat kommt ein Passagierschiff aus Palermo; die Reisenden, die auf diesem Wege nach Agrigent gelangen, können sich unserer Route in der Gegenrichtung anschließen.

Auf dem Markt von Cannicattì hatten sich zahlreiche Bauern versammelt. Bis auf ihre Magerkeit waren die Männer schön anzuschauen; bei den Frauen darf man nach dem fünfzehnten Lebensjahr keine Schönheit mehr erwarten, und es gibt so viele alte Medusen, dass der Betrachter tatsächlich Gefahr läuft, durch deren Blick versteinert zu werden; und wirklich waren unsere Füße häufig verdächtig kalt. Die Kutsche wurde nicht wie sonst in einen Innenhof gefahren, sondern kam vor dem Gasthaus zum Stehen; sogleich waren wir von einer Schar interessierter Beobachter umringt, die in Begeisterungsstürme ausbrachen, als wir uns daran machten, die Speisen aus unserem Korb zu verzehren. Die Erwachsenen waren höflich genug, Abstand zu wahren; die Kinder und Bettler hingegen – von letzteren gibt es im Landesinneren wenige – teilten sich die Stufen und den Sitz des Kutschers, wodurch wir uns gezwungen sahen, unsere Schals als Vorhänge einzusetzen. Dies bekümmerte alle; und da den Armen kein großes Vergnügen mehr an uns blieb, ließen wir uns nach dem Essen in königlicher Manier auf einem der Balkone nieder, vor uns den Fuchskopf, um die großen Augen, die uns so ausdauernd anstarrten, bis alles Treiben im Dorf zum Erliegen gekommen war, in Schach zu halten.

Wir erreichten Agrigent zum Ave Maria, also bei Sonnenuntergang, der Augenblick, von dem an die vierundzwanzig Stunden des Tages gezählt werden. Da jeder Abend anders ist, und sehr wenige Sizilianer weder John Bulls[23] Pünktlichkeit noch den exakten Moment kennen, an dem die Sonne verschwunden ist, gehen die Uhren nicht alle gleich, selbst die Kirchturmuhren schlagen verschieden. Ich fragte einmal einen wohlwollenden Einheimischen nach diesem System; er antwortete: »Das würde in einem Land wie dem Euren, wo man die Sonne nie sieht, natürlich nicht funktionieren!«

23 John Bull ist eine 1712 von John Arbuthnot geschaffene nationale Personifikation des Königreichs Großbritannien.

Kapitel VII

Das antike Agrigent

Prächtige Tempel – Antike Giganten –
Wohltuende Läuterung

Im antiken Agrigent stehen zwei Tempel, die noch als Ruinen ihre Pracht entfalten; auf majestätischem Fundament erheben sie sich auf den Felsen, aus denen sie gehauen wurden; ihre Säulen, die kein Dach mehr tragen, zeichnen sich deutlich gegen den afrikanischen Himmel ab. Die anderen Herrlichkeiten der Stadt liegen darnieder gestreckt, mit Ausnahme einiger schwankender Gesimse, die sich weigern, das Schicksal des noch fragileren Gesteins zu teilen.

Concordia! Dein Tempel übertrifft sie alle und triumphiert durch die Kraft seiner strengen Einfachheit. Von feinster griechischer Gestalt stehen die doppelten Säulenreihen, die vollkommene Fassade, die weiten Treppen, die bezaubernde Anmut vor dem geistigen Auge derer, die poetisch genug sind, die moderne Madeleine[24] von ihrem Dach zu befreien, jeden ihrer Steine sanft zu glätten, ihn an Abhänge mit zärtlich grüner Vegetation zu versetzen, die sich an einen Fels mitten im Ozean schmiegt, um dann niederzufal-

24 Emily Lowe bezieht sich auf die 1842 im neoklassizistischen Baustil in Paris fertiggestellte Pfarrkirche La Madeleine, die Ähnlichkeit mit dem Tempel hat.

len und den Liebreiz der antiken Kunst zu preisen und ihren Schauplatz, die Herrlichkeit der Natur.

Auf dem nächsten Felsen erhebt sich Junos Tempel[25]; seine Säulen sind unregelmäßiger, seine Stufen verwittert, dennoch steht er in unvergleichlicher Schönheit da. In der Frische des Morgens, wo jede Pflanze, jedes Grün den süßesten Duft verströmt, braucht der Schrein der Göttin kein anderes Räucherwerk als damals, an jenem Tag, da die Reize von fünf der schönsten Frauen Agrigents – in Farbe porträtiert und zu einer einzigen Figur vereint – die Gestalt der Juno selbst angenommen hatten.[26]

Die Tempel befanden sich außerhalb der Stadt, deren Felsenmauern einst sowohl die Lebenden als auch die Toten schützten; seitliche Höhlungen dienten als heilige Ruhestätten für alle, deren Lebenskampf zu Ende war. Die Wechsel zwischen Krieg und Frieden, zwischen Zeiten stolzesten Reichtums und schrecklichster Plünderungen kennzeichnen die Geschichte Agrigents; von all seinen Tyrannen wird Phalaris, dessen einzig gerechte Tat darin bestand, den Erfinder des Sizilianischen Bullen selbst in den Bauch seines bronzenen Ungetüms gestoßen zu haben, in kindlicher Erinnerung bleiben; ein Feuer brannte unter dem Foltertier, das herzhaft zu den Schreien seines ersten Opfers brüllte.

Drei grazile, halbhohe Säulen inmitten abgestürzter Überreste sind als einziges vom Tempel der Sternenzwillinge Castor und Pollux geblieben; in der Ferne erhebt sich eine Säule, die zum alten Planeten Saturn gehörte; rings um die An-

---

25 Der Tempel der Hera Lakinia.

26 Emily Lowe nimmt auf die von Cicero und Plinius d. Ä. wiedergegebene »Zeuxislegende« Bezug: Zeuxis, der den Auftrag erhalten hat, ein Bild der Hera Lakinia für den Heratempel in Agrigent auszuführen, wählt die fünf schönsten Jungfrauen der Stadt und kombiniert aus diesen Vorbildern eine einzige Figur von absoluter Schönheit.

lage verlaufen Ackerfurchen, und gut gedeihende Bäume entschädigen durch ihre Fruchtbarkeit für den Zerfall. Gegenüber im Gras liegen die Giganten, Bildnisse der besiegten Feinde Agrigents, Karyatiden, die auf ihren gebeugten Armen die Fassade eines Tempels trugen, der so groß war, dass Herkules seine ganze Kraft an einem einzigen Kapitell hätte erproben können; und so wurden die gewaltigen Massen nach ihm benannt, denn nur sein Arm würde es vermocht haben, ihre Symmetrie um die verbliebene Säule des Tempels wieder herzustellen. Dort liegen sie also, und Schmetterling und Biene spielen arglos Versteck zwischen dem kühnen Gebüsch, das ihre monströse Wirklichkeit zu verbrämen sucht; der Staub ihrer Erbauer ist schon verweht – der gelassene blaue Himmel allein weiß, wohin.

Die Ruinen sprechen für sich: Concordia, Juno, Castor und Pollux, die Giganten und Herkules. Unzählige Fragmente, Reste von Ruinen, auf die wir von einem bescheidenen Fremdenführer hingewiesen werden, der während des ganzen Jahres nicht mehr als drei Gruppen von Weltenbummlern zu sehen bekam. Ein Grab – entweder das des Theron, oder das seines Pferdes; einige Steine vom Altar des Gottes der Medizin, andere von Jupiter, Apoll und Ceres – zur Freude eines Antiquitätensammlers. Wir betrachteten die Monarchen, die noch aufrecht standen, gingen durch ihre Portale ein und aus, träumten auf ihren Stufen, strengten uns an, bis hin zur Küste der Berber zu schauen, woher die Piraten kamen, die einem Mädchen, das allein am Ufer entlangging, vor vierzig Jahren noch gefährlich waren. Wir stellten uns vor, mitten unter den Menschen rings um die Altäre zu leben, sahen sie in ihren klassischen, bei jeder Schwingung Anmut verströmenden Gewändern; atmeten im Dezember die zauberhafte Maienluft; verschmolzen in süßem Flüstern mit der Woge, die sich mit einem sanften »gute Nacht« am Ufer brach; wagten, zusammen mit den Elementen zu erglühen, berührt von der sinkenden Sonne – Luft, Erde und Wasser antworteten mit einem einzigen Erröten. Oh, Gott! Während wir durch Deine Güte an diesem Orte knien, geläutert durch die Herrlichkeit Deiner Welt, während alte Epochen in einem überwältigenden Schauspiel vor uns aufsteigen und unsere Empfindungen zu tief sind, um sie in sterbliche Worte zu fassen – gibt es nicht mit ähnlichen Leidenschaften begabte Wesen, eingeschlossen zwischen feuchten Wänden, zermahlen von unablässigen Mühen, verzehrt von hohler Eitelkeit oder versunken in abscheuliche Laster und Verbrechen? Lass unsere dürftige Dankbarkeit zu Deinem Thron gelangen, und unser Jubel wird erfüllt sein von demütigem Beben.

Eine Sänfte wie die, auf der auch Cäsars Schwester Iulia gelegen hatte, trug uns hinfort.

Kapitel VIII

Das moderne Agrigent und die Schwefelminen

Die Lebendigkeit von Afrikas Nachbarn –
Eine Sänfte – Abstieg in eine Schwefelmine –
Die Kirche – Veränderung der Stadt seit Byrons Zeiten –
Die Tempel bei Nacht – Vulkan aus Schlamm –
Bemerkungen zu einem Priester

Don Artemisio und Don Pasquale, die uns durch Briefe unserer Freunde aus Caltanissetta angekündigt worden waren, kamen bei Tagesanbruch, um sich persönlich vorzustellen, uns die Ehre zu erweisen und ihre Dienste anzubieten, womit sie sogleich begannen, indem sie uns einen köstlichen, bereits gekochten Fisch zum Frühstück schicken ließen. Die Sizilianer scheinen ebenso zeitig aufzustehen wie die Norweger, und so sehr wir uns auch bemühten, sie waren uns immer voraus, und man musste sie erst einmal für ein paar Stunden mit etwas Sinnvollem beschäftigen.

Wohl nie hat es auf dieser Erde zwei lebhaftere junge Männer als diese beiden Dons gegeben; jeder ihrer Gesichtszüge sprach Bände und unterstützte ihre animierte Rede ebenso wie ihre nationalen Eigenheiten; nach der ersten, höflichen Frage »quanto tempo che girate?«, »wie lange seid Ihr schon unterwegs?« fassten sie Mut … und wenn wir etwas kritisierten, riefen sie »Ha!«, um uns sogleich als die »Genies der *forbice*«, der »Schere«, zu bezeichnen; niesten wir, so sprangen sie auf und wünschten Glück mit *»felicità, felicità«;* für ein »nein« warfen sie die Köpfe in den Nacken; für ein »was« wurden sie geschüttelt; um »Freundschaft« auszudrücken, legten sie beide Zeigefinger aneinander; »Feindschaft«, wenn die Finger gekreuzt wurden; für »Verzweiflung« schlugen sie andächtig das Kreuz; und bei »Erstaunen« zogen sie zunächst die eine, dann die andere Braue hoch.

Aus eigenem Ansporn sandten sie uns Esel mit Damensatteln, um zu den drei Meilen entfernten Ruinen zu trotten; ich war jedoch entschlossen, mich einmal wie eine antike Matrone fortzubewegen, und der rechte Moment dafür war nun gekommen. Sie fanden eine einwandfreie, hübsch bemalte Sänfte mit zwei erstaunlich gut genährten Eseln; gewiss wurden sie heimlich in einer der Höhlen beim Hafen gefüttert, die derart versiegelt sind, dass das Getreide der Händler über Jahre trocken liegt. Der Mittelteil des Gefährtes lag wie der Körper einer Vis-à-vis-Kutsche auf zwei horizontalen Stangen; ein Bauer und sein Sohn mit langen Hauben auf dem Kopf hielten ein Holzbrett, über das wir durch die schmale Öffnung ins Innere gelangten. Die zwischen dem Gestänge angeschirrten Esel waren wie Schlachtrosse aufgezäumt, und wenn ihre Glöckchen auch nicht aus Silber waren, so klingelten sie uns doch wie solche in den Ohren. So hat man sich im Altertum fortbewegt, so tut man es in Sizilien noch heute, vor allem die Frauen, die sich auf Reisen begeben: versunken in Träume von klassischer Schönheit, erweist sich diese Art zu reisen als recht angenehm; die Insel jedoch mit einer Geschwindigkeit von höchstens achtzehn Meilen pro Tag zu durchqueren – ein Land, dessen Regengüsse gleich zu Überschwemmungen führen, dessen Schönheit ausschließlich in seinen Farben besteht, dessen Reichtum der einer Wüste mit vereinzelten

Oasen aus Palmen oder Aloe gleicht, deren Karawansereien jedes Quäntchen an Seelenstärke erfordern und die Abgerissenheit der Leute, die dort anzutreffen sind, kaum Sympathie und Mitleid, sondern Abscheu erregt –, unter diesen Bedingungen drei Wochen lang zu reisen und der Gnade selbst der besten aller Führer ausgeliefert zu sein, ist ein Vorschlag, dem gegenüber der Reisende seine Ohren fest verschließen sollte, wenn er ihm, wie es uns geschah, in Palermo gemacht wird.

Unsere Abreise aus Agrigent musste verschoben werden, da wir eine Schwefelmine besichtigen wollten; unsere jungen Freunde stellten uns Don Cesare vor, den Besitzer einer Mine in der Nähe der Stadt, dessen robuste Gestalt sogleich jeden Verdacht zerstreut, der Abstieg in vulkanisches Gestein könne schlechte Auswirkungen auf Gesichtsfarbe oder Gesundheit haben. Ein schöner Phaeton mit zwei Pferden, der selbst für den Hyde Park taugte, fährt vor, lädt uns ein, passiert den Sitz des englischen Vizekonsuls, das einzig gepflegte Haus am Ort, das sich gegenüber dem öffentlichen Park befindet, der von zwei besonders grimmigen Sphinxen bewacht wird, und rollt mit uns den langgestreckten Hügel hinab, auf dessen Gipfel Agrigent betörend jedem Strahl einer fast tropischen Sonne ausgesetzt ist. Wir erreichen eine Ansammlung aus Erd- und Geröllhaufen, von denen die Landschaft hier übersät ist. Jeder hat einen anderen Besitzer: Don Cesares »Zyklopen«, wie die Minenarbeiter wegen der auf ihrer Stirn befestigten Lampe genannt werden, kommen mit Hacken in den Händen, um ihn zu begrüßen, und entzünden eine lodernde Fackel. Nach kurzem Zögern, – um einmal die Überredungskünste der Sizilianer auf die Probe zu stellen –, lassen wir uns auf den Weg nach unten begleiten. Zunächst entledigen wir uns unserer besten Schals und Tücher; die Schutzumhänge, eine umsichtige Vorkehrung in den südlichen Ländern, lehnen wir jedoch ab und knoten unsere Halstücher nur fest um unsere Kehlen, da die kalte Luft dort stets in Henkermanier zuschlägt.

Zwei Zyklopen gehen voran, alle folgen in einer Reihe, einer nach dem anderen, und befände sich über uns nicht die Wölbung der Erde, so wäre der schmale Pfad nicht von dem zu unterscheiden, der sich ein paar hundert Fuß hoch am Hang des Hügels entlang zieht.

Schließlich stoßen wir auf ein Hindernis – Rasch! Vorwärts! Einer der Männer dringt mit seiner Hacke vor, schlägt den Brocken beiseite und zeigt uns dabei, wie weitläufig die Gruben sind. Die herabstürzende Erde wird mit Schubkarren nach oben gebracht und zu Haufen aufgeschüttet, in deren Mitte man ein Feuer entzündet; nachdem es drei Wochen lang geschwelt hat, bricht sich von unten langsam ein dünner goldener Strahl Bahn; er wird von hölzernen, etwa zwei Fuß breiten Gefäßen aufgefangen und härtet in ihnen zu jenen kompakten Schwefelblöcken, die auf Eselskarren durch das ganze Land transportiert werden; Agrigent ist der wichtigste Sammelpunkt, von dort aus wird der Schwefel verschifft. Don Cesare zieht 400 Lire im Jahr aus seiner Mine, die er für einen geringfügigen Betrag auf Spekulationsbasis gekauft hat; in England würde man für diesen Ertrag gar nicht erst mit der Arbeit beginnen, hier jedoch ist der Prozess der Gewinnung einfach, und mit dem bescheidenen Einkommen lässt es sich in Luxus leben. Der leuchtend gelbe Schwefel bester Qualität kostet einen Dukaten pro Block. Der Rückstand, der nach seiner Gewinnung bleibt, der sogenannte »Gesso«, wird dazu benutzt, die brennenden Aufschüttungen von außen abzudichten. Die Minen sind wohl der einzige Fall von Spekulation, auf den sich die Sizilianer einlassen; manchmal investieren sie auf einen Schlag 60.000 Lire, um entsprechend zu gewinnen oder zu verlieren. Wenige kommen auf den Gedanken, die Leitung der Geschäfte selbst in die Hand zu nehmen; konzentrieren sie ihre Aufmerksamkeit jedoch auf eine Tätigkeit, so zeigen sie eine Auffassungsgabe, die ihnen in jeder wissenschaftlichen oder kommerziellen Unternehmung Erfolg bescheiden würde. Bedauerlicherweise wird gegenwärtig mehr Schwefel gewonnen, als Nachfrage besteht, ganze Gebiete liegen daher brach. Die Insel scheint tatsächlich vor allem aus Schwefel und anderem vulkanischen Gestein zu bestehen, und gäbe es da nicht den Ätna, der als Schlot diente, so wären die Einwohner, wie sie selbst sagen, wohl alle »schon vor langer Zeit bei einem plötzlich ausbrechenden Brand in die Luft geflogen«.

Als wir aus der Mine zurückkehrten, wurden wir am Eingang zum »Purgatorio« abgesetzt: viel zu viel Schwefel und zänkische Drachen; von dort aus nahmen wir den Weg zur Kirche San Biagio, von der es heißt, sie gehöre zum Tempel der Proserpina. Ein feines Echo kriecht an den Mauern des Kirchenschiffs entlang und antwortet auf die am anderen Ende erhobenen Stimmen; ein antiker, aus Stein gemeißelter Sarkophag dient als Taufbecken; auf dem Altar thront ein aus Holz geschnitztes Kind, gekleidet in ein Gewand aus weißem Musselin mit Schärpe und Blumensträußchen, auf dem Kopf ein himmelblauer, mit Federn besteckter Hut. Aggrigents Straßen sind sehr steil, und die Steine tückisch scharf, obwohl der Schlamm sich angestrengt bemüht, die Fugen zwischen ihnen zu schließen. Die Räume der »Conversazione dei Nobili«, in denen sich die bessere Gesellschaft trifft, sind voll mit jungen Männern, die Kaffee trinken und dazu Rosolio, einen süßen Rosenlikör; doch worüber soll man reden, wenn sich die Tempel als Gesprächsstoff bald erschöpft haben?

Das Gasthaus »Bella Napoli« vermittelt eine Ahnung davon, wie die Dinge sein könnten, und dazu gehört, ein Tischtuch aufzulegen und das Salz nicht zu vergessen, und doch verbrachten wir hier unsere unangenehmste Nacht; zu anderen Belästigungen gesellten sich die Mücken, da man das Fenster nach dem Entzünden der Lampe unvorsichtigerweise offengelassen hatte. Da das heiße Afrika nicht weit ist, muss man sich mit den Gegebenheiten der Sahara, auf die man auch hier trifft, arrangieren und ihnen zugutehalten, dass dieses Klima all die Tempel zum Entzücken der Gebildeten und Liebhaber der Klassik erhalten hat. Uns wurde für Unterbringung und Verpflegung nicht zu viel abverlangt; einige nach uns eintreffende Reisende, unter deren Würde es gewesen war, vorab einen Preis auszuhandeln, verloren in eben diesem Gasthaus jedoch einen halben Tag damit, um eine beträchtliche Summe zu feilschen. Der Wirt schaltet sich nicht ein, eine Bande gerissener Bediensteter ist für die Abrechnung mit den Gästen zuständig; gut zu wissen, dass es noch eine andere, ähnlich angesehene Herberge namens »L'Oliva« gibt. Die lebhaften Dons brüsteten sich mit der Veränderung ihrer Stadt seit Byrons Zeiten; der nämlich stand »am einzigen Fenster des einzigen Gasthauses in der einzigen Straße«.[27]

Es tat uns von Herzen leid, diese reizenden Freunde verlassen zu müssen, ohne die leiseste Chance auf ein Wiedersehen »che nel cielo«, außer im Himmel, wie sie bemerkten, und ausnahmsweise bedauerten wir, nichts als kleine Reisetaschen bei uns zu haben, die unmöglich die beiden wunderbaren Schwefelkristalle, groß wie Don Cesare selbst, aufnehmen konnten, die jener uns zum Andenken an die Mine auf den Schultern zweier Zyklopen schickte. Die letzten kostbaren Minuten verbrachten wir mit der Besichtigung der Werkstatt eines alten Antiquars, der Amoretten malte und einige sehr wertvolle Kameen besaß, warfen dann aus der Ferne im Mondschein einen Blick auf die Ruinen all der Herrlichkei-

27 Lord Byron verbrachte die Jahre 1818 und 1819 in Venedig, war aber nie in Sizilien.

ten, die in gefasster Melancholie dem Flug der Zeit standhalten, die, im Innersten getroffen, ihren Flügel einzieht, der über sie hinweggleitet, aus Furcht, ihr rastloses Vergehen könne sie auslöschen … Lebwohl, prachtvolle Gelassenheit … Wir müssen ans andere Ende Europas zurückkehren!

Am ganzen nächsten Tag wurde der Himmel von Sturm beherrscht, begleitet vom heroischen Dröhnen des Donners, von Hagel und Regen; die große, der Malaria ausgelieferte Ebene schien diese Verhältnisse zu schätzen; ihre Bauern hatten sich in San Cataldo und Serradifalco versammelt, spielten, wie die Fischer an der Küste, Karten in den Cafés und traten in den kurzen, von blassblauem Licht erfüllten Regenpausen hinaus, um mit ihren kapuzenbedeckten Gestalten die Plätze gruppenweise zu füllen. Wir fuhren überstürzt davon! Und ihnen blieb keine Zeit, um unsere Ermordung zu wetten; der Hauptmann der »Compagnie d'Armi« befand sich in einem Wagen direkt vor uns, einer seiner Männer saß unter einem großen Schirm auf dem Bock; selten hatte sich mir ein vertrauenerweckenderer Anblick geboten als jene rote, tropfende, segelähnliche Konstruktion, die wir vor uns hatten, und dies während der ganzen fünfzig Meilen, die wir durch düster schmutziges Gelände fuhren, auf einer Straße, von der es schien, als wäre sie soeben erst vom Schlamm der benachbarten Maccalube – Vulkane, deren Eruptionen nichts anderes als Schlickströme hervorstoßen – überzogen worden.

Don Giovanni und sein Bruder bejubelten unsere Ankunft, mit der kein anderer gerechnet hatte, und ich stellte fest, dass sie die Zimmer auf eigene Initiative für uns reserviert hatten. Welch liebenswürdige Geschöpfe! Wie es sie beglückte, auf Landesart gastfreundlich zu sein, es dem Reisenden in ihrer eigenen Bleibe zumindest angenehm zu machen – bequem kann ich nicht sagen; nur sehr wenige private Behausungen sind dazu geeignet, Besucher aufzunehmen.

Am nächsten Morgen wollten wir nach Santa Catarina fahren und dort den Kurier der Regierung treffen, daher waren wir unruhig darauf bedacht, rechtzeitig aufzustehen und aufzubrechen. Die Herren blieben rücksichtsvoll fern und versprachen, in der Kutsche nachzukommen; ein Priester in vollem Ornat, der sich, um unseren Respekt heischend, als ihr Freund vorstellte, was unsere Höflichkeit verdiente, bestand darauf, uns inmitten dieses Durcheinanders einen Besuch abzustatten. Er sah uns beim Frühstück zu, bot an, uns beim Verladen des Gepäcks behilflich zu sein, und begleitete mich zum Goldschmied; da »Napoleons«[28] im sizilianischen Binnenland unbekannt sind, konnte ich sie nur nach Gewicht und daher nur zu zwei Dritteln ihres Wertes verkaufen. Der Priester betrachtete das Gold mit dem Blick eines Basilisken und bat mich, ihm eine der Münzen kurz zu überlassen, »da er bislang noch nie eine solche gesehen habe«; bei meiner Rückkehr glitt er ins Zimmer und kniete sich auf den Boden, um mir die Schuhe zu knüpfen … vielleicht hätte ich ihm gleich einen Tritt versetzen sollen, denn kaum war ich mit meinen Gedanken woanders, verschwanden drei Piaster aus meiner Börse! Als ich mich umwandte, hatte er sich bereits aus dem Staub gemacht, und zu unserem Erstaunen entdeckten wir, dass die Herren ihn nur vom Sehen kannten, da er in einer der Kirchen einmal die Messe gehalten hatte. Es gab keine Zeit zu verlieren, daher sagten wir ihnen so lange nichts von dem Diebstahl, bis wir weit genug entfernt waren. Sie waren verärgert, jedoch nicht so überrascht, wie wir es erwartet hätten. Wenn ich diesen Vorfall später gegenüber Priestern aus guter Familie schilderte, so antworteten sie im Allgemeinen: »Welch miserable Kreatu-

28 In Neapel zwischen 1810 und 1830 geprägte Goldmünzen zu 20 und 40 Lire, mit der Aufschrift »Giocchino Napoleone Regno delle due Sicilie«.

ren es in unseren niederen Orden gibt«, oder auch: »Heutzutage findet wirklich alles in die Kirche Eingang«.

Der Reisende trifft meist auf ein oder zwei Priester, die sich in den Fluren aufhalten, um zu sehen, was sie erbeuten können, und stets befindet sich einer neben der Tür, in der Hand eine Büchse, verziert mit Gestalten, die von Flammen verzehrt werden. Die gesamte Priesterkaste genießt kein gutes Ansehen bei der männlichen Bevölkerung, die sich fast immer voller Sarkasmus an sie wendet, die Armen darüber hinaus mit einem Zischen des Grauens oder einem Wort, das ähnlich klingt wie »assassini«, Mörder; nichtsdestotrotz üben die Priester einen großen Einfluss auf die Frauen aus. Don Giovanni vertraute uns an, »seine Mutter sei durch seine Bekanntschaft mit uns sehr betrübt, seien wir doch Protestantinnen!«, ein Bekenntnis, das wir nach der jüngst erlebten Szene für besonders angebracht hielten!

Kapitel IX

Das Innere der Insel

Stunden der Bewährung –
Der Stil der staatseigenen Transportmittel –
Die Höhle der Proserpina – Öffentlicher Briefverkehr –
Erste vollständige Ansicht des Ätna

Wir warteten eine Stunde angespannt im Schlamm von Santa Caterina, bewacht von einem »Compagno d'armi«, bei dessen Captain es sich um Don Giovannis Schwager handelte; eine weitere Stunde verbrachten wir unter ein paar Olivenbäumen, deren Schatten uns zumindest teilweise vor den sengenden Strahlen der Mittagssonne bewahrte. Eine Mauer schützte uns halbherzig vor den Bewohnern der Stadt, die uns alle sofort gefolgt waren; ihre Augen, eine Reihe rotglühender Kohlen, blickten uns über die steinerne Oberkante hinweg an. Mit dem Eintreffen des »Corriere Reale«, des Königlichen Kuriers, nahmen unsere Stunden der Bewährung ein Ende. So sehr wir uns anfangs auch gesorgt hatten, um welche Art von Fahrzeug es sich handeln mochte, so sehr erschien es uns in jenem Moment wie die glückhafte Befreiung von einer schweren Buße; uns stand der Sinn nicht mehr danach, sein Aussehen zu kritisieren, wir hätten diesen Ort selbst auf einem Hexenbesen verlassen. Diese Stimmung hielt an, bis wir zusammen mit zwei weiteren Passagieren zum Einsteigen in die altmodische gelbe Kutsche aufgefordert wurden, deren Inneres jedoch bereits von einem voluminösen Hexenmeister in Uniform und mehreren Lagen schwerer Mäntel eingenommen wurde; wir seufzten derart über die missliche Lage, dass der arme Don, unser durchweg geduldiger Begleiter und Beschützer, betrübt bemerkte: »Ha! Die Signora Donna Emilia denkt nur an die Sitzbank; ich hingegen an den Kummer, mich von ihr trennen zu müssen.« Unsere gute Laune kehrte wieder; und als wir die hübschen Sitze außen an der Kutsche bemerkten und uns zu Bewusstsein kam, wie schön der Tag war, kletterten wir hinauf und ließen uns das Versprechen auf zwei Plätze im Wagen geben, die uns von Passagieren, die bei Anbruch der Dunkelheit an ihrem Reiseziel eintreffen sollten, überlassen werden würden.

Dann setzte sich die alte Kutsche in Bewegung, gezogen von sechs guten, galoppierenden Pferden, gelenkt von zwei pittoresken, rot-schwarz gekleideten Postillions, ein »Compagno d'Armi« als Vorhut und auf den Außenplätzen zwei englische Ladies: dies war eine größere Attraktion als alles, was die Einwohner uns an Neuem hatten bieten können, was – würde man es in Caltanissetta erzählen – als »höchst schockierender Umstand« gelten muss. Stellt euch nur Don Giovannis Mutter vor, wie sie, die Augen zur Decke ihres karg möblierten Zimmers gerichtet, einem um ein Holzkohlebecken versammelten, auserwählten Kreis von Damen, deren Köpfe Turbane aus alten Handtüchern zieren, von diesem Ereignis berichtet!

Einmal auf der Poststraße, muss der Reisende in Sizilien nicht um seinen Platz in der Kutsche fürchten; die Kutscher machen sich nichts daraus, die Wagen zu überladen, drinnen wie draußen; und nachdem ihm ein Platz auf den Gepäckstücken irgendeines Mitreisenden angeboten wurde, hält man es für selbstverständlich, dass der Reisende den vollen Preis für einen Sitz auf dem Dach bezahlt: irgendwie mitzukommen, selbst, wenn man sich hinten festklammern muss, ist aber in jedem Fall besser, als in einem sizilianischen Dorf zurückgelassen zu werden, wo es – wie in allen ländlichen Gebieten – an Irrsinn grenzt, sich mit den Bauern verbrüdern zu wollen. Der Schmutz, mit dem das Landleben im Süden verbunden ist, stellt für den Engländer ein unüberwindliches Hindernis dar. Don Giovanni – die gute Seele! – schaute uns nach, nachdem er zuvor den alten, voluminösen Kurier mit einem Handgeld zu bewegen versucht hatte, an unserer statt den Außensitz einzunehmen, da er sich nicht vorstellen konnte, dass wir diesen Platz aus freien Stücken gewählt hatten. Trotz der brennenden Sonnenstrahlen spürten wir aber schon bald den leichten, scharfen, heimtückischen Wind, der wie ein kleines Federmesser in uns schnitt, obwohl wir uns mit all unseren wollenen Schals und Tüchern gegen seine Angriffe zu schützen suchten. Wie ein orientalischer Krummsäbel, der durch Musselin schneidet, durchdrang er sie alle, und wir wären bis zum Abend vollends vernichtet gewesen, hätte der Hexenmeister uns nicht einen seiner riesigen, kapuzenbewehrten Mäntel überlassen, dessen schwerer Stoff jedem Wind trotzte. Deshalb also war es einem Bauern, der von der Straße aus zusteigen wollte, vom Postillion mit dem Ausruf »Senza cappotto?« – »Ohne Mantel?« – verwehrt worden, auf dem Dach der Kutsche Platz zu nehmen. Der Adel bewegt sich nie ohne jene schützenden Mäntel, die denselben Schnitt wie die der Arbeiter haben, jedoch feiner gefertigt sind.

Wir befanden uns auf der Hauptstraße, die zu den großen Schwefelminen führte. Unmengen von Eseln, jeder mit seiner gelben Ladung, drängten sich auf der Straße und mussten zur Seite weichen, um der Kutsche Platz zu machen; Karren folgten, randvoll beladen mit den goldenen Reichtümern; der Weg war bestäubt mit dem, was von ihnen herabrieselte. All dies machte den Anschein von herrlichem

Überfluss, bis uns eine Ansammlung von Fahrzeugen, die ineinander zu stecken schienen, zum Halten zwang. Als wir über die Menge hinweg schauten, sahen wir vor ihr einen breiten Fluss und am gegenüberliegenden Ufer eine ähnliche Ansammlung von Eseln und Karren – es gab keine Brücke, die beide Ufer verbunden hätte. Seitenlang könnte man über die Missstände in Sizilien berichten; dieser brückenlose Fluss steht für tausend anderer solcher Fälle. Hier, im Herzen eines Bergbaugebietes, das selbst Kalifornien mit Neid erfüllen würde, waren auf der einzig existierenden Poststraße Reichtümer, Pferde, Männer in einen ruhmlosen Kampf verwickelt: sie rutschten die steilen Flussufer hinab, keuchten im Wasser um ihr Leben, quälten sich, einander unterstützend, um das andere Ufer zu erreichen – waren Gefährten in Not, so kehrten Pferde und Männer in die Fluten zurück, um ihnen zu Hilfe zu eilen: auf diese Weise zehren sie ihre Kräfte auf, schinden ihre Tiere, vergeuden ihre Arbeit und Energie! Nachdem wir eine Stunde gebraucht hatten, um uns unseren Weg zu bahnen – Qual und Pein –, hatten wir das Gedränge hinter uns gelassen und waren am Flussufer angelangt; mit einem plötzlichen Satz versanken wir bis über die Räder im reißenden Strom. Die Pferde wurden mit zahllosen Peitschenhieben angetrieben, die Fluten zu durchqueren, und schleppten uns das sandige Ufer hinauf; nur die Unebenheiten des Geländes bewahrten die Kutsche davor, erneut in den Fluss zu rutschen, und wie schon am gegenüberliegenden Ufer mussten wir uns auf dieselbe gefahrvolle Weise einen Weg durch das Gedränge bahnen, was uns schließlich mit viel Glück gelang.

Der geringste Regen lässt den Fluss zu einem Sturzbach anschwellen – erst am Vortag hatte die Postkutsche aus Messina sieben Stunden lang am Ufer gewartet, eine private Kutsche musste die ganze Nacht dort zubringen. Regnet es heftiger, so entsteht an den Ufern ein Feldlager wartender Menschen, es gibt weder ein Gasthaus noch sonst eine Art von Unterkunft, die Reisenden sind gezwungen, in ihren Fahrzeugen zu schlafen. Villarosa lautet der sanfte Name für den rauen Ort; und wenn ihr fragt: »Warum wird keiner der Steine hier genutzt, um eine Brücke zu bauen?«, so erwidern die Leute: »Ja, warum?« Der Besitzer einer der größten Minen bot der Regierung einen Betrag für die Genehmigung zum Bau einer Brücke an, den er selbst auf eigene Kosten unternehmen wollte; als Gegenleistung verlangte er eine geringe Zollgebühr für den Zeitraum von zehn Jahren; sein Angebot wurde abgelehnt. »Ja, warum?«, sagen sie wieder, und wer ist in der Lage, darauf zu antworten?

Mit Ausnahme dieser Strecke war die Straße jedoch ausgezeichnet und wand sich durch herrliche Hügel, deren Kahlheit von den schimmernden Reflexen der Sonnenstrahlen bedeckt wurde; zwischen zwei Erhebungen tat sich der Blick auf weitere Hügel in der Ferne auf, ein felsiges Panorama, und in dessen Flucht am Ende der weiße Gipfel des Ätna. Die Perspektive war atemberaubend. »Helios' leuchtende Insel Thrinakria«[29] frohlockte im Licht ihres Schöpfers und Herrn; und als die Sonne allmählich sank, kleidete sich jeder Hügel in ein vielfarbiges Gewand und leuchtete, mit Purpur geschmückt, auf dem Haupt einen langsam verblassenden hellen Fleck; und während sie in düsteres Grau sanken, stand der Ätna ganz für sich allein, um seinen Gipfel ein Feuerreif, der ihn wie einen König krönte.

Nun wird die Szene von einem hohen, hufeisenförmigen Gipfel verdeckt, auf dem sich ein sarazenischer Turm erhebt; dies ist Castrogiovanni[30], der geografische Mittelpunkt Siziliens. In der Ebene tut sich ein gähnender Abgrund auf, aus dem noch immer Rauch zu steigen scheint. Dort verschwand

29 Homer, »Odyssee«: 12. Gesang

30 Das heutige Enna.

Proserpina auf Plutos Karren, dort fielen ihr die Blumen aus den erschrockenen Händen, während die Nymphe Cyane, die ihr zu Hilfe eilen wollte, durch einen Schlag des Herrschers der Unterwelt in ein harmloses Rinnsal verwandelt wurde, das in den Furchen fließt, die von den brennenden Rädern des infernalen Wagens in jene »blühende Heide von Enna« – in deren süßen Düften Dianas Hunde allzu oft die Fährte verloren – geschnitten worden waren.

Der aufgehende Mond taucht die Landschaft in silbriges Licht … Der Wagen hält – eine Gestalt, wie Pluto selbst, erscheint mit einer Laterne und sagt: »Signorine, Ihr solltet nun hineinkommen.« Es ist der gute Hexenmeister, Don Salvatore, der uns in die Höhle des Wagens einsteigen heißt.

Wir hatten bereits ein wenig von unserem Marsala mit ihm geteilt und uns freundlich gezeigt, so dass er versprach, auf das Rauchen zu verzichten; und als der lästige Postillion erschien und unsere mythologischen Träumereien mit der Frage nach der »buona mano«, dem Handgeld von fünf *bajocchi* pro Etappe störte, das neben den vier Piastern für den Sitzplatz zu einer regulären Gebühr geworden ist, erbot sich Don Salvatore, es während der gesamten Fahrt für uns zu entrichten – wir würden den Betrag bei unserer Ankunft in Catania begleichen –, so dass wir uns seelenruhig unseren Träumen überlassen konnten. Nur ein einziges Mal wurden wir durch einen furchtbaren Schlag aufgeschreckt, als wir ein mit Pflastersteinen ausgelegtes Flussbett bei Leonforte durchquerten; ich glaubte, in den Hades hinabzustürzen.

Bei Tagesanbruch zeigte uns die jammervolle Erscheinung der Dörfer, welches Elend wir verschlafen hatten. Die zerfallenen, vom Schlamm begrabenen Häuser schienen kein Fundament zu besitzen. Ein kleines, zerlumptes Geschöpf, von dem man nicht sagen konnte, ob es sich um einen Jungen oder ein Mädchen handelte, watete barfuß durch den Schlick, um Briefe hin und her zu tragen; neben der offiziell aufgegebenen Post überbrachte der »Corriere« in jedem Ort einen privaten Stoß an Briefen, für den er weniger als die legale Postgebühr erhielt. Die Regierung geht sich auf diese Weise selbst in die Falle; die Briefmarken wurden vor kurzem auf dem Festland eingeführt, Sizilien jedoch vorsätzlich von dieser Neuerung ausgeschlossen, so dass die Leute hier weiterhin Mittel finden, das teure Porto zu umgehen, das ihnen die Kommunikation erschwert. Man tut sich also vorher zusammen und drückt dem »Corriere« zugleich mit einem Stapel von Briefen einen zusätzlichen *tarì* in die Hand, denn der Versand mit der regulären Post würde das sechs- oder siebenfache kosten. Dies ist nur eine von tausend Arten, durch die deutlich wird, wie diese »väterliche« Regierung ihre Kinder zwingt, sie zu hintergehen und dabei – wie ein intelligenter Gentleman bemerkte, der in die Kutsche zugestiegen war – bei jedem Schritt einen Missbrauch begeht. Ein sizilianischer Brief ist etwas antiquiertes: ein großer, mit einem braunen Wachssiegel verschlossener Umschlag, wie man ihn auch auf der Theaterbühne sieht; so etwas entdeckt man in England vielleicht einmal auf dem Basar; das Papier ist von schlechter, rauer Qualität und erfordert eine Stahlfeder, um darauf zu schreiben, was zu jener gezierten Handschrift führt, die eine geistreiche französische Hauslehrerin einmal als »pattes de mouches«, als »Fliegenbeine« bezeichnete; die Sizilianer – umso mehr sie beim Schreiben Qualen leiden – verzieren ihre Schrift mit Schnörkeln; ausländisches Papier ist darüberhinaus sehr teuer und rar.

Don Salvatore, dessen Zigarre die ganze Nacht hindurch zwischen seinen Zähnen klemmte, damit er immer sicher sein konnte, dass sie ihm nicht verloren ging, konnte schließlich nicht länger widerstehen, hüllte sich in seine Mäntel und stieg aus, um zu rauchen. Als wir sein zuvorkommendes Benehmen lobten, antwortete unser anderer Mitreisender, dass die Kuriere, wie eben auch Don Salvatore, keineswegs ungehobelte Männer, sondern im Königreich beider Sizilien höhere Regierungsbeamte seien, wovon auch ihre Uniform zeugte; sie müssen ein anspruchsvolles Examen ablegen und mit zwei Sprachen vertraut sein, bevor sie in den Dienst eintreten; dort können sie, wenn ein entsprechender Posten frei wird, zu Kurieren des Kabinetts aufsteigen. Ihr Benehmen Damen gegenüber, sei es in Sizilien oder in den neapolitanischen Hoheitsgebieten, gereichte ihnen jedes Mal zur Ehre, wenn wir mit der Postkutsche reisten – eine Art von Beförderung, die in ganz Italien ganz selbstverständlich den Komfort einer privaten Kutsche bietet. Und wenn die Entfernungen manchmal auch recht groß sein können, die Straße durch schlammiges Gebiet führt und die Route nichts Sehenswertes zu bieten hat, so ist ein behagliches Eckchen in einer Kutsche doch weitaus besser als eine Nacht in einem armseligen Gasthaus. Bei jedem Pferdewechsel erwartete uns ein »Compagno d'armi«, der uns auf der nächsten Wegstrecke Geleit geben sollte; es belustigte uns, ihn alle Abkürzungen nehmen zu sehen, um sich der Kutsche erst wieder am Ende der Strecke anzuschließen; der Reisende kann hier jedoch ganz beruhigt sein: in Kalabrien werde ich ihn dann nach und nach das Fürchten lehren.

Vor Tagesanbruch machten wir Halt, um Kaffee zu trinken, der in den Dörfern um drei oder vier Uhr morgens, je nach Jahreszeit, für die Arbeiter gekocht wird; er kostet sie nur einen *bajocco* pro Tasse, und sie sparen die Zeit der Zubereitung zu Hause. Wir wollten soeben aussteigen, um uns ebenfalls einen Kaffee zu kaufen, als der sizilianische Gentleman – entsetzt bei dem Gedanken, wir könnten uns selbst bemühen – ihn an den Wagen bringen ließ; während des ganzen Rests der Reise hieß er seinen Bediensteten unentwegt aussteigen, um uns mit irgendwelchen Köstlichkeiten zu versorgen: seien es die kleinen weißen Brote aus Paternò, die delikaten Kaktusfeigen aus Biancavilla oder ein Sträußlein entzückender Kapernblüten, die am Wegrand zu finden waren. Als es Tag wurde, wies er uns auf Besonderheiten der Umgebung hin: Bronte, Nelsons Bronte[31], wo üppige Weinberge zwischen den Schneefeldern des Ätna wachsen; Adernò mit seinem großen, vom Prinzen Biscari erbauten Aquädukt, der es mit den antiken römischen Anlagen aufnehmen kann; Belpasso, ein verlassenes Dorf in kläglicher Erinnerung an seine Bewohner, die fast alle der Malaria zum Opfer gefallen waren; die wenigen Überlebenden ließen die Häuser aus schwarzem Lavagestein zurück und bauten sich neue Unterkünfte an Orten mit besserer Luft. Es ist unerklärlich, aus welchem mysteriösen Grund die Luft in manchen auch noch so dicht beieinanderliegenden Zonen, sei es in den Lavafeldern oder in der Ebene, einmal gut und ein andermal schlecht ist.

Belpasso und vielen anderen kleinen Orten wurde ein flüchtiger Besuch abgestattet, bis die Gegenwart des Ätna all unsere Empfindungen auf sich zog; er schien sich direkt neben uns von der Erde bis in den Himmel zu erheben; es gab keine Stimme, die uns gemahnt hätte: »bedenkt, ihr befindet euch bereits auf einer Höhe von 3000 Fuß«. Hingegen hatten wir die Gunst, uns auf der Höhe des Meeresspiegels zu befinden, und von dort erstand er gottgleich, umgürtet von seinen drei Kreisen: dem bewohnten, dem kultivierten, dem bewaldeten. Oberhalb dieser Bereiche kleidete er sich in Weiß, und wie die Röte auf den Wangen eines Mädchens uns das Nahen ihres Liebsten anzeigt, ehe wir ihn noch zu Gesicht bekommen, so sagt uns die Röte auf Ätnas Schnee, dass die erhabene Sonne dort über dem fernen Horizont aufsteigt und bald ihre warmen, liebevollen Strahlen entsenden wird, bis der ganze Berg erglüht; die ihn krönenden Dünste ziehen

31 In Bronte, ca. 50 km nordwestlich von Catania am Westhang des Ätna, lebte die Familie von Admiral Nelson, der 1799 von König Ferdinand IV. den Titel »Herzog von Bronte« erhalten hatte.

als rosafarbener Streif über den Himmel – eine Szene zu groß, zu strahlend für den sterblichen Sinn … Oh Berg! Berg, sprich zu mir, ich werde dir Antwort geben! … Wie ich deine Gegenwart fühle! Mein Herz schlägt im Takt mit deinem … All des Rohen der menschlichen Natur entledige ich mich zu deinen Füßen, und indem ich dich betrachte, erahne ich das Paradies – Oh, prächtigstes der Wunderwerke Gottes!

Zwischen Mauern aus Lavagestein fuhren wir hinunter nach Catania.

Kapitel X

Catania

Siesta in der Stadt – Lebende Furien – Adelswappen –
Aussehen und Kleidung der Catanesen –
Unsere Empfehlungsschreiben – Eine Gouvernante –
Der Baron und der Händler – Morgendliche Besucher –
Attraktionen des Ortes – Das Kloster – Die Museen –
Die Ruinen – Die Kathedrale – Grausamer Aberglaube

Es war zwischen ein und vier Uhr nachmittags, die Zeit der Siesta, und nichts als einige dunkle »manti« huschten durch die mit Lavagestein gepflasterten Straßen. Von den Einwohnern ließ sich zu dieser Stunde nichts vernehmen; die Stände der Basare waren mit Planen bedeckt, die Geschäfte durch Markisen geschützt und ihre Eingänge sicher verbarrikadiert. Weit und breit herrschte eine pompejische Stille, in die das Rumpeln unserer Kutsche erdbebengleich einbrach. Ein schläfriger Träger brachte unser Gepäck zum Hotel Ätna; nachdem wir drei zerfallene Treppen erklommen hatten, nahm uns der Auftritt der drei aus dem Schlaf gerissenen Wirtinnen, die uns mit aufgelöstem, grausig zerzaustem Haar in Empfang nahmen, jeden Zweifel, dass auch heute noch Furien existieren. Sie geleiteten uns zu einem Zimmer, das schlechter war als alle, die wir bislang im Landesinnern bewohnt hatten, und verlangten dafür zunächst das Doppelte von dem, womit sie sich schließlich zufrieden gaben, bereiteten uns mit ihren furchteinflößenden Fingernägeln rasch ein Bett und überließen uns künftigen Drangsalen.

Nach einem kurzen Schlummer, den ich jedem empfehle, der über Nacht gereist ist – anstatt sich sogleich und ohne auszuruhen an die Erkundung eines neuen Ortes zu begeben, was am folgenden Tag zu einem unangenehmen Gefühl der Erschöpfung führt –, erfrischten wir uns und machten uns mit unseren Empfehlungsschreiben auf den Weg. Die Bemerkung des ersten, soeben erwachten *Lazzarone* zeigte uns, dass die Hüte und Federn englischer Ladies in Catania unüblich sind. Verschlafen fragte er, ob ich Tänzerin sei: »Siete una ballerina, Signora?«.

Die Straßen machen einen sehr ansprechenden Eindruck; dies gilt vor allem für jene, die zwischen dem Meer und dem Ätna verläuft und auf direktem Weg zum Berg zu führen scheint, dessen Namen sie trägt. Zwei offene Plätze unterbrechen die rechtwinkelige Gleichmäßigkeit der großen Verkehrsstraßen; die Häuser sind mit Reihen von Balkonen geschmückt; Türme und Kuppeln erheben sich im Überfluss; schaut man jedoch genauer hin, dann zeigt sich allerorts der Verfall. Die Farbe haftet schlecht auf dem Lavagestein, und die Bewohner bedecken es mit immer neuen Schichten von Blau, Rosa und Grün, die an manchen Stellen wieder abfallen und hässliche Lücken hinterlassen, durch die das ursprüngliche Material noch schwärzer als zuvor hindurchscheint. Hier und dort schaut ein Orangenhain durch ein Gitter oder über eine brüchige Mauer und macht einen so orientalischen Eindruck, dass man nicht anders als fröhlich sein kann. Kaum ist die Siesta beendet, tauchen Unmengen von Kutschen auf. Fast alle sind sie mit Adelswappen geschmückt; wie die der englischen Barone zeigen die meisten vier große Kugeln auf rotem Samt und gehören zu Familien, deren Stand nichts zu wünschen übrig ließe – gäbe es ihrer nur nicht so viele. Zu Zeiten des Parlaments stellten sie die

Erbmitglieder des Oberhauses und standen durch ihre Position über den Prinzen, Marquisen etc.

Die Damen und Herren, die in den Kutschen saßen, imitierten zu weiten Teilen die französische Mode, jedoch mit einer größeren Palette an Farbtönen und einem Hang zu den leuchtenden Farben, mit denen sie ihre Häuser bemalen. Sie defilierten in ihren Wagen in Reihen auf und ab, und weil es vor den Toren keine geeigneten Wege gibt, führten ihre Ausfahrten sie durch die Stadt. Hin und wieder erhob sich ein eindrucksvoller junger Mann mit Schnurrbart und Zigarre, der offensichtlich zur besten Gesellschaft Catanias gehörte, schnellte mit seiner von prachtvollen englischen Pferden gezogenen Kutsche vor und lenkte sie, auf dem Bock stehend, in die Mitte der Straße. Das traditionelle Gewand, den eleganten »manto«, ein langer Mantel aus schwarzer Seide, der über den Kopf geworfen und auf hinreißende Weise unter einem Arm drapiert wird, sieht man heute nur noch bei verheirateten Frauen niederen Ranges.

Wir waren mit zwei Schreiben ausgestattet: einem an die Familie eines Adligen und einem weiteren an einen Seidenhändler, dessen große Manufaktur die wichtigste Industrie am Platz darstellte; obwohl die sizilianische Seide sehr gerühmt wird, muss ich die weiblichen Leser doch vor deren Erwerb warnen, zumal, wenn sie die Möglichkeit haben, an andere Seide zu gelangen, vor allem an die geköperte; stammt sie nämlich aus Frankreich, so verschleißt sie nie, kommt sie hingegen aus Catania, so knittert sie bei den ersten Regentropfen. Die einfache Seide ist dünn und glanzlos; sie wird in großen Mengen und recht preiswert an die neapolitanische Bevölkerung verkauft.

Wir beschlossen, mit unserem Schreiben zuerst zu dem Baron zu gehen, von dessen liberaler Gesinnung wir gehört hatten; er hatte sich mit seiner Familie in England aufgehalten, wodurch sie die Sprache konnten, und dort eine Ahnung von der Lebensart eines Gentleman bekommen. Der Leser muss wissen, dass es im Ausland nur dem allerersten Adel – und auch dann nur durch großes Glück – gelingt, sich wenigstens in Ansätzen dem Stil der einfachen englischen Bevölkerung anzunähern. Als ich im nördlicheren Italien sah, wie sie sich wegen ihrer Titel aufblähten und dachten, sie erwiesen uns eine Ehre, wenn sie das Wort an uns richteten, musste ich im Stillen darüber lachen; ein englisches Mädchen weiß die Aufmerksamkeit eines *wahren*, an Feinsinn und Geist überlegenen englischen Gentleman weitaus mehr zu schätzen. Die Familie des Barons war soeben in einer prunkvollen, blau-silbernen Kutsche zurückgekehrt. Eine schöne, leidlich saubere Marmortreppe führte in die Wohnräume im ersten Stock ihres Palastes; ein Bediensteter in Livree geleitete uns durch einen großen ausgemalten Vorraum in einen ansprechenden, weiträumigen und geschmackvoll eingerichteten Salon; dieser ging in einen anderen Raum über, wo ein Tisch einladend zum Essen gedeckt war, mit sauberen Servietten und Gläsern für jeden einzelnen. Die Töchter des Barons waren überaus freundlich und sprachen ein gutes Englisch, eine hatte vor kurzem ihre Hochzeitsreise in London verbracht; die Mutter, in ein Hauskleid gehüllt, war weit hinten in der Zimmerflucht mit der Zubereitung des Abendessens beschäftigt; der Sohn erwies sich als Dandy und war nicht übermäßig daran interessiert, über Details wie die Beschaffung von Mauleseln, Führern etc. für unsere Tour zum Ätna nachzudenken, worauf wir beschlossen, uns mit diesen praktischen Fragen an den Seidenhändler zu wenden. Die jungen Damen boten uns kleine süße, wunderbar saftige Mandarinen an, die ersten der Saison; eine weniger gehaltvolle Sorte kennt man in England als maltesische Orange.

Diese Familie, von einer weiteren werden wir später hören, waren die einzigen in Catania, die zumindest den Versuch machten, Fremde zu empfangen; die anderen leben alle auf die typisch italienische Art: einige haben Einkommen von jährlich acht oder zehntausend Lire, wovon ein Zehntel für Kutsche, Pferde, Opernloge und all die angenehmen, alltäglichen Vergnügungen ausreicht; da ihnen eine geistige Beschäftigung fehlt, widmen sie sich mit dem Rest dem Glücksspiel – nicht anders als in Palermo.

Neben seiner Manufaktur unterhielt der Händler auch ein Geschäft; der Unterschied zwischen Groß- und Einzelhandel erscheint mir in Sizilien etwas ungereimt. An seiner im ersten Stock gelegenen Wohnung angelangt, fanden wir die Tür verbarrikadiert, als handele es sich um das Tor zu einer Festung; und da es keine Glocke gab, wurden unsere Knöchel bei dem Versuch, uns klopfend Gehör zu verschaffen, auf eine schmerzhafte Probe gestellt. Drinnen hörten wir als einziges Schreie, die an eine wütende Megäre erinnerten, und das angstvolle Zuschlagen einer entfernteren Tür. Wir standen verzagt auf den Stufen und hofften auf jemanden, der uns behilflich sein würde; nach einer Weile tauchte ein Mann auf, der die Gepflogenheiten des Hauses kannte, und dem es gelang, einen der Bewohner durch ein bestimmtes Zeichen an die Tür zu locken; nach einem langatmigen Gespräch durch den Türspalt hindurch, wer wir wohl seien, was wir wohl wollten – was er, da dies für ihn selbst im Verborgenen lag, nur schwer erklären konnte –, knarrten die eisernen Türangeln, und wir wurden von einer Alten, der Gouvernante der schönen Frau des Händlers, eingelassen; eifrig bemüht, ihre junge Herrin während der Abwesenheit des Ehemanns unter Verschluss zu halten, war es ihr klüger erschienen, nicht zu öffnen, zumal sie unsere Stimmen nicht kannte.

Während dem Händler das Schreiben überbracht wurde, führte man uns in eine hübsche Wohnung mit dem ersten Holzfußboden, den wir in drei Monaten zu Gesicht bekamen; mit frischen, weißen Draperien und eleganten Möbelstücken war sie erst vor kurzem für die junge Braut eingerichtet worden. Hier zeigte sich, dass die Händler, was den Luxus betrifft, den Adligen weit voraus sind, deren weitläufige Paläste mit unbehaglichen, alten Möbeln ausgestattet sind, die sich der Größe der Räume anpassen. Das *tête-à-tête* mit den beiden Frauen war zum Glück von kurzer Dauer; ihr ebenso schrilles wie näselndes Sizilianisch war unverständlich und ermüdete uns. Die alte Gouvernante, die uns unerträglich dreist erschien, nahm ihrer jungen Herrin jedes Wort aus dem Mund, um es lautstark kreischend zu wiederholen; ihr Übereifer war von der Art, wie wir ihn später auf der italienischen Theaterbühne verspottet sahen. Tatsächlich nehmen bei den ungebildeteren Leuten – der Mehrzahl der Sizilianer – besonders die weiblichen Bediensteten an den Gesprächen teil und setzen sich beispielsweise unter dem Vorwand, einen Mantel halten zu wollen, für die Dauer des Besuches mit hinzu. Sie sollten ihrer Herrschaft sehr verbunden sein, wo sie doch als Mitglieder der Familie behandelt werden.

Der Händler, ein lebhafter, intelligenter Mann, ließ nicht lange auf sich warten; mit einem ebenso belustigten wie skeptischen Interesse lauschte er unseren Plänen für den Aufstieg auf den Ätna, versprach, für Wagen und Führer zu sorgen und empfahl so dringend einen Wechsel vom Hotel Ätna in das »Corona«, dass wir anschließend einen Blick auf dieses Haus warfen. Eine riesige Ansammlung von Menschen, die alle an Augenentzündungen litten, wartete auf den Stufen, um im Speisezimmer der Reihe nach von einem berühmten Augenarzt behandelt zu werden. Nach diesem Anblick zogen wir die Gesellschaft der Furien vor; sie waren wenigstens nur zu dritt. Sie hatten uns ein Essen vorbereitet, und wir baten die jüngste und vertrauenerweckendste der drei, die Schwägerin der beiden anderen, uns bei Tisch zu bedienen, dachten wir doch, sie hätte gewiss ein milderes Temperament. Am folgenden Morgen öffneten wir durch puren Zufall die Tür zu einem der Zimmer, wo sie mit einem Kavalier zusammensaß, worauf sie derart wild auf uns losging, als wolle sie noch einmal glaubhaft ihren furiosen Charakter beweisen.

Seit unserer Abreise aus Palermo hatten wir nirgendwo mehr eine komplette Mahlzeit gesehen; die verschiedenen kleinen Gerichte – gut gewürzte Tauben, Salate, Süßigkeiten etc. – gefielen uns jedoch sehr gut. Der Sohn des Barons hatte von unserem Aufenthalt im Haus des Händlers gehört und erschien im Hotel, getrieben von jäher sizilianischer Eifersucht, setzte sich zu uns, während wir speisten, und versicherte, er werde selbst für die Fahrzeuge Sorge tragen; dann verfasste er ein Empfehlungsschreiben an einen namhaften Naturforscher, der auf dem Ätna lebt; mit diesem fabelhaften Menschen werde ich die Leser noch vertraut machen. Unterdessen traf der Händler mit zwei »Cappotti« ein, und der junge Baron verabschiedete sich, wobei er es sichtlich kaum erwarten konnte, sich mit dem Händler über uns auszutauschen.

Am nächsten Tag, gleich frühmorgens, wurden uns angesichts der Vorbereitungen für den Aufstieg folgende Dinge zur Begutachtung präsentiert: schmutzig gelber, fettiger Bernstein in Herzform, als Kreuz oder in Gestalt anderer nützlicher Utensilien; ein Dutzend Paar haariger Wollstrümpfe, die auch die Haut eines Elefanten wund gescheuert hätten; drei Bulldog Welpen mit frisch kupierten Ohren; eine Platte mit *Altertümern* aus zerbrochener Keramik; hinzu gesellten sich Bettelmönche, die sich, obwohl wir ihnen die Geschichte des Priesters aus Agrigent erzählten, bis zu unserem Aufbruch in unserer Nähe aufhielten, was uns zwang, die Tür zu unserem Zimmer bei jedem Ein- und Austreten zu verschließen; dann präsentierten sich vier Führer zu unterirdischen Ruinen und zu guter Letzt unser Kutscher, der uns mitteilte, die Absprache vom letzten Abend sei hinfällig. Dies stellte zum Glück kein unüberwindliches Hindernis dar, denn unsere neue Bekanntschaft, der Baron, traf gleich nach der Morgenröte ein, begleitet von dem Reisegefährten, mit dem wir nach Catania gelangt waren. Wir schickten sie auf die Suche nach einem anderen Fahrzeug, wodurch wir glaubten, sie bis zum Frühstück zu beschäftigen, zu dem sie zurückkehren wollten, um uns beim Essen zuzusehen; um sie noch ein wenig länger zu beschäftigen, baten wir sie, uns bei der Zähmung der Furien beizustehen. Wir hatten uns schon daran gewöhnt, vor Publikum zu speisen, und betrachteten uns als höchst glücklich, eine Art Salon ohne Betten gefunden zu haben; als einen privaten Rückzugsort will ich ihn dennoch nicht bezeichnen; auf jeder Seite hatte er eine Reihe von Türen; die sich auf den Flur hinaus öffneten. Obwohl wir uns im dritten Stock und in einer vergleichsweise zivilisierten Stadt befanden, sahen wir uns von neugierigen Leuten aller Art umringt.

Da es nicht nötig ist, frühmorgens nach Nicolosi, einem in zwölf Meilen Höhe am Hang des Ätna gelegenen Dorf aufzubrechen, hat der Reisende Zeit für einen Rundgang durch Catania. Für viele besteht der größte Reiz der Stadt darin, dass es sich um den Geburtsort Bellinis handelt, dessen zauberhaft »verzehrende« Musik all die Sensibilität eines edlen sizilianischen Geistes zum Ausdruck bringt. Er starb mit neunundzwanzig Jahren[32] und muss als Kind oft den Klängen der prachtvollen Orgel im Benediktinerkloster gelauscht haben. Der Reisende sollte vor zehn Uhr dort sein, wenn sich die Mönche, allesamt aus guter Familie, zur morgendlichen Kollekte versammeln. Erwähnt er auch nur einem von ihnen gegenüber, dass er fremd ist, dann werden sogleich einige

32 Der Komponist Vincenzo Bellini wurde am 3. November 1801 in Catania geboren und starb am 23. September 1835 im Alter von 33 Jahren bei Paris.

der schönsten, selten gespielten Register des Instruments gezogen, und da es sich um eines der besten dieser Welt handelt, wird er – ob Musiker oder nicht – eine unglaubliche Freude empfinden.

Nur den Männern ist der Besuch des Klosterinneren, das sehr einladend sein soll, gestattet; Frauen haben keinen Zutritt; wir mussten uns daher aus der Ferne mit einem Blick auf den Garten begnügen, wo die Mönche stolz auf einen schwarzen Lavastrom verweisen, ein riesiger Felsen, der während des großen Vulkanausbruchs kurz davor stand, ihre Weinberge und Orangenhaine zu vernichten.[33] Mit einem für diese brodelnde Masse untypischen Verhalten und scheinbar nicht willens, solch tadellosen Männern Leid zuzufügen, hatte sich der Lavastrom geteilt und umgibt das Gelände des Klosters heute auf zwei Seiten mit einer Mauer. Bei den Mönchen hier handelt es sich um einen Zweig des Ordens der Palermitanischen Benediktiner, gleichermaßen wohlhabend und von gutem Gemüt, wovon sich der Leser später wird überzeugen können, wenn wir mit einem von ihnen näher bekannt werden. Sie verwalten zahllose reiche Wohlfahrtseinrichtungen, deren Mittel sie jedoch nicht immer im Sinne der Empfänger verteilten, was sie während der Revolution zu spüren bekamen: unter ihren Betten, wo sie sich versteckt hielten, wurden sie hervorgezogen und in großer Zahl massakriert.

Bevor sie starben, nutzten sie die Konfusion, um eine Missetat zu begehen. Abt Trimeno von Neapel hatte dem Kloster im Jahr 1400 einen Besuch abgestattet und den Mönchen ein Schreiben übergeben; es begann folgendermaßen: »Ihr Benediktiner denkt heute an nichts anderes als ans Essen,

33 Beim Ausbruch des Ätna 1669 öffnete sich ein Spaltensystem tief unten am Vulkan. Lavaströme zerstörten den Ort Malpasso und schlugen eine Schneise durch Catania, bevor die Lava ins Meer floss.

Spielen und Buhlen: was würde der Heilige Benedikt dazu sagen, stiege er eines Morgens herab, um Euch einen Hirtenbesuch abzustatten?«, und so weiter. Diese Ermahnung war ihnen viereinhalb Jahrhunderte hindurch jeden Abend vor dem Essen vorgelesen worden, ohne dass sich das Mindeste geändert hätte. Schließlich beschlossen sie, es sei höchste Zeit, sich einer derartigen Verschwendung an Worten zu entledigen: in den Kämpfen der Revolution landete der Brief im Feuer.

Die Catanesen sind sehr stolz auf ihre Altertümer; da diese sich jedoch alle unter der Erde befinden, hat jemand, der zu ihrer Besichtigung in Syrakus, Taormina oder Agrigent eintrifft, den Eindruck, als besuchte er seinen Weinkeller. Wir folgten einer Frau, die eine rauchende Fackel hielt, durch Wasserpfützen, an modernden Mauern entlang, von deren Bedeutung – wären wir zuvor nicht in der alten Stadt gewesen – wir nicht die geringste Vorstellung gehabt hätten: sie werden als »Griechisches Theater« bezeichnet, ein ähnlich dumpfiges Ensemble als »Römisches Amphitheater«. Im Museo Biscari, gegründet von dem Prinzen gleichen Namens – ein gütiger, erleuchteter Mann, der auch den Aquädukt bauen ließ und jede Anstrengung unternahm, sich als Wohltäter zu erweisen –, befindet sich eine bruchstückhafte Sammlung kleiner Altertümer, die auf der Insel gefunden wurden: der Torso des Jupiter wird allgemein als Prachtexemplar bezeichnet, ist genau betrachtet aber hässlich; der Führer konnte nicht die geringsten Informationen zu den ihm anvertrauten Dingen geben, forderte jedoch hartnäckig mehr Geld, obwohl er bereits gut bezahlt worden war, und zeigte so, dass er schon Erfahrungen in der Verhandlung mit Engländern gemacht hatte. Es gibt noch ein weiteres Museum, das Gioeni, wir besuchten es erst gar nicht.

Während wir am Eingang des Museo Biscari auf dessen Öffnung warteten, waren wir Zeuginnen einer Szene, bei deren Beschreibung ich meine Leser um Verzeihung bitten muss; ich tue dies nur, um die Gebräuche der Leute zu veranschaulichen, die Ignoranz und den furchtbaren Aberglauben, unter dem sie zu ersticken drohen, während sich Heerscharen von Priestern in den Straßen tummeln, und keinem Protestanten irgendeine Weisung erlaubt ist. Die Schreie eines Hahns neben einem der benachbarten Häuser ließen uns auffahren, wir wandten uns um und sahen, wie er lebendig gerupft und gevierteilt wurde! Kaum hatten wir unsere Schwäche überwunden, drückten wir unser Entsetzen darüber aus und erhielten zur Antwort: »Es muss sein, denn in diesem Haus ist ein Kind an einem Fieber erkrankt und kann nur durch die Zauberkraft dieser Zeremonie geheilt werden!« Diese »Zeremonie« ist auf der ganzen Insel verbreitet.

Unter der Kathedrale, einem pompösen Bau, befinden sich als »antike Thermen« bezeichnete Höhlen, einst mit Fresken verziert, deren Spuren man noch zu sehen glaubt; die Spuren von den Rädern einer Kutsche sind – wie in Pompeji – jedoch tatsächlich in die Lava eingegraben. In der Sakristei hängt ein sonderbares altes Gemälde: es zeigt die jüngste Zerstörung Catanias beim Ausbruch des Ätna 1669, dem eine absolute Dunkelheit vorausging.[34] Die flüssige Lava rollt in blutroten Strömen aus einem Krater namens Monte Rosso, in der Nähe von Nicolosi am Südhang des Vulkans. Vor der Stadtmauer von Catania musste sich die Lava sechzig Fuß hoch stauen, ehe sie sich darüber ergießen konnte, was schließlich nicht mehr aufzuhalten war; im Vordergrund des Bildes beeilt sich eine Gruppe von Mönchen mit den Reliquien und dem Schleier der Schutzheiligen der Stadt zu einer vor der Küste auf sie wartenden Galeere zu gelangen. Jener Schleier und seine Trägerin, die Heilige Agata, verloren für lange Zeit

34 Es handelt sich hier nicht um ein Gemälde, sondern um ein großes Fresko auf der Südwand der Sakristei, »Ausbruch des Ätna 1669«, zugeschrieben Giacinto Platania (1647–1729).

die Gunst ihrer Verehrer, nachdem so viele von ihnen grausam unter der Lava erstickt waren. Heute sind die Catanesen wieder mit ihrer Schutzpatronin versöhnt; zwischen Vulkanausbrüchen und Erdbeben bedürfen sie dringend einer Kraft, die sich ihrer schützend annimmt – selbst wenn die Heilige Vorsehung der letzte Beistand ist, auf den sie sich berufen. Einst floss der Lavastrom in einem herrlichen Bogen bis ins Meer hinein und bildete einen Hafen; dieser verschwand mit der nächsten Katastrophe; geblieben ist ein Kap aus Lavagestein, ein wunderbarer Vordergrund für eine Zeichnung vom Ätna.

Nichts auf der Welt wird die Catanesen dazu bringen, die Lage ihrer Stadt zu verändern; es lässt sich daher annehmen, dass sie Erdbewegungen und Eruptionen mittlerweile als ganz normal empfinden; kaum sind sie von der schwarzen Masse überwältigt worden, nehmen sie dieselben zerstörerischen Steine, um daraus alles wieder aufzubauen; anders als die Steine des Vesuvs sind diese hier hart und von dauerhafter Natur.

Kapitel XI

Leben auf dem Ätna

Mit der Kutsche den Berg hinauf –
Abstecher nach Monte Vittorì – Nicolosi und sein Philosoph –
Eine harte Probe – Ein sizilianischer Landgasthof – Der Teufel –
Die Einheimischen und ihre Begeisterung für den Ätna –
Königin Eleonore – Das Innere eines Klosters –
Sind Mönche galant? – Truppenerhebung –
Nach Syrakus und zurück

Nun nähert sich der magische Moment des Aufstiegs auf den wundersamen Ätna, und eine schöne Kutsche mit drei Pferden wartet vor der Tür. Als wir sie besteigen, beginnen unsere Freunde zu verstehen, dass wir es ernst meinen; ihre Mienen nehmen einen ebenso feierlichen wie verdrossenen Ausdruck an, sie geben noch einige Ratschläge mit auf den Weg und schauen uns beunruhigt nach, bis wir außer Sicht sind.

Als das Lavapflaster endet, geht die Straße in feinen, schwarzen Sand über, beidseitig flankiert von niedrigen Mauern im selben Farbton; sie ist breit und obendrein in gutem Zustand, der düstere Grund wird immer wieder von dichten Opuntien-Hainen und mit Früchten beladenem Feigenkaktus unterbrochen; zahllose Bauern, die drei Monate lang von kaum etwas anderem leben, als von diesen köstlichen, nahrhaften Früchten, sind mit der Ernte beschäftigt.

Die Kaktusfeigen besitzen alle Eigenschaften von Brot; zudem wird aus ihnen ein gehaltvoller Brandy gebrannt, mit dem auch der für den englischen Markt bestimmte Marsala verschnitten wird. Hier und dort ist noch eine scharlachrote Blume geblieben, die die fächerförmigen Blätter krönt; darüber verzweigen sich Orangen- und Zitronenbäume mit ihrem leuchtend grünen Blattwerk und den Früchten der Hesperiden. Tausend Düfte durchziehen die Bergluft, deren delikate Schärfe überaus anregend auf das Gefühl des *dolce far niente* wirkt, das uns langsam gefangennimmt, während wir uns in der Kutsche zurücklehnen und drei Stunden lang für nichts anderes als die Betrachtung des Ätna mit seinen hundert Kratern leben, die sich über Catanias fruchtbarer Ebene erheben.

Zwei Obelisken bezeichnen die Stelle, wo die Straße zum Berg hinauf abbiegt; geradeaus führt sie zu den anderen Dörfern an den Hängen ringsum. Wir waren durch etliche von ihnen gekommen; alle machten den Anschein kleiner Catanias, errichtet aus bunt gestrichener Lava, mit prunkhaften Kirchen, von denen einige durch Erdbeben recht stark beschädigt sind; der Glockenstrang einer dieser Kirchen darf nur in eine bestimmte Richtung gezogen werden, aus Furcht, ihr schräg geneigter Turm könne zusammenstürzen. Die meisten Auffahrten zu den Villen sind majestätisch angelegt; ein leuchtender, mit dem Namen des Eigentümers beschrifteter Regenbogen und eine Reihe von Säulen, durch Weinranken verbunden, führen zu einem trostlos gelben oder grünen rechteckigen Gebäude, dessen Kompaktheit nur von einem vorspringenden kleinen Erkerbalkon aufgelockert wird. Die Fensterrahmen sind ohne Glas und mit Steinen versperrt; letztere werden entfernt, wenn der Besitzer zum *Pique-Nique* erscheint, wie das Zusammentreffen mit Freunden genannt wird, die man den Tag über – manchmal auch bei Pianomusik – bewirtet. Die Sizilianer fühlen sich bemüßigt, während des Heumachens und der Getreideernte ihre Zeit in der Ebene zu verbringen, und während der Ernte von Kaktusfeigen und Trauben in ihre Villen auf dem Ätna zu ziehen; dazu lassen sie einiges an Hausrat hin und her transportieren und sind dabei überzeugt, eine patriarchale Aufgabe zu erfüllen; die leichtfertigeren unter ihnen überlassen diese Aufgabe ihrem Verwalter; keiner von ihnen interessiert sich jedoch im geringsten für das Landleben. Wir fuhren an einem der Villenbesitzer vorüber, der die Bestellung seines Feldes in Pantoffeln und geblümtem Morgenrock beaufsichtigte.

Nach einer mühselig langsamen Fahrt bergauf tauchte nach zwölf Meilen am Ende der Straße eine Kirche mit einer herrlichen Kuppel auf; ihr gegenüber ein schmaler, mit Lavastein gepflasterter Pfad, auf dem wir an zwei leuchtend rosafarbenen Säulen vorbeikamen, während wir nach Nicolosi, zur Locanda dell'Etna hinauffuhren. Dort war bereits eine Reisegesellschaft eingetroffen, jedoch nur für einen Tag; man befand sich im Aufbruch zum Monte Vittorì, einem erloschenen Vulkan, von dem aus die Ausflügler, die den Aufstieg auf den richtigen Berg scheuen, einen großartigen Eindruck von dessen Struktur bekommen und einen wunderbaren Blick auf die Syrakuser Seite der Insel mit dem Lago di Lentini und einer Vielzahl von Städten genießen können. Es handelt sich um eine zweieinhalbstündige Tour auf dem Rücken von Mauleseln, zu der man jeden Morgen von Nicolosi aus aufbrechen kann. Inklusive einer kurzen Erfrischungspause nach der Rückkehr, kann die Gesellschaft noch am selben Abend wieder in Catania sein.

Ein zweites, sehr gepflegtes kleines Gasthaus befindet sich in der Nachbarschaft von Dr. Gemmellaros Haus; zu diesem Gentleman brachten wir unser Schreiben und trafen auf einen gelehrten, alten Philosophen mit leuchtend schwarzen Augen und grauem Haar, der uns väterliche Ratschläge für unseren Aufstieg erteilte. Er lebt seit dreißig Jahren in Nicolosi, trägt den Beinamen »Der Ätnaer« und kann gewiss mit Recht als Autorität gelten.[35] Er ist nicht umsonst ein Philosoph und versuchte es erst gar nicht, sich mit einer jungen Dame auf eine Diskussion einzulassen. Ich muss hinzufügen, dass sich Mamma niemals freiwillig in dieses Abenteuer gefügt hätte; sie favorisierte von Anfang an einen Ausflug auf den Monte Vittorì, und nur durch die Ausdauer, mit der ich auf sie einredete, konnte ich sie dazu bewegen, den Aufstieg auf den richtigen Berg zu wagen. Wie viel hätte sie verpasst, wäre sie bei ihrer Ablehnung geblieben! Und keine Spur von den unangenehmen Konsequenzen, die sie befürchtet hatte. Wie schrecklich, wenn Eltern nicht auf ihre Kinder hören!

Während der »Ätnaer« Vorbereitungen für den kommenden Tag traf und uns zu verstehen gab, dass ihn nur seine sechzig Jahre davon abhielten, uns zu begleiten – die sizilianische Vorstellung von »accompagnare« erstreckt sich bis zum Gipfel des Ätna –, zeichneten wir sein Haus und einen Teil des Dorfes – eine sehr charakteristische kleine Studie. Wir erhielten einen Besuch *al fresco* vom Amtsschreiber, einer der Autoritäten des Ortes, der uns gestand, dass seine Tochter zu Hause geblieben wäre, um für uns zu beten! Gemeinsam genossen wir den Sonnenuntergang und sahen die Weinberge im Purpurglanz erstrahlen; eine langgestreckte, schlangenähnliche Wolke, die »Serpe«, legte sich um den Berg, und der herrliche Abend sank langsam in die Nacht. Wir machten Bekanntschaft mit unseren beiden Führern, zwei Bauern, baten den Wirt, uns einen Korb mit all dem zu packen, was wir für den folgenden Tag brauchten, empfin-

35 Wahrscheinlich handelt es sich um den Arzt Giuseppe Gemmellaro (1788–1876), der ebenso wie sein älterer Bruder Carlo (1787–1866) mit Geologie, Mineralogie und vor allem mit Vulkanologie beschäftigt war und zum Ätna forschte.

gen eine Reihe von Honoratioren des Dorfes, während wir kaltes Huhn mit Ziegenmilch zu uns nahmen und legten uns in einem derart harten Bett zur Ruhe, dass wir glaubten, es müsse aus Lava sein.

Am anderen Morgen erhoben wir uns um vier Uhr, kleideten uns an, gingen hinaus und entdeckten über uns dunkle Wolken; als ich eben meinen Fuß in den Steigbügel am Sattel eines schönen, gut genährten Maulesels setzen wollte, fiel der erste Regentropfen … Mein Herz sank wie ein Thermometer unter null. Entgegen der Versicherungen, der Himmel würde gewiss in Kürze aufklaren, setzte ein dreister Nieselregen ein. Wir gingen ins Haus zurück und verstanden, was Leere bedeutet … Hat man je von solch einer Enttäuschung gehört? Liebe Leser, stellt euch vor, ihr wäret an unserer Stelle gewesen!

Der Zustand der Leere hielt bis zum Tagesanbruch an; wir waren so zornig auf den grau nebligen Morgen, dass wir erneut zu Bett gingen, um ihn nicht sehen zu müssen. Als wir erwachten, hatte sich unsere Laune gebessert, und ich will hier über die richtigen Vorbereitungen zu solch einer Expedition sprechen – wenn sie sich nicht durch eine Enttäuschung wie die unsrige erübrigen. Jede Dame sollte einen Führer und einen Maulesel bei sich haben; ersterer kostet pro Tag eineinhalb Piaster, letzterer einen Piaster, den Mann, der die Tiere versorgt, inbegriffen; für uns beide beliefen sich die Ausgaben auf sieben Piaster, womit auch die Esel der beiden Führer bezahlt waren; diese erwarten kein Handgeld, es sei denn, man wäre mit ihnen über die Maßen zufrieden. Das Tourenbuch mit den Eintragungen ihrer Kundschaft enthielt die ein oder andere Klage über ihr Benehmen; es war zum Beispiel zu lesen, dass sie sich geweigert hatten, weiterzugehen; wahrscheinlicher schien es allerdings, dass die Reisenden unvernünftig gewesen waren, denn bei allen sechs Führern handelt es sich um gut ausgewählte Männer, die stolz die Male zählen, die sie bereits bis zum Gipfel gelangt sind; zudem stehen sie unter Dr. Gemmellaros strenger Aufsicht. Er selbst, ein perfekter Gentleman, bringt jedem Pilger Interesse entgegen, und wenn es sich um höfliche, intelligente Menschen handelt, so heißt er sie hocherfreut auch ohne Empfehlungsschreiben willkommen.

Der Proviant für diese Expedition besteht aus einigen Flaschen mit starkem Tee oder Kaffee – bei den vorherrschenden Temperaturen und der Höhe sehr viel besser als Wein oder Spirituosen –, aus kaltem Fleisch, ein wenig Käse, Brot und einigen erfrischenden Früchten, vor allem Kaktusfeigen; von jedem etwa so viel, wie man für einen Tagesausflug in die Westmoreland Hills benötigt. Der Wirt stellt Körbe, mit Korbgeflecht präparierte Gläser und eine kleine Apparatur zum Entzünden eines Holzkohlefeuers zur Verfügung. Er übernimmt es, alles zu verpacken, obwohl dem Reisenden geraten wird, selbst noch einen kontrollierenden Blick darauf zu werfen und auch die Führer eigenhändig zu bezahlen, da ihm in dieser Hinsicht nicht ganz zu trauen ist. An dem verregneten Morgen hatten wir ihn gebeten, jedem der Männer eine Flasche guten Weines zu geben, um sie über den Verdruss hinweg zu trösten, hatten auch umgehend die Rechnung beglichen und später festgestellt, dass sie nichts erhalten hatten. Bis auf diese Ungereimtheit war er jedoch höflich und aufmerksam, was sich gewiss auch der Nachbarschaft zu dem rivalisierenden Gasthaus verdankte.

In eben diesem Moment betritt er das Zimmer mit der Frage, was mit der Kutsche und den Pferden geschehen soll. Unsere Freunde hatten vereinbart, dass sie uns für die Summe von achteinhalb Dukaten drei Tage lang zur Verfügung stehen sollte: einen Tag, um hinaufzukommen, einen, an dem wir ausruhten, einen für die Rückfahrt – ein äußerst schlechter Handel; wir fanden nämlich heraus, dass jeder Kutscher bereit ist, die Hinfahrt für zwanzig *tarì*, also zwei

Dukaten, zu übernehmen; und wenn der Reisende die Rückfahrt antreten will, schickt der Wirt zum gleichen Preis nach einem Wagen; andernfalls kann man auch auf einem Esel hinabreiten. Wir dachten, unser Kutscher würde unter dem Vorwand, gerne noch einen weiteren Tag auf uns warten zu wollen, die gesamte Summe verlangen; er begnügte sich jedoch mit sechs Dukaten und fuhr davon. Glaubt ihr, Leser, ich hätte mein Vorhaben aufgegeben oder auch nur im Geringsten daran gezweifelt? Nein, nein, ich war entschiedener denn je! Und überredete Mamma, so lange in der Herberge zu warten, bis sich das Wetter gebessert hatte.

Obwohl es fünf Tage lang regnete, haben wir selten eine angenehmere Zeit verbracht; in den Pausen zwischen den Regenfällen unternahmen wir Wanderungen und widmeten uns aufmerksam den Besonderheiten des Ätna. Ein Aufenthalt auf dem Berghang ist in der Tat notwendig, um die Reize des Vulkans richtig würdigen zu können; doch bevor ich näher darauf eingehe, will ich den Bericht von den Vorbereitungen zu seiner Eroberung zu Ende bringen.

Was die Kleidung betrifft: sie sollte warm sein und zugleich leicht; in das Gepäck gehören auch noch ein paar Kleidungsstücke, die je nach Temperatur an- oder ausgezogen werden können. Der Schnee ist tief, die Röcke müssen also kurz sein, und da die Füße auf jeden Fall nass werden, ist es sinnlos, dicke Strümpfe aus Ziegenhaar zu tragen, die sich mit Feuchtigkeit vollsaugen und mit jedem Schritt schwerer werden. Normale kräftige Stiefel und wollene Strümpfe reichen völlig aus, dazu ein weiteres Paar Strümpfe zum Wechseln. Mamma trug Galoschen aus Guttapercha, in die jedoch der Schnee eindrang, so dass sie diese Art von Schuhwerk nicht empfiehlt. Im Sommer ziehen die Leute bei Nacht auf den Berg, betrachten dort oben den Sonnenaufgang und steigen vor Ausbruch der heftigen Nachmittagshitze wieder ab. Im Winter ist das der strengen Kälte wegen selbst bei Vollmond unmöglich; es ist auch nicht so interessant. Die beste Zeit zum Aufbruch liegt zwei bis drei Stunden vor Sonnenaufgang, wenn man die Nacht vor dem Aufstieg und nach dem Abstieg auf halbem Weg in Nicolosi verbringt; in Catania heißt es, Nicolosi sei ein jämmerlicher Ort, man würde dort nicht einmal etwas Ordentliches zu essen finden; wir hingegen entdeckten so viele köstliche Dinge, dass wir es bedauerten, uns mit einer solchen Menge an Proviant beschwert zu haben. Die Herberge in Nicolosi war trotz der sizilianischen Art der Unterbringung im Übrigen die beste, auf die wir im gesamten Landesinneren gestoßen sind; ich würde sogar behaupten wollen, dass sie sauber war, sage dies jedoch mit einer gewissen Vorsicht, da wir zu jenem Zeitpunkt in unserem Urteil womöglich bereits großzügiger waren. Nachdem wir drei Wochen lang die Furien und all ihr Gekreisch ertragen hatten, fühlten wir uns wie befreit. Hier kreischte niemand außer einem Schwein – und da wir zwei Stunden später ein Schweineschnitzel auf dem Teller fanden, war es dann auch mit diesem Lärm vorbei. Der Hausherr bediente bei Tisch, seine sanftmütige Ehefrau kochte und addierte jeden Abend die bescheidenen Ausgaben, um möglichen Diskussionen aus dem Weg zu gehen. Für ein riesiges Zimmer mit hellem Backsteinboden, einem Alkoven, in dem sich das Bett befand, und einer gewölbten Decke aus einem leichten, mit Papier versetzten, erdbebensicheren Material, zahlten wir pro Nacht vier *tarì*; zusätzlich erhielten wir hohe, auf schwarze Flaschen gepfropfte Kirchenkerzen. Dies war allerdings auch das einzige richtige Zimmer im ganzen Haus. Fünf oder sechs Einheimische schliefen in einem Vorraum, die Besitzer im Nebengebäude. Trotz der Höhenlage und ständig Schneestürmen ausgesetzt, gab es jedoch keinen einzigen Kamin – weder im Haus noch im gesamten Dorf! Durchgefroren und feucht vom Regen waren wir darauf angewiesen, uns ständig neue Holzkohlenbecken auf das Zimmer bringen zu lassen; nur die Luftströme, die durch die drei Fenster und vier Türen hindurchzogen, verhinderten, dass wir im Rauch erstickten. Nichts ist so enervierend in Italien, wie die Sorglosigkeit in Hinsicht auf den bevorstehenden Winter, wo es doch hier immer bitterkalt ist, wenn man nicht gerade in der prallen Sonne steht. Die Sizilianer besitzen keine Entschuldigung, da die Kohle auf der Insel selbst abgebaut werden kann. Die Frauen machen bei Kälte einen noch nachlässigeren Eindruck, da sie sich tagtäglich in Dutzende von Schals wickeln und ihre Hände durch alte Handschuhe mit abgeschnittenen Fingerkuppen schützen.

Es wollte uns gerade langweilig werden, als der Bedienstete des Ätna-Philosophen mit einem Korb voll guter Dinge auftauchte: Früchte, Süßigkeiten und ein sehr spezieller Wein namens »The Queen of England's«. Die Kaktusfrüchte waren sämtlich geschält und einzeln in weißes Papier verpackt: eine elegante Art, sie zu präsentieren. Kurz darauf traf der Spender höchstpersönlich ein, und da er selbstverständlich von unserem Unglück erfahren hatte – was das Lauffeuer von Nachrichten betrifft, ist ein sizilianisches Dorf nicht anders als ein englisches –, versorgte er uns mit so vielen Büchern, Zeichnungen, Fossilien und Lavasteinen, dass es für eine ganze Regenwoche gereicht hätte. Sein Besuch verhalf uns zu Informationen, er klagte mit uns über das Wetter und brachte mit der für sein Land so typischen Galanterie seine Bewunderung für uns zum Ausdruck. Er kam täglich zweimal, ohne in seiner liebenswürdigen Aufmerksamkeit nachzulassen, und stellte sich ganz in unsere Dienste; und um diese Aufgabe stilvoll zu erledigen, gelang es ihm sogar, einen Streit mit zwei Rivalen vom Zaun zu brechen – wir hätten keinen frohgemuteren Gefährten finden können. Als wir über die Unabhängigkeit englischer Ladies sprachen, bekannte er, dass nichts in seinem Leben einen solchen Eindruck auf ihn gemacht habe, wie die erste Lady, die er zu Gesicht bekam, nachdem er mit einem der Kriegsschiffe Ihrer Majestät (in deren Diensten er sich befand) in Nizza eingetroffen war. Es handelte es sich um eine der Töchter von Lady Charlotte Bury[36]; sie war zwischen dem Hafen und Villafranca mit einem Netz unterwegs, um Schmetterlinge zu fangen; und als er den Gedanken zulassen konnte, dass es sich bei ihr um eine Sterbliche handelte, hatte er es gewagt, sich mit der Bemerkung *»Ma Signora, sola in questa solitudine?«*, allein in dieser Einsamkeit?, an sie zu wenden – worauf sie ihren Kopf in den Nacken warf, das Netz schwenkte und ihren Weg fortsetzte, ohne ihn einer Antwort zu würdigen.

Der erste Gang, den man von Nicolosi aus unternehmen sollte, dauert etwa eine Stunde und führt zum Monte Rosso, dem oberen von zwei Kratern, die sich bei der jüngsten Zerstörung Catanias aufgetan hatten; wie soldatische Zwillinge stehen sie beisammen, ihre steilen Hänge bis auf die von Weinstöcken bestandenen Flächen in leuchtendem Rot. Oben angekommen, erblickt man in den tiefen Höhlungen der Krater prachtvolle Bäume, die dort verwurzelt sind, wo sich einst das verzehrende Feuer Bahn brach. Schaut man sich um, so bemerkt man an den Hängen des Ätna zahllose andere vulkanische Hügel – mehr als hundert, heißt es –, eine Besonderheit, die den Ätna von allen anderen Bergen unterscheidet. Auf ihnen wächst Wein, und jeder in der Umgebung, der es sich leisten kann, besitzt seinen eigenen kleinen Krater und trinkt seinen eigenen Wein. Wenn neue Lavaströme auf einen dieser Hügel treffen, umfließen sie ihn zuerst und bringen ihn dann langsam zum Schmelzen, bis auch er sich ihrem glühenden Fluss anschließt.

Die Zahl der Ausbrüche des Ätna ist gewaltig; nach Schätzung der Einwohner waren es siebenundsiebzig nach der

36 Lady Charlotte Bury (1775–1861), in ihrer Jugend berühmt für ihre Schönheit, war eine englische Romanschriftstellerin und Verfasserin von Tagebüchern.

christlichen Zeitrechnung und elf davor. Die Verehrung für den Berg ist grenzenlos. »Im Umkreis von 160 Meilen rund um den Berg finden sich die Spuren eines guten Dutzends von Völkern«, sagen sie, »dazu die Städte und Dörfer, die sich glücklich schätzen, zu Füßen einer solchen Schönheit zu liegen. Schenkt er uns nicht in seiner mittleren Region Getreide, Wein, Öl, Seide, Gewürze und Früchte; versorgt er uns nicht in seiner dritten und bewaldeten mit Holz, Herden, Wild, Pech, Kork und Honig; und während der Schnee seines weißen Gipfels im Sommer unsere ausgedörrten Zungen kühlt, findet man in seinen Eingeweiden brennenden Schwefel, Quecksilber, Alaun, Salpeter und Vitriol … Welcher Staat ist so freigiebig zu seinen Kindern, wie der Berg zu uns?« Erwähnt man Eruptionen oder Erdbeben, so fügen sie hinzu: »Kein Spektakel dieser Welt ist so überwältigend wie seine lodernde Lava; sein Beben stillt unser Verlangen nach tiefer Emotion; die Poesie, die wir besitzen, verdanken wir ihm.« Solch ein Enthusiasmus – sie zürnen selbst Homer, da er den Rauch des Ätna nicht erwähnte – würde auf jeden noch so gleichgültigen Wanderer ansteckend wirken; um wie viel mehr auf denjenigen, dem der Vulkan in seiner Kindheit als Elfenkönig erschienen ist, versehen mit all dem Zauber, dem sich eine erwachende Einbildungskraft so gern überlässt, der jeden Wunsch erfüllt und den die romantische Aura der Mythologie umgibt? Ja, die Besteigung des Ätna ist eine vergeistigte Pilgerfahrt, eine Freude für die Seele, für Erinnerung, Empfinden, Erziehung, Herz.

Nicolosi war einst unter der Lava begraben; das heutige Dorf wurde direkt neben den Ruinen des vorigen gebaut; die Überlebenden waren sicher, dass der Lavastrom für lange, lange Zeit nicht mehr denselben Weg nehmen würde. Bei der jüngsten und sehr schönen Eruption von 1854 bildete sich auf der Ostseite des Berges der Krater Antenario; die Leute auf der Westseite konnten in seinem Licht sogar ein Buch lesen. Man verspottete eine englische Familie, die sich zum Zeitpunkt des Ausbruchs auf dem Berg befand; obwohl sie sich in einer sicheren Region aufhielten, flohen sie zu Tode erschrocken in eben jenem Moment, wo alle herbeieilten, um dem Schauspiel beizuwohnen, und nicht genug, dass sie Hals über Kopf davonstürzten – sie reisten auch sogleich aus Catania ab: bleich, verstört und am ganzen Körper zitternd. »Ha! Sie sprühen eben nicht so wie wir!«

Von Catania aus beträgt die Entfernung zu dem Krater, je nachdem, welchen Weg man wählt, zwischen vierundzwanzig und achtundzwanzig Meilen. Zwölf davon kann man in der Kutsche zurücklegen, eine Erleichterung für jeden, es sei denn, er hätte die Konstitution jenes Iren, der vor ein oder zwei Jahren morgens in Catania eintraf, von dort aus zu Fuß bis zum Gipfel ging, ohne jede Pause herabstieg und am selben Abend nach Syrakus aufbrach. Die Leute nennen ihn »Il Diavolo«, den Teufel.

Am Sonntagmorgen erschienen die Frauen in ihren eleganten »manti«; hier oben tragen selbst die Töchter der Regierungsbeamten, die mehr als zwanzig Lire pro Jahr verdienen, keine Haube. Sie gingen ohne ihre Männer zur Kirche. Der Eindruck der im Kirchenschiff knienden schwarzen Gestalten erinnerte an Spanien. Die Männer haben ihre eigene Messe. Dies war der Grund, warum sie bei einem der Erdbeben, das die Kirche zum Einsturz brachte, alle auf einmal umkamen, während die Frauen fliehen konnten. Am Sonntag werden im Benediktinerkloster hoch am Hang die Almosen verteilt; zur Freude der Maler liegt es inmitten herrlicher Pinien, umgeben von erloschenen Kratern, deren Weinstöcke das köstliche Getränk liefern, das die Mönche so fröhlich macht; die Armen in der Umgebung sind der Meinung, dass dieser Wein zusammen mit dem Getreide und den anderen guten Dingen, die dort gedeihen, auch sie fröhlich machen sollte. Sie wurden jedoch mit einem Stück Brot zum Preis eines halben Penny abgespeist, und wir sahen, wie sie Meilen für diesen Bissen zurücklegten.

Nachdem wir uns den Weg durch die Menge gebahnt hatten, die vor dem Kloster versammelt war, betraten wir die »Zelle« – ein schöner Wohnraum mit Balkon – von einem der Mönche, ein höflicher, bis auf die schwarzen Seidenstrümpfe und die mit Rosetten besetzten Schuhe einfach gekleideter Mann. Er sprach fließend Englisch und erzählte uns aufgeregt, dass der Grund, ihn auf dieser Höhe jeden Sonntag die Messe halten zu lassen, mit seinem Aufenthalt in England zusammenhing; die anderen Mönche schieben ihm ihre Verpflichtung jedes Mal mit der Bemerkung zu »Er schafft es, die Kälte auszuhalten«; ihre Vorstellungen vom britischen Klima, den dort herrschenden Temperaturen und der ständigen Dunkelheit sind in ganz Italien verbreitet. Im Sommer machen die Mönche aus ihren Klöstern einen Erholungsort, denn die Kühle dort ist angenehm. Die Frau des in Malta stationierten Kapitäns eines der Schiffe Ihrer Majestät wurde todkrank zum Fuß des Ätna gebracht, in einer Hängematte zum Kloster hinaufgetragen – und war nach einer Woche wieder gesund. Sie war nicht die erste Lady, die in jenem Kloster Quartier bezog. Königin Eleonore von Anjou, die Gemahlin Friedrichs II., war überwältigt angesichts der Frömmigkeit der damals dort lebenden Mönche; niedergeschlagen über den Tod ihres Mannes beschloss sie, für immer in deren Nähe zu leben.[37] Auch zu jener Zeit waren keine Frauen zugelassen, woran selbst Eleonore sich halten musste. Man sagt, dass sie sich neben der Kapelle eine Hütte bauen ließ – sie steht noch immer –, in der sie zwölf Jahre

37 Eleonore von Anjou (1289–1341) war von 1303 bis 1337 Königin von Sizilien. 1337 starb ihr Gemahl Friedrich II. Ab da führte sie ein zurückgezogenes Leben und starb 1341 im Kloster San Nicolò l'Arena bei Nicolosi. Sie wurde in der Kirche Santa Maria Immacolata in Catania beigesetzt.

verbrachte und zwischen ihren Gebeten Wasser aus der Zisterne schöpfte. So oft liest man in Geschichtsbüchern von Fürsten, Königinnen und anderen, die dem Jahrmarkt der Eitelkeiten entsagen und ihre Tage in einer Klosterzelle zubringen; wir fanden es daher sehr interessant, einen Ort zu besichtigen, der einst einer romantischen Herrscherin Schutz geboten hatte.

Nach einem Imbiss aus Früchten und Wein schlug man eine Erkundungstour vor, und der höfliche Mönch bot mir sein Reitpferd an, ein Tier, das seine Freude daran hatte, in alle Richtungen zu galoppieren. Sein Herr folgte, so gut er nur konnte, und holte uns auf den Lavafelsen, einer pittoresk küstenähnlichen Landschaft, wieder ein. Wir ließen uns oberhalb der Höhle nieder, wo Ceres zwei Fackeln aus Tannenholz entzündet haben und auf der Suche nach ihrer Tochter in die Unterwelt hinabgestiegen sein soll. Da wir so viel von der Galanterie der Mönche gehört hatten, versuchte ich ebenso neugierig wie vorsichtig herauszufinden, ob sie wirklich zu einem kleinen Flirt aufgelegt wären; da diese Sache nun geklärt ist, braucht sich in Zukunft keine junge Dame mehr die Mühe zu machen, ein ähnliches Experiment zu wagen. Als wir zum Dorf zurückkehrten, traten die Bauern, die noch nie eine galoppierende Lady gesehen hatten, alle auf einen Schlag aus ihren Häusern; in ihren Sonntagskleidern sahen sie sehr schön aus, so dass ich sie wie Soldaten zur Aufstellung brachte und hinter mir her marschieren ließ. Der *aide-de-camp* an meiner Seite bemerkte »Ha, Signora! Hätten wir Euch nur drei Jahre lang als Königin und Kommandantin unserer Armee, wir würden unser Land zurückerobern und wären frei!« Trotz der Aussicht auf ein Zepter wünschte ich mir nicht, dass auf der Stelle eine Revolution ausbräche, nur weil ich Königin Eleonores Zelle besichtigt hatte.

Von jenem Tag an waren Dr. Gemmellaro und der Mönch Todfeinde. Soeben erhielt ich einen Brief des Philosophen, in dem er mir schrieb, er könne diesem nicht begegnen, ohne den dringenden Wunsch zu verspüren, ihn umzubringen; sein einziger Trost sei, dass der Mönch sich nicht von der gewaltigen Anstrengung erholt habe, die es ihn gekostet hatte, seinem Pferd nachzustürmen, und seitdem schwächlich sei. Der Arme! Dabei hatten wir ihm erlaubt, den ganzen süßen »Queen of England's«-Wein auszutrinken, bevor er sich auf den Weg nach Catania gemacht hatte, um vor dem Ave Maria einzutreffen.

Montag, Dienstag und Mittwoch regnete es unentwegt. Wir hatten unsere Kleider ausgebessert, all unsere Skizzen und Zeichnungen zu Ende geführt, sämtliche Bücher durchgeblättert. Schließlich schickten wir nach einer Kutsche – der Reisende darf nicht vergessen, bei Regenwetter einen geschlossenen Wagen zu verlangen – und fuhren inmitten eines einzigen Wasserfalls hinunter nach Catania. Wir warteten achtunddreißig Stunden auf den durch die angeschwollenen Flüsse verspäteten Kurier aus Palermo, fuhren mit ihm nach Syrakus, verbrachten dort einen ganzen Tag, sahen, wie der Himmel aufklarte und der Ätna zwischen den Wolken zum Vorschein kam, bestiegen sofort ein Dampfschiff nach Catania, nahmen eine Kutsche und kamen um zehn Uhr nachts in Nicolosi an; wurden dort von dem alten Wachhund empfangen, der die Leute aus dem Schlaf bellte, und richteten alles für den Aufstieg am nächsten Morgen her … Ich werde euch von Syrakus berichten, wenn wir vom Ätna zurückgekehrt sind. Gute Nacht!

Kapitel XII

Die Besteigung des Ätna

Aufbruch! – Der »Wald« – Das Opfer – Mütterliche Weisheit – Gehen auf Eis – Hitze – Jupiters Höflichkeit – Entzückende Schmetterlinge – Mamma auf einem Eisblock – Der Krater – Das alte Thrinakria – Klassische Schatten – Das moderne Sizilien – Ätnas Fluch – »Casa degli Inglesi« – Santa Lucia – Ein Souvenir – Stürze – Fahnenflucht – Die Rettung – Rückkehr im Fackelschein – Die inspirierende Bergluft – Gedicht eines schönen Mädchens – Meli

»Wir gingen weiter und hinauf die Stufen …«
Dante[38]

Ein sanftes Glockenklingeln unter dem Fenster rief »Erhebt Euch!«, und obwohl der junge Mond allein mit einem bleichen Stern am Himmel stand, schwebte die orangefarbene Dämmerung bereits als breites Band über dem dunklen Ionischen Meer. Voll Eifer kleiden wir uns an, vor Freude bebend besteigen wir die Maultiere: ist dies nicht die Erfüllung unseres Traumes, ist unser *Ziel* – und die ihr passioniert seid, wisst, was dieses Wort bedeutet – nicht zum Greifen nah?

Schweigend durchqueren wir Nicolosi mit seinen schlafenden Bewohnern, es erschien uns wie eine schwarze Grabstätte aus Lava; die schwer beladenen Tiere versinken bis zu den

38 Divina Commedia, Inferno, Canto XXVI

Hufen im losen Sand, und bange Hoffnung macht uns stumm. Hinan, hinan – lasst das Dorf unter uns mit seinen Felsen zu einer schnöden, formlosen Masse verschmelzen: unser Ziel ist *dort*, wo eine sanfte, süße Form spürbar Gestalt annimmt.

Bald gesellt sich der Blick zum Gefühl, langsam verbreitet sich von Osten her ein weißes Licht, das unaufhörlich – vom Schnee im reinen Glanz des Morgens reflektiert – an Leuchtkraft zunimmt, bis eine makellose Pyramide ein weißes Vakuum in den tiefblauen Himmel schneidet.

Voran, voran, ihr zuverlässigen Tiere! Mit euren so gleichmäßig schnaubenden Nüstern! Die Dämmerung geht in den Morgen über, das reine, weiße Licht verwandelt sich in glühendes Feuer, und nun tritt eine einzige prachtvolle Flamme in Erscheinung; der Berg erbebt unter ihrer Berührung, der Schnee erzittert unter dem Brand des goldenen Lichts, und der kalte Ätna steht umhüllt von Sonnenstrahlen.

Erglänze nun, oh Osten! Erröte nun, oh Berg! Nun funkle, Raureif, der du die Lavawüste mit diamantenem Manna überziehst! Bejubele mit uns den herrlichen Sommertag, der mitten im Winter anbricht, während Angiolo und Giorgio, unsere Führer, andächtig lächelnd gen Himmel blicken und Santa Lucia danken!

Im selben Augenblick fallen die Sonnenstrahlen auf den Erdboden, die Eichen breiten ihre schattigen Äste über uns, und wir erreichen den *Bosco*, die bewaldete Region. Es ist Dezember, und obwohl bereits viel Schnee gefallen ist, hängen noch etliche Blätter an den Bäumen, das Efeu, das sich um die Stämme windet, ist leuchtend grün, die Wurzeln sind unter Farnkraut versteckt; die Szene erinnert an einen schönen englischen Park, und wir rechnen jeden Moment mit dem Aufblitzen eines Geweihs, hinter dem ein paar unbeholfene Rehkitze herspringen. Im Sommer, wenn das Blattwerk ganz dicht ist, betritt man den *Bosco* – einmal dem entsetzlichen Kohlenkeller unten am Hang entflohen, den die Sonne, da bin ich sicher, wirklich für einen solchen hält und daher mit all ihrer Kraft zum Glühen bringt – gewiss wie eine kühle Grotte. Die eineinhalb Stunden, die wir in diesem waldigen Szenario, dem einzigen im armen, erhitzten Sizilien verbrachten, waren wunderbar! Wir atmeten die Morgenluft und kamen wie im Traum voran und erst, als zwischen dem Moos die ersten Schneeflecke auftauchten, die mit jedem Schritt größer wurden, bis sie das ganze Gelände bedeckten und nur den schweren Eichen erlaubten, ungestört in die Höhe zu ragen, erst dann nahmen wir die Gegenwart des Ätna über uns wieder wahr. Unsere Führer waren von den Maultieren abgesessen, die tapfer gegen ihre glitschigen Hufe ankämpften und mittlerweile knietief im Schnee versanken; eines der Tiere rutschte beim Überqueren eines vereisten Baches aus und landete auf dem Rücken, alle viere von sich gestreckt. Die Führer warfen uns einen Blick zu, der so viel heißen sollte wie »Eurem kann jeden Moment dasselbe zustoßen«. Wir saßen ab, mit einem Seufzer angesichts des hohen, steilen Hügels, ein fast lotrechtes Weiß, eine der Unebenheiten des Berges, und fühlten den Moment gekommen, wo zwei Wunder der Schöpfung, ein schneebedeckter Vulkan und die Neugier einer Frau, sich gegenseitig in ihrer Glut auf die Probe stellen sollten, obwohl ersterer seinen Krater in elftausend Fuß Entfernung postiert hat. Der *Bosco* zog sich noch eine Weile hin, Reisende vor uns hatten die Strecke reitend zurücklegen können. Unser Ritt war jedoch am Fuß des Monte Vittorì zu Ende; als ich absaß, taumelte ich ein wenig, da ich zwei Stunden lang in derselben Position gesessen hatte, und sah, wie einer der Führer dem anderen einen misstrauischen Blick zuwarf; ich ahnte noch nicht, wie groß ihr Zweifel an unseren Fähigkeiten war. Ihr müsst wissen, Leser, dass wir trotz gelegentlicher immenser Kraftanstrengungen von »trügerisch zarter Gestalt« sind, wie uns jemand voll Erstaunen zu verstehen gab, nachdem er von unserer Überquerung des norwegischen Sognefjords gelesen hatte. Mäntel, Hauben, dicke Strümpfe und all die Kleidungsstücke zum Wechseln ließen wir beim Maultierführer zurück, der Anweisung hatte, an der Waldgrenze auf uns zu warten. Die Führer rieten uns dringend, auch unsere Schals abzulegen; aus Furcht vor möglichen Minusgraden am Gipfel wollten wir jedoch nicht darauf verzichten. Mamma fasste Angiolos Arm, ich den von Giorgio, und so setzten wir unseren Weg entschlossen fort.

Nach ein paar Schritten war ich im Begriff, sie zu überholen; sie rief mich zurück, und in sanftem, aber mütterlich entschiedenem Ton sagte sie: »Meine Liebe, die einzige Bedingung, unter der ich diesen Aufstieg unternehme, ist, dass du hinter mir bleibst und mich die Geschwindigkeit vorgeben lässt, mit der wir uns bewegen.« Dies tat sie auf so ausgezeichnete Weise, dass ich ihr den Erfolg der ganzen Unternehmung zuschreibe; ich glaube, dies ist die einzige Möglichkeit, wie Damen – und vielleicht auch manche Herren – einen hohen Berg bequem ersteigen können. Mammas Methode bestand in einem gleichmäßig ruhigen Schritt, unterbrochen von Atempausen, *bevor* die Lungen sich erschöpft haben. Auf diese Weise kamen wir sehr gut voran; wären wir auf keine anderen Hindernisse gestoßen, so hätten wir bei ausreichender Zeit auch den Himalaya erklimmen können – und die Glut, die ich bei dieser Art der Fortbewegung unterdrücken musste, diente mir im weiteren Verlauf des Aufstiegs als Antrieb.

Auf allen Seiten erhoben sich nacheinander schneebedeckte Hügel, die den Blick verstellten; mit jedem Schritt entfernten sie sich wieder, versanken wieder hintereinander, einer nach dem anderen, je höher wir stiegen – ein außerordentlicher Anblick. Alle waren sie erloschene Krater, deren konkave Höhlen sich mit glitzernd weißem Schnee gefüllt hatten. Als wir von oben auf sie herabschauten, erschienen sie uns wie ein Ansammlung riesiger Becken aus Porzellan. Von hier an wurde die Aussicht großartig, denn nun kamen auch die weiter unten liegenden Krater in Sicht, einige vollständig mit Schnee bedeckt, andere nur leicht bestäubt; die Konsistenz des Weiß ließ auf ihre Entfernung schließen, bis sie nach und nach mit den reichen Rot- und Brauntönen des sizilianischen Erdbodens verschmolzen. Eine der Schönheiten des Aufstiegs auf den Ätna besteht darin, dass dessen steile Hänge den ausgedehnten Horizont rings um ihn, der sich betörend vor dem entzückten Auge erstreckt, auf wundersame Art betonen: er *muss* ohne Unterlass betrachtet werden, wodurch jede Müdigkeit verfliegt; man ist beseelt von dem Gefühl, sich stets am höchsten Punkt zu befinden; wir kamen unbeschwert voran, bis wir die Lavaebene, den großen »Piano delle Lave«, erreichten. Dort ziehen seltsame, aus Lava geformte Gebilde die Aufmerksamkeit des Wanderers so lange tröstend in ihren Bann, bis sich der Horizont erneut in seiner ganzen Weite vor ihm auftut.

Zwei Stunden lang schritten wir ohne jede Schwierigkeit über knirschend harten Schnee und stellten mit Frohlocken fest, dass die Montagnola[39], die von unten aus betrachtet fast mit dem Krater eins zu sein scheint, nach und nach ihre Unerreichbarkeit verlor, bis wir zuletzt an ihrem Fuße angelangt waren. Hier jedoch sahen wir uns einer ungeahnten Schwierigkeit gegenüber: der Hitze, die sich wie eine glühende Barriere auf den ansteigenden Pfad legte und uns während des gesamten Aufstiegs einen zuweilen fast unüberwindlichen Widerstand entgegenbrachte. Wir legten einen Schal nach dem anderen ab; die Halstücher folgten; als nächstes die schweren Unterröcke, bis die armen Führer unter unseren Kleidungsstücken verschwanden und kleinlaut an ihren Ratschlag erinnerten, dies alles beim Maultierführer zurückzulassen.

39 Die Montagnola ist ein Nebenkrater, der während der Eruption 1763 entstanden ist und auf dem Südhang des Ätna die sichtbarste Erhebung unter dem Hauptkrater bildet.

Wenn sich selbst im Winter eine afrikanische Hitze über die Schneefelder des Ätna breitet, wie kann sich unsere Imagination – dieses inbrünstige Brennen! – auch nur die leiseste Vorstellung von der Beschaffenheit des sizilianischen Klimas im Sommer machen, von dem man sagt, es wäre weitaus heißer? Das ganze Feuer des sizilianischen Charakters wurde uns schlagartig verständlich, es wirkte sogar ansteckend; wie die erstickende Hitze rund um sich Schwäche und matte Apathie verbreitet, so schüren die gezielten Strahlen in der Seele eine Wut, reizen das Blut bis zum Wahnsinn und treiben den Körper zum Widerstand. Hitze, oh nein, du wirst uns nicht bezwingen! Selbst wenn du uns unvorbereitet findest, ohne den Schatten noch des allerkleinsten Schirms deinen wild entschlossenen Angriffen ausgesetzt! Diese Stunde unseres Aufstiegs war voller Mühsal. Wir versuchten, im Schatten der Führer zu bleiben, keuchende Atemzüge zu tun, den schwirrenden Kopf zu heben – hier stand Glut gegen Glut –, und als wir uns, in einer Wüste aus Schnee in Feuer gebadet, an den Fuß einer Pyramide aus Lava warfen, die unendlich weite, weiße Sahara vor uns erblickten und auf ihr noch einen Ätna, der sich in dunstiger Ferne erhob – da, Hitze, hättest du uns fast besiegt.

Wir ruhten eine Viertelstunde wie betäubt, reglos auf den verschmähten Wollsachen ausgestreckt; dies gab uns die Kraft zur Bewegung wieder und ließ uns außerdem einen sehr leichten, sehr scharfen und sehr erfrischenden Wind spüren, der von Norden wehte; den Hals durch unsere dicken Schals geschützt, war er ein Quell der Hoffnung für unser überbordendes Gemüt, war luftiger Nektar, gesandt von Jupiter, dem galanten Gott – der von den Wünschen der Frauen nie unberührt bleibt; er hält Enkelados fern, der seit dem Kampf der Giganten unter dem Berg begraben liegt.[40]

40 Enkelados war einer der vierundzwanzig, von Gaia geborenen Giganten, die mit den Göttern in unversöhnlicher Feindschaft standen; der Mythos erzählt, dass Athene einen riesigen Felsblock auf

Dieser Wind regte unseren Appetit an. Wir baten die Führer, die Holzkohle zu entzünden, um den Kaffee aufzuwärmen. Zögerlich bekannten sie, dass sie weder Holzkohle noch Apparatur mitgenommen hatten; sie hätten nie geglaubt, dass wir so hoch steigen würden; die wenigen, die im Winter den Aufstieg wagen, geben bereits eine Stunde tiefer auf. Der Ort, an dem wir uns nun befanden, war im Sommer ein beliebter Rastplatz; wären wir eine Woche früher aufgebrochen, hätten wir gewiss bis hierher reiten können. Der Kaffee wurde also kalt getrunken, war höchst belebend und stieg nicht zu Kopf, wie es die Spirituosen tun. Es freut mich, an dieser Stelle auf Professor Forbes[41] verweisen zu können, der auf seinen Expeditionen immer Tee bei sich hatte und niemals Wein. Unsere Führer zogen Brot und Olivenöl hervor; zum Nachtisch aßen wir alle eines unserer kalten Kalbskoteletts; diese Speise, zusammen mit ein wenig Obst, stärkte uns, ohne uns zu belasten. Nach dem kühlenden Luftzug, der Erfrischung und einer einstündigen Rast zeigten sich die Dinge von einer anderen Seite. Als unerwartet zwei entzückende, gelbe Schmetterlinge auftauchten und achttausend Fuß über dem Meer, das sich tief unter uns ausbreitete, umherflatterten, sprangen wir auf und fühlten uns, als könnten auch wir fliegen: was Schmetterlinge erreichen können, das erreichen wir auch!

Der »Piano delle Lave« erstreckt sich bis zur »Casa degli Inglesi«, unserem nächsten Ziel.[42] Angiolo und Giorgio wa-

---

ihn schleuderte, der ihn unter sich begrub, und – indem er sich verflachte – der Insel Sizilien Gestalt gab.

41 Edward Forbes (1815–1854), ein britischer Naturforscher, gilt als Begründer der Biogeographie und als Mitbegründer der Tiefseeforschung.

42 Bei dem »Haus der Engländer« handelte es sich um ein kleines Gebäude, das denen, die den Aufstieg zum Krater wagten, als Unterstand diente; außerdem wurde es als Observatorium genutzt. Es wurde bei einer Eruption 1971 zerstört.

ren nach kurzem erneut mit Kleidungsstücken beladen, denn kaum dass wir uns in Bewegung setzten, schien der Wind zu verschwinden, und die Hitze brannte wieder ungestört. Der Schnee war nun aufgeweicht, bei jedem Schritt sanken wir erst bis zu den Knöcheln, dann beinahe knietief ein: ein äußerst anstrengendes Vorankommen; und die Montagnola, die anfangs so nah schien, wollte uns anscheinend begleiten und machte keine Anstalten, uns ihre Schulter überwinden zu lassen. Die »Casa degli Inglesi«, die wir von ferne sahen, nahm nicht an Größe zu, sondern blieb die ganze Zeit über derselbe kleine, bedeutungslose Fleck. Selbst die Schönheit des Schnees, dessen alabastergleiche Oberfläche sich überall dort, wo wir unsere Spur hinterlassen hatten, mit einem tiefen Meergrün überzog, konnte uns nicht vorgaukeln, dass wir uns auf einem trockenen Sandstrand befänden. Zwei endlose Stunden dauerte diese neuerliche Prüfung, die wie die vorige nur durch eine jener bis zum äußersten führenden Anstrengungen bestanden werden kann, zu denen uns der Enthusiasmus im Leben hin und wieder befähigt. Wir wurden belohnt, als sich schließlich direkt über einem Schneefeld vor uns das kleine Dach eines der am höchstgelegenen Häuser Europas zeigte. Da sich die Tür durch den vereisten Schnee, der sie versperrte, nicht öffnen ließ, setzte ich Mamma bequem auf einen Eisblock, nahm die Auswirkungen des letzten Erdbebens, das die rückwärtigen Räume zum Einsturz gebracht hatte, in Augenschein – und stürmte dann mit Angiolo in Richtung des Kraters davon; einen Augenblick später waren wir schon außer Reichweite!

Von Fröhlichkeit erfüllt liefen wir über die kleinen Schneehügel, Angiolo, die gute Seele, so aufgeregt wie ich, und erst als wir kurz vor der Besteigung des Kraters standen – wovon man eine leise Ahnung bekommt, wenn man sich einen Kiesweg vorstellt, der an der Außenmauer der St-Pauls-Kathedrale emporführt –, verstand ich, warum so viele, die bis zur

»Casa degli Inglesi« gelangt waren, den Krater dennoch nicht erreichten. Der Ätna, Leser, ist eine Pyramide und thront, vom weiten Horizont umgeben, über der Landschaft; die elenden Gestalten, die sich auf seinem Gipfel befinden, schweben in der Luft, kaum, dass ihre armen Füße auf der rutschenden Schlacke Halt finden, während ganz Sizilien darauf wartet, ihre Knochen einzusammeln, wenn sie, von Schwindelgefühl ergriffen, die Balance verlieren und den Berg hinab rollen. Dies also war mit größter Wahrscheinlichkeit, was mich erwartete; man kann sich vorstellen, dass ein gutes Gleichgewicht erforderlich ist, dazu ein klarer Kopf: der Hang ist so steil, dass man nach jedem vierten Schritt eine Atempause einlegen muss. Die immer dünner werdende Luft jedoch machte uns während des gesamten Aufstiegs nicht im mindesten zu schaffen, während die meisten armen italienischen Reisenden darunter sehr zu leiden haben; sie trinken entweder Rum oder saugen den ganzen Weg über an Zitronen. Der Boden unter unseren Füßen war angenehm warm, wenn wir nicht allzu lang an einem Fleck stehen blieben. Hier und dort drang Rauch aus den Spalten des schwefelhaltigen, gelben Grundes einer Zone, die »Papone del Cratere« genannt wird, und gab uns das furchtbare Gefühl, als wäre unter uns alles hohl.

Und wieder Mühsal, Mühsal, Mühsal; wird das kein Ende nehmen? Horch, ein Geräusch! Dies muss der Amboss von Wotan sein, der Jupiters Donner in der glühenden Esse des Kraters schmiedet. Noch einige keuchende Atemzüge, ein Ausgleiten, rutschende Schritte vorwärts und zurück, noch ein angestrengtes Ringen: und im Inneren eines immensen Beckens, gefüllt mit blauem und gelbem Dampf, erblicke ich ganz deutlich einen Zyklopen, der zu uns aufschaut! Welche Verwirrung, welche Überraschung, oh, gäbe es nur einen Fleck, um sich für einen Augenblick niederzulassen und die Gedanken zu ordnen! Doch nein, der Rand des Beckens ist nichts als eine spröde Kruste, presst man sich gegen sie, besteht Gefahr, dass sie bricht und mit uns in den Abgrund stürzt, wo Brontes und Steropes schon auf den Ruf ihres Gefährten hin erschienen sind.

Welch schwindlige Benommenheit, am Gipfel des eigenen Strebens zu stehen! Doch lasst uns so königlich sein wie die Höhe selbst und die unter uns liegende Erde in Ruhe betrachten. Dort erstreckt sich ganz Sizilien, vom Meer umfasst, die dreispitzige Insel, das antike Thrinakria, »Helios' leuchtende Insel«, und erstrahlt in demselben Glanz wie zur Zeit der Götter Geburt; ihre ins Meer strebenden Punkte treffen in den tiefen Buchten, die ins Land schneiden, auf den Widerstand der Wogen. Zur Rechten die Ebenen von Enna, wo Proserpina spielt und Minerva umherstreift. Drunten an jener Küste, dort, wo Diana jagt, setzt Alpheios den Reizen der schönen Arethusa nach und fasst mit seinen Händen nichts als Wasser; nicht weit davon entfernt wird Polyphems gewaltige Gestalt alsbald Akis und Galateia trennen. Noch immer blicken wir auf die Insel und sehen Milazzos Felsen, dessen Schatten die heiligen Rinder des Sonnengottes vor der brennenden Hitze schützte und die Flotte des stolzen Marcus Atilius Regulus, die dort im Hinterhalt lag, vor den Blicken der Karthager verbarg, die ahnungslos darauf zu segelten, und durch die fürchterlichen Enterhaken des Regulus hier ihre erste Niederlage erlitten. Dort drüben erblicken wir Tindari, das – wie die Mönche sagen – während des Erdbebens am Tag der Kreuzigung ins Meer abglitt; von all seinem Ruhm und seinem Reichtum blieb nichts als ein felsiger Vorsprung und einige Götzenbilder, die von den schnippischen Wogen an die zermalmte Küste zurückgeworfen wurden. Weit hinten, wie Vögel auf dem Ozean, die Äolischen Inseln, deren Windgötter misstrauisch den Weg der Trojanischen Flotte begleiten. Die Form des großen Bergmassivs bei Termini erinnert an Herkules, der von seinen Taten im Mittelmeer ausruht. Oberhalb der Bucht, an die sich Palermo schmiegt, erhebt sich steil der Ereta – drei Jahre lang wurde er vom Karthager Hamilkar, dem Onkel Hannibals, gegen die Römer verteidigt. Nicht weit davon erstreckt sich Trapani am Fuße des Monte Erice, wo Venus allzu gern in ihrem Marmortempel ruhte, all ihre Priesterinnen waren wunderschön … und aus jener lichtdurchfluteten Wolke, die hoch oben am Himmel schwebt, steigt die Göttin in ihrem Wagen, von Tauben umgeben, vielleicht soeben nieder, um ihren Heldensohn Äneas zu betrachten, wie er an Land geht, um die Begräbniszeremonie für Anchises, seinen Vater, zu feiern, den er aus Trojas Flammen hatte bergen können. Und etwas unterhalb: eines der Schlachtfelder des Pyrrhos. Der Adler, der darüber fliegt, lässt unversehens die schwere Schildkröte aus seinen Klauen fallen und tötet Aischylos auf dessen Weg nach Terranova. Leser, wenn ihr die Mythologie liebt und die alten, im Nebel der Geschichte verschwommenen Sagen, so werden euch sogleich all diese und tausend andere Szenen zu einer einzigen Vision verbunden in den Sinn kommen. Der Ätna, der all das sich hat ereignen sehen, wird euch an sie erinnern und von seinem Gipfel aus die Schatten zum Tanzen bringen.

Doch nun erwacht! Lasst die alten Dinge ziehen und freut euch des heutigen Blicks. Eine Insel, groß wie ein Königreich; ein Meer, das sich im Raum erstreckt, eins mit dem Himmel; zeigt sich ein Horizont zwischen beiden, so ist es afrikanisches Land – und jener kleine Fleck dort ist Malta, ein Stückchen englischen Bodens; im Norden eine lange Reihe dunkler, kühn aufragender Berge, die sich zwischen zwei Meeren dahinziehen: Kalabrien. Alles andere ist Luft; du bist allein; einige zart rosa Schleier, die auf dem Wasser zu schwimmen scheinen, sagen dir, dass du über den Wolken thronst; makellos klare Unendlichkeit dein Himmel.

Unserem entrückten Blick kündigt sich ein Wandel an: langsam schleicht ein Schatten über das Meer, verscheucht das Licht, überzieht Gold mit Grau. Die Sonne sinkt, die mächtige Gestalt des Berges wird in Dämmerschein gehüllt und verdunkelt das Gesicht der Natur.

Wir machen uns zum Aufbruch bereit, ein letzter Blick auf den anderen Vulkan, auf Stromboli, den König der Äolen, dann geht es an den Abstieg. Ich dachte nicht daran, Empedokles zu folgen, dem Philosophen, der etwas Besonderes sein wollte, in den Krater sprang und jeden glauben machte, er wäre gen Himmel aufgestiegen, bis eines Tages seine bronzenen Schuhe aus dem Abgrund gespuckt wurden – zweifellos hatten die Schmiede des Zyklopen festgestellt, wie abgetragen sie waren –, wodurch der ganze Betrug ans Licht kam. Der Schlund des Kraters misst im Umfang drei Meilen, verändert jedoch oft seine Gestalt; der Rauch, der ihm an einem schönen, klaren Tag entsteigt, ist zart wie die elegante Feder eines Marabus, und obwohl er leicht über die Kraterränder quillt, setzt er weder den Augen noch der Kehle zu, sondern macht es möglich, das Wunder des Kraters zu betrachten, den Schnee, der sich an seinen erhitzten Innenseiten abgelagert hat. Feuer ist nicht zu sehen; ein Dunst, der immer dichter wird und leicht nach Schwefel riecht, verhüllt die Geheimnisse der darunterliegenden Esse. Zum Abstieg wählte Angiolo einen anderen Weg, der durch eine verschneite, ausgekehlte Rinne führte; zwar versanken wir bis zu den Knien im Schnee, liefen jedoch nicht Gefahr, kopfüber hinunter zu stürzen. Es gelang uns sogar, einen Blick auf das »Valle del Bove« zu werfen, das »Tal des Ochsen« genannt wird, weil es sich unten am Berg in Form eines Hörnerpaars entlangzieht; so hat auch der Ätna sein Horn, um dem »bösen Blick« des Zyklopen, von dem alles Unheil kam, entgegenzuwirken. In jenem Tal mit seinen Bäumen und Feldern stießen wir auf eine Reihe seltsamer Gebilde, ein brennender Haufen von Unrat, wie uns schien – es handelte sich jedoch um zahllose kleine, rauchende Krater. Einer unserer

Savants, Sir Charles Lyell[43], hat vor nicht allzu langer Zeit eine Woche mit der Erforschung dieser Merkwürdigkeiten zugebracht; jedes Mal jedoch, wenn er den großen Aufstieg bis zum Gipfel wagte, kam er nicht über die Montagnola hinaus. Eines schönen Tages machte er sich gemeinsam mit einem anderen Gentleman auf den Weg, um nichts weiter als einen Blick auf den Berg zu werfen; ein Sturm zog auf – so unvorhersehbar ist das Wetter in dieser Höhe –, und beide blieben einen ganzen Tag und eine Nacht lang in einer der Höhlen eingeschlossen, ohne Feuer oder Proviant; Bergführer, von dem guten Dr. Gemmellaro in alle Himmelsrichtungen ausgesandt, fanden sie zuletzt. Selbst auf kurzen Ausflügen sollten künftige Philosophen sich mit dem Nötigsten ausstatten.

Nach zwanzig Minuten trafen wir wieder an der »Casa« ein; wir waren über eine Stunde fort gewesen; Mamma hatte jeden unserer Schritte die ganze Zeit hindurch beobachtet und stellte unter Beweis, dass die Wanderer, denen der Aufstieg nicht ganz gelingen will, ihren Gefährten wenigstens dabei zuschauen können, wie sie den Krater erreichen, ohne ein Gefühl der Gottverlassenheit zu empfinden. Der Führer, der bei ihr geblieben war, wollte sie keinen Schritt allein gehen lassen, da der Schnee, wie er sagte, ringsum mindestens fünfzehn Fuß tief war. Die untergehende Sonne hatte dessen Alabasterton in Rosenrot verwandelt; jeder Eiszapfen am Dach der kleinen Hütte erglühte und tauchte sie in flüssiges Feuer; die wenigen nackten Lavafelsen überzogen sich mit einem sanften Purpurrot; ein magisches Licht umfloss uns; und als der Rauch des Ätna die Sonne verhüllte, verwandelte der Berg sich selbst in pures Gold. Szenen der Natur und Szenen des Lebens: wie verändert ihr euch doch im Licht, das auf euch scheint! Was gerade noch kalt und tot war, wie

43 Charles Lyell (1797–1875) war ein britischer Geologe und Autor des epochemachenden Lehrbuchs »Principles of Geology«, das die Arbeit von Charles Darwin stark beeinflusst hat.

erglänzt es in der Sonne der Freude! Sie sinkt – und alles ist kalt und tot wie zuvor!

»Wir müssen hinunter«, sagte Angiolo. »Sofort? Lasst mich nur kurz Luft holen und Schuhe und Strümpfe wechseln.« Mamma hatte dies bereits getan, während ich am Krater war; dies ist eine ebenso umsichtige wie nützliche Vorkehrung, die von allen Wanderern übernommen werden sollte. Die trockenen Wollstrümpfe und die bequemen Schuhe verschafften schlagartig Erholung, und ich wäre am liebsten den ganzen Berg hinunter gerannt. Die Führer waren in Hochstimmung; sie konnten es kaum fassen, dass sich alles wirklich zugetragen hatte; mit dem Triumph hielten sie sich noch zurück; doch voller Inbrunst dankten sie Santa Lucia, das Fest, das ihr zu Ehren tags zuvor gefeiert worden war, so freudig aufgenommen zu haben, wobei sie mit den Worten endeten »Ah, Signora, das muss gedruckt werden!«. Niemals hätten sie sich träumen lassen, Damen durch einen solchen Schnee zu führen; von den wenigen Herren, die es im Winter versuchen, gelangt kaum einer bis zum Krater; nur am »Tag von Santa Lucia« konnte also solch ein Wunder geschehen, und mir kam der Verdacht, dass sie uns für nahe Verwandte Ihrer Heiligkeit hielten; eine von uns beiden vielleicht sogar für die Heilige selbst.

Wir begannen den Abstieg so rasch, als wäre es bis nach Catania nur ein Katzensprung, stellten jedoch fest, dass es selbst bis zum Lavafeld noch ziemlich weit war, weiter, als wir angenommen hatten, und waren dankbar für eine neuerliche Pause. Die Führer erlaubten uns nur wenige Minuten Rast; das einzige, was an diesem herrlichen Tag fehlte, war der volle Mond; das Zwielicht würde rasch verdunkeln, und wir würden binnen kurzem auf das Licht der Milchstraße angewiesen sein. Also auf die Beine! Die nächste Etappe soll uns bis zur Flanke der Montagnola führen. Wir entdeckten, dass es auch der Abstieg in sich hat. Unsere Knie begannen, unter dieser neuerlichen Strapaze nachzugeben. So gut wie möglich versuchten wir, Fuß vor Fuß in die alten Spuren zu setzen, um Kraft zu sparen. Die Führer nahmen denselben Weg, darauf bedacht, den Schal wiederzufinden, den wir beim Aufstieg hatten fallen lassen. Hier, Leser, will ich eure Aufmerksamkeit auf eine einfache, doch nützliche Sache lenken: knotet eure Schals und Überwürfe stets zusammen, wenn ihr euch ihrer entledigt, legt sie nicht achtlos über den Arm, sie werden hinabgleiten, und ihr könnt euch schlecht erlauben, auf Reisen etwas zu verlieren. Bald hatten wir all unsere warmen Kleidungsstücke wieder nötig; der Schal, der uns verloren ging, wurde nicht gefunden, und sollte ein künftiger Besteiger des Ätna ihn von der frischen Luft gut konserviert in irgendeinem Winkel entdecken, so mag er ihn in Erinnerung an sie, die ihm vorausging, gern behalten.

Abwärts und immer weiter abwärts, die Schneehügel hinauf und hinunter, ein endloser Abstieg, bei dem wir uns fragten, wie wir je hinauf gelangt waren. Oft habe ich festgestellt, dass der Abstieg eine bessere Vorstellung von der Höhe eines Berges vermittelt, als der Aufstieg, wo man derart von Neugier und Enthusiasmus getrieben wird, dass man die Entfernungen gar nicht wahrnimmt.

Es war fast Nacht; die Sterne gaben ihr Bestes und leuchteten in vollem Glanz, als gäbe es nicht genug Raum für sie am Himmel, die winzigen Zwischenräume waren erfüllt von einem matten Schein, der an andere, an ferne Welten denken ließ – und dennoch war es dunkel. Nur der reine, weiße Schnee, der sich von der Nacht nicht mit Schwärze überziehen lassen wollte, zeigte uns Schritt für Schritt den Weg.

Nach einer weiteren Stunde begann ein furchtbar unangenehmer Abschnitt der Expedition. Durch die kalte Abendluft war der Schnee zu Eis gefroren; die tausend winzigen, schimmernden Tropfen, die in der Sonne so schön geglitzert hatten, waren zu kleinen Eisstücken geworden, so zahlreich wie Mikroben und glatt wie eine Rutschbahn. Keiner von uns konnte sich auf den Beinen halten, wir stolperten unentwegt, stürzten, rollten hinab; es nützte nichts, den langen Stecken fest vor uns aufzusetzen: er glitt ab; es hatte keinen Sinn, den Arm der Führer zu fassen: sie stürzten ebenfalls; und der Versuch, in einer Reihe hintereinander zu gehen, führte nur dazu, dass wir zu viert ausglitten, anstatt paarweise. Die Strecke war erbärmlich und sehr gefährlich, bei jedem Sturz konnten wir uns Arme oder Beine brechen. Die Führer wollten uns nicht erlauben, die »craponi« anzulegen, die mit kleinen Eisenkrallen gespickten Schuhe; sie befürchteten, dass wir mit ihnen auf einer Lavaschicht stürzen könnten – ich konnte jedoch keine entdecken und bin mir sicher, dass die Schuhe uns sehr hätten helfen können. Wie lange sich unser Elend hinzog, kann ich nicht sagen, es schien nicht enden zu wollen; die Hilflosigkeit, die späte Stunde, die Mattigkeit machten uns schwer zu schaffen; und als wir in Rufweite des Ortes gelangten, an dem wir die Maultiere zurückgelassen hatten – das gelobte Land, so nannten es die Führer –, doch auf ihre Rufe *keine* Antwort kam, wurden wir von schierer Verzweiflung ergriffen.

Nur die Stille, die über der Lichtung hing, ließ sich von ihren lauten Schreien stören; je mehr ihr Herz von Zweifel befallen wurde, je mehr erstarben ihre Rufe. Wir irrten durch den Wald, bis uns ein Rest erloschener Glut unter einem Baum anzeigte, wo sich die Maultiere mit ihrem Führer zuvor befunden hatten. Bei diesem Anblick erlosch auch unsere Hoffnung, erschöpft warfen wir uns zu Boden und fühlten uns, als wären wir zurückgelassen worden, um in diesem Wald zu sterben.

Nachdem wir uns ein wenig ausgeruht hatten, kehrte auch das Denken zurück. »Ah, nein«, versicherte Angiolo, »wir werden Euch nicht hier sterben lassen. Giorgio bleibt bei Euch, ich mache einen Rundgang und schaue, ob die Maultiere Spuren hinterlassen haben, denen wir folgen können; vielleicht finde ich heraus, wohin sie verschwunden sind.«

Nach einiger Zeit kam er wortlos zurück. Wir erhoben uns. Jede Bewegung war besser, als diese Ungewissheit in der Stille der Nacht – mit dem Berg, der sich über uns auftürmte. Wie furchterregend sah er plötzlich aus! Ein gewaltiger, weißer Geist. Schaudernd schleppten wir uns voran, über Lavafelsen und durch struppiges Unterholz, rutschten in Felsspalten und landeten im Staub. Oh, welche Qualen! Die Heldentat war vollbracht, und wir wollten doch nur die Maultiere besteigen und im Triumph hinabreiten.

Wir durften nicht ohnmächtig zu Boden fallen – Erschöpfung und Kälte würden uns nie wieder atmen lassen; doch was hätten wir darum gegeben, fühllos zu werden, unser Empfinden zu betäuben, unseren Geist nur einen Augenblick lang zur Ruhe kommen zu lassen. »Santa Lucia!« riefen plötzlich beide Führer aus. »Ein Licht im Wald!« »Vielleicht Banditen«, bangten wir. Nein! Ihr Rufen wird von der Stimme des jungen Maultierführers erwidert; sie brechen in Freudentaumel aus.

Ein Feuer, ein Lager aus Stroh – *Sicherheit* –, Stunde des Friedens – dies alles wirkt wie Balsam aus Gilead. Der elende Junge fand, dass es spät wurde und reichlich kalt an dem vereinbarten Ort; nachdem er sämtliche Holzkohle verbrannt hatte – auch die, die unseren Kaffee hätte wärmen sollen –, und nicht auf den Gedanken gekommen war, am selben Platz ein neues Feuer aus Reisig zu entzünden, beschloss er, einen bequemeren Ort zu suchen und hatte es sich in einem kleinen, strohbedeckten Unterstand gemütlich gemacht, den er wie absichtsvoll mit Rauch füllte – vielleicht wollte er uns bei unserer Rückkehr wie seltene Spezereien räuchern. Flugs wurde außerhalb des Unterstands ein Feuer entzündet, an dem wir uns zur Ruhe legten und die vielfältigen Klänge eines sizilianischen Wutausbruchs genossen, der sich über den verräterischen Gefährten ergoss. Als er verklungen war, kehrten unsere Führer zurück, um sich unserer zärtlich anzunehmen, zogen uns die durchnässten Schuhe und Strümpfe aus und wärmten unsere Füße mit ihren seidenen Halstüchern.

Wieder auf dem Rücken der Tiere, schien alle Müdigkeit wie fortgeweht. Da die einzige Laterne beim morgendlichen Sturz des Maultiers zerbrochen war – künftige Reisende, denkt daran, zwei Lichter mitzunehmen –, wurde uns mit riesigen Fackeln vom Strohdach des Unterstandes geleuchtet; die Funken sprühten und es schien, als wollte der Teppich aus trockenen Gräsern und Farn bei jedem Schritt Feuer fangen. Der Strohvorrat schwand rasch dahin; wir beschlossen, im Dunkeln weiter zu trotten, damit uns genügend Brennmaterial bliebe, um glanzvoll in Nicolosi einzuziehen – was zwei Stunden später auch geschah. Siebzehn Stunden waren wir unterwegs gewesen, von sechs Uhr früh bis elf Uhr nachts, dreizehn Stunden davon waren wir durch Schnee gelaufen. Doch als wir von den Maultieren abgesessen, den kleinen Salon betreten und einen Krug voll Milch getrunken hatten, fühlten wir nicht ein Zehntel der Erschöpfung, die ein normaler Einkaufstag in einer lärmenden Großstadt hinterlässt. Nach einer vorzüglichen Nachtruhe und einer Tasse Kaffee standen wir am nächsten Morgen auf und hätten das Gefühl in unseren Gliedern um keinen Preis mit dem tauschen wollen, das man am Morgen nach einem großen Ball empfindet, selbst wenn man die meiste Zeit des Abends von der Treppe aus zugeschaut hat.

Ausgeruht und in Hochstimmung lauschten wir den Geigen und Flöten der Bauern im Nebenraum, deren Musik unserem Gefühl vollends entsprach. Vor einem Monat erst hatten einige »Zentauren«, Offiziere der gleichnamigen Fregatte Ihrer Majestät, ihre Gesichter beim Aufstieg auf den Berg verbrannt; unsere Haut war in keiner Weise angegriffen, obwohl sie doch gewiss viel delikater ist, als die von Seeleuten und Kapitänen; die schönen, doppelt gelegten blauen Schleier hatten sie gut geschützt. Ihr abenteuerlichen jungen Damen, fürchtet daher nicht, unserem Beispiel zu folgen. Wir könnten nun zu den Klängen von »Bella Montagna« tanzen, was nebenan gespielt wird, wären wir nicht damit beschäftigt, eine Gruppe von Menschen, angeführt von dem durchtriebenen Dr. Gemmellaro, zu empfangen, der erklärte, »er glaube nur, dass wir oben waren, weil es die Führer sagen«.*[44] Der Stadtschreiber überreichte uns ein Gedicht, verfasst von seiner hübschen Tochter, nachdem sie ihr »Ave« für unsere Unversehrtheit beendet hatte. Da Donna Caterina erst fünfzehn Jahre alt ist und wunderschöne Augen hat, mag ihre kleine Ode an dieser Stelle von Bedeutung sein; die einzige Freude ihres Vaters an diesem abgeschiedenen Ort besteht in der Ausbildung ihres Geistes – und sie bildet eine zauberhafte Ausnahme gegenüber der allgemein verbreiteten weiblichen Ignoranz.

L'Ascensione dell'Etna

Bella Inglese pregai, e il prego mio,
Che il cor dettommi con verace affetto
Accolse bene d'Israello il Dio;

E un bel Sole spuntò a un sol suo detto,
Che diè in puro Ciel luce, e calore,
Del vecchio Verno a marcio suo dispetto.

Bando dunque al timor, ti assoanca il core,
L'Etna scendi quale tu volevi,
Che al tuo desio consenti il Signore.

---

44 *Trotz der Beleidigungen trugen wir uns mit einem Piaster in seine Subskriptionsliste zur Restaurierung der Casa degli Inglesi ein, da sie auch häufig von unseren Landsleuten genutzt wird; und wenn zweihundert andere dasselbe geben, wird sie bald wieder bewohnbar sein. A. d. V.

Ti sia dolce l'algor, ti sian lievi
Le Cure nel salir sull'arduo Monte,
Cui cuopre il giaccio o copiose nevi.

Immenso tu vedrai vasto orizzonte,
Cui non arriva vista disarmata.
E di Leonzio l'ammirabil Fonte,

E Nissa, e Gela, ed Ibla, e l'infamata
Enna, e Agosta, vedrai, e Siracusa,
D'Eol la Reggia, dal Troiano odiata

Sotto starsi al tuo pie, che al fin l'astrusa
Cima salisce dell'ignavo Monte
Immensa bragia nel cui ventre è chiusa.

Sterope griderai, uscite, e Bronte,
Sicché dal labbro vostro veritiero
Tue meraviglie al vero sianmi conte.

Ma una voce udrai, »vano è il pensiero
Dell'ardito mortal qualor si attente
Svelar cio che di Dio chiude il mistero«.[45]

Nicolosi, am Fuße des Ätna, 15. Dezember
Caterina C———

45 Die Besteigung des Ätna
Schöne Engländerin, betete ich, und mein Gebet, / das mir das Herz mit wahrer Zuneigung diktierte, / wurde vom Gott Israels wohlwollend aufgenommen;
Und bei seinem Spruch sprang eine schöne Sonne hervor, / die dem reinen Himmel Licht und Wärme verlieh, / dem alten, vergehenden Winter zum Trotz.

Meli[46], der berühmteste Dichter, den Sizilien für Jahrhunderte hatte, starb vor einigen Jahren; seine Pastoralen sind lebhaft und faszinierend.

Gebannt sei daher die Furcht, ich versichere deinem Herzen, / den Ätna besteigst du, wie du es wolltest, / auf dass der Herr in dein Begehren einwillige.
Der frühe Morgen sei dir süß, dir seien leicht / die Mühen des Aufstiegs auf den steilen Berg, / von Eis bedeckt oder von sehr viel Schnee.
Unendlich weit wirst du den Horizont sehen, / den man nie unbewehrt erblickt. / Und König Leonzios einzigartige Quelle, /
Und Nissa und Gela und Ibla und das verrufene / Enna, und Agosta wirst du sehen und Syrakus, / den königlichen Hof der Äolen, dem Trojaner verhasst.
Dir liegen sie zu Füßen, wenn schließlich vor dir der verwirrende / Gipfel des trägen Berges aufsteigt, / in dessen Bauch das gewaltige Feuer verloschen ist.
Steropes wird brüllen, herausfahren, und ebenso Brontes, / von Euren glaubwürdigen Lippen also / werden mir die überwältigenden Wunder wahrheitsgetreu erzählt.
Doch wirst du eine Stimme vernehmen, »eitel ist der Gedanke / des kühnen Sterblichen, falls er das Geheimnis, / das Gott mit einschließt, enthüllen will«.

46 Giovanni Meli (1740–1815), in Palermo geboren und gestorben, war ein Arzt, Naturwissenschaftler und Dichter, der vor allem für sein literarisches Werk berühmt wurde.

Kapitel XIII

Die Fahrt nach Syrakus

Sechsunddreißig Stunden Wartezeit – Das modische Café – Modernes Inferno und Purgatorium – Abschied vom Mönch – Eine Nymphe wird zum Styx – Das Grab von Archimedes – Heureka! – Eine Erbin – Unterkunft

Die sechsunddreißig Stunden, die wir in Catania auf die Postkutsche warteten, wurden uns durch die Entdeckung eines Lokals namens »Caffè Siciliano« verkürzt; es befindet sich auf dem großen Platz gegenüber des Lava-Elefanten, der einen Obelisken auf seinem Rücken trägt, ein höchst ausgefallenes Motiv für meine Zeichnung, die eine solch große Geduld in der Darstellung des richtigen Schwungs des Rüssels und der Krümmung der Stoßzähne erforderte, dass die Verspätung der Kutsche vergessen war. Da die Besitzer des Cafés einen pensionierten Schurken eingestellt hatten, um die jüngere Generation der Bettler abzuwehren, die sich nun darauf beschränken müssen, zum Fenster hereinzuschauen, ist der Aufenthalt in diesem Lokal sehr angenehm. Es gibt Butter, Eier, Kaffee, Schokolade und Torten, alles schön serviert; von einer Ziegenherde wird jeden Morgen frische Milch geliefert; der Hirte melkt die Tiere auf der Piazza: die kleinen Krüge, in die der Strahl fließt, werden direkt an die Frühstückenden verkauft. Eine Zahl von Herden stehen bei Tagesanbruch und vor Sonnenuntergang an verschiedenen

Plätzen in der Stadt bereit; auf diese pittoreske Weise werden alle sizilianischen Städte mit Milch versorgt; tagsüber lässt sich jedoch unter keinen Umständen ein Tropfen Milch bekommen. Wir ließen uns vom Caffè auch gebratenes Huhn und andere Speisen in das Hotel Ätna liefern, was uns unabhängig von den Furien machte, die normalerweise nicht kochten und nur eine kleine Feuerstelle besaßen. Sizilianische Reisende bestellen sich die Mahlzeiten auf ihr Zimmer oder weisen ihre Bediensteten an, sie über ihren eigenen Grillöfen zuzubereiten.

Nachdem sie uns eineinhalb Tage lang warten ließ, und wir in der Hoffnung auf ein Wunder weder wagten, unsere Kleider abzulegen, noch die Taschen auszupacken, fuhr die Postkutsche schließlich vor. Als wir den erschöpften Fahrern gegenüber bemerkten, es sei eine Schande, dass die Regierung eine Insel, die fünfzehn Millionen Lire in die Staatskasse eingezahlt hat, nicht mit Brücken versorge, erwiderten sie: »Ha! Die Signora dachte, sie käme ins Paradies, und dabei befindet sie sich im Inferno! Vielleicht aber auch nur im Purgatorium, vielleicht ist ja ein Ende in Sicht!« Wir stiegen ein, ohne weitere Zeit zu verlieren; ein breiter Fluss, der auf unserer Strecke lag, sollte noch vor Einbruch der Dämmerung überquert werden; die Peitsche knallte, und die Kutsche tat bereits ihre erste ruckartige Bewegung, als vor dem Fenster unser Mönch aus Nicolosi mit einem bezaubernden, von ihm selbst gefertigten Körbchen aus Korallen erschien, um uns Lebewohl zu sagen.

Auf nach Syrakus! Die Stadt, in der die bemerkenswertesten aller versponnenen alten Forscher an jeder Ecke in ein »Heureka!« ausbrechen. Doch zunächst gilt es, ein Hindernis zu überwinden, geschuldet einem von Junos eifersüchtigen Anfällen: der Fluss Simeto, einst die liebliche Nymphe Thalia, ist heute dazu verdammt, zwischen zwei aus Schlammbergen aufgetürmten Ufern dahinzufließen, die Jupiters Annäherungen wirksam standzuhalten suchen, was ihnen auch gelingt, sofern er nicht wie wir auf Merkurs Schultern über sie hinweg getragen wird, um zwischen diesen beiden Uferwällen statt einer graziösen Quelle nur einen griesgrämigen Fluss zu finden, der bei der leisesten Verstimmung der Wolken alle umliegenden Felder gereizt unter Wasser setzt. Junos Rache ist vollbracht. Die Reisenden werden *a cavallo*, einer nach dem anderen, auf den Schultern barfüßiger Bauern zu einem Boot gebracht, übergesetzt, erneut geschultert und schließlich in eine Postkutsche verfrachtet, die am anderen Ufer wartet. Dieser schöne Vorgang hat bei Einbruch der Dämmerung ein Ende. Das Überqueren des »Totenflusses«, das regelmäßig ansteht, sollte allen Reisenden eine Empfehlung sein, keine private Kutsche zu nehmen, wenn sie nicht ganz sicher sind, dass kurz zuvor kein Regen fiel. Reisegesellschaften, die sich leichtfertig von Gastwirten und ihren Kutschern zu einem privaten Wagen überreden lassen, haben es nicht anders verdient, wenn sie zur Umkehr gezwungen werden, wie es einem mit Gepäck überladenen Gefährt erging, dem wir unterwegs begegneten: man wollte nur einen kleinen Ausflug zwischen Neapel und der Ostküste unternehmen. In solch einem schwer zu durchquerenden Land sollten öffentliche Verkehrsmittel stets den Vorrang besitzen; Reisende, die sich dafür zu fein sind, haben in Sizilien gewiss nichts verloren. Der Kutscher, der uns fuhr, war ein so intelligenter und klassisch gebildeter Gentleman, dass wir nicht umhinkamen, unserer Verwunderung Ausdruck zu geben, wobei sich herausstellte, dass es sein Ziel gewesen war, die Richterlaufbahn einzuschlagen; aber die Regierung hatte ihm, getreu ihrem Prinzip, keinen talentierten Menschen – es sei denn, er wäre ein devoter Diener – an eine solche Position zu setzen, dazu gezwungen, eine Beschäftigung anzunehmen, die keinen Verstand erfordert, und ihm bei Weigerung dazu noch eine dreijährige Gefängnisstrafe in Aussicht gestellt.

Der aufgehende Mond ließ die Sehenswürdigkeiten längs der Straße sichtbar werden. Auf einem der kleinen, an die catanische Ebene grenzenden Hügel erhebt sich auch heute noch ein von Roger dem Normannen errichteter Turm. Über den nächsten Fluss, an den wir gelangten, führte eine Brücke – ohne Zweifel von den Sarazenen erbaut. Dann tauchte der Lago di Lentini mit seinen riedgrasbewachsenen Rändern auf, vierundzwanzig Meilen im Durchmesser; er versorgt ganz Italien mit Aalen, einen Prinzen mit kolossalem Reichtum und die Provinz mit Malaria. Alle Versuche, die sumpfigen Ufer zu reinigen und den See in ein klares, ansehnliches Gewässer zu verwandeln, wurden bislang von dem einflussreichen Besitzer zunichte gemacht. Die Bauern haben Zuflucht auf den verschiedenen umliegenden Hügeln gesucht, aber die Dämpfe steigen auf und vergiften sie auch dort; ihre gespenstische Erscheinung in Lentini und dem von Karl V. gegründeten Carlentini spricht von ihren Leiden, von der Malaria. Der Lago di Lentini beschließt die Liste dessen, was die Sizilianer für die bereits erwähnten drei Wunder ihrer Insel halten.

Wir haben die Hügel hinter uns gelassen, das Land wird eintönig flach, das Mondlicht bringt keine Besonderheiten zum Vorschein, wirft keinen Schatten – bis ein niedriger Grat aus Felsen am Wegrand erscheint. Zunächst liegen die Blöcke voneinander getrennt, nach und nach werden sie enger, bis sie sich wie eine Mauer an der Straße entlangziehen; dann tun sich erneut Lücken auf, durch die andere, aus der grasbedeckten Ebene herauswachsende Felsen sichtbar werden. Im vollen Mondlicht fallen die Höhlungen mit ihren glatteren Seiten ins Auge. Meilenweit stehen sie in monotoner Reihe, bis die Kutsche plötzlich zum Halt kommt: »Dies ist das Grab von Archimedes«, sagt Don Gregorio, »er liegt unter einem der großen Felskonstruktionen, die sich im Mondlicht zu ducken scheinen.« »Gehen wir hinein?« »Ja«, lautet die Antwort. Wir bückten uns, um einen grob aus dem Stein gehauenen Eingang zu passieren; ein schmaler Lichtstreif ließ uns in der Düsternis einige enge Gewölbe erkennen, gerade groß genug für einen armen Körper. In der zweiten Reihe dieser Nischen soll Ciceros Asche in einer Urne bewahrt sein; den Grabstein ziert ein Epitaph mit Dreieck und Kugel.

Die Gräber zogen sich noch eine Meile hin, ehe wir die Tore von Syrakus erreichten, die Karl V. dort hatte errichten und zum Schutz der Stadt mit Fallgittern versehen lassen. Da wir sechsunddreißig Stunden verspätet waren – die Überquerung des Styx nicht mitgerechnet –, trafen wir auf verschlossene Türen; der Gouverneursbeamte schlief, und wir warteten eine Stunde darauf, dass er geweckt wurde, um die Pässe zu kontrollieren und nach dem Schlüssel zu schicken. Private Kutschen werden nach sechs Uhr abends nicht mehr eingelassen; nur den staatlichen Wagen ist es gestattet, die mitternächtliche Stille jener Straßen zu stören, in denen einst das »Heureka!« widerhallte. Don Gregorio und der andere Passagier, ein Herr, der am Hang des Ätna in einem Dorf lebt, das seinen Namen trägt, verließen uns nicht eher, als bis sie uns in einem komfortablen Gasthaus gut untergebracht sahen. Selbst zu dieser späten Stunde waren sie aufmerksam und zuvorkommend um uns besorgt, trafen Absprachen zu den Kosten für die Herberge und gaben notwendige Anweisungen; dann verabschiedeten sie sich und setzten ihre Reise nach Noto fort, einer Stadt südwestlich von Syrakus. Mir war noch nie jemand zu Ohren gekommen, der diesen Ort besucht hatte; vor kurzem wurde jedoch entdeckt, dass eine Erbin mit einem jährlichen Vermögen von 3000 Lire dort zu Hause ist.

»Re Sole« hieß das Gasthaus, dessen Sauberkeit jedem Land zur Ehre gereichen würde, für sizilianische Verhältnisse aber beispiellos war; selbst der Eingang ließ nichts zu wünschen übrig, und der ländliche Speiseraum leuchtete im Weiß des Tischleinens. Im Haus befand sich ein Restaurant, das für das leibliche Wohl der Gäste sorgte; uns wurden Mahlzeiten serviert, die den englischen an Qualität und Sorgfalt in der Zubereitung in nichts nachstanden, was einmal mehr zeigt, dass die Sizilianer ihre Sitten durchaus verbessern können, wenn sie nur dazu ermutigt werden. In Syrakus halten sich mehr Reisende zu ihrem Vergnügen auf, als in jeder anderen Stadt. Wer auf der Insel nach Ruhe sucht und nachdenken will, findet hier den richtigen Ort; die Stadt ist still und bietet Gelegenheit zu anregenden Ausflügen in die Umgebung. Der Reisende darf nicht vergessen, nach dem Muskatwein aus Syrakus zu fragen, der sich bei den Italienern außerordentlicher Beliebtheit erfreut. Man sagt, sie hätten den ganzen Vorrat bereits getrunken; in Ermangelung von Trauben – die Lese war nicht ausreichend – wird es diese Sorte in den nächsten Jahren nicht mehr geben, doch ihr Ersatz ist so gut, dass man nichts vermisst.

Kapitel XIV

Syrakus

Die Kathedrale im Tempel der Minerva – Die Häfen –
Die Katakomben von San Giovanni – Der Altar von Jupiter –
Das griechische Theater und das römische Amphitheater –
Das Ohr des Dionysos – Staatsgefängnisse – Die Quelle der Arethusa –
Die silberne Santa Lucia und ihre Zeremonien

Lasst uns die Zeit vor dem Frühstück zu einem Besuch der Kathedrale nutzen, die vor 2500 Jahren als Tempel der Minerva errichtet wurde; hier verehrten die Syrakuser durch die Jahrhunderte hindurch ihre Schutzheiligen und heute Santa Lucia. Die Räume zwischen den massiven Säulen, die den Tempel der antiken Göttin trugen, sind nun von außen mit verputzten Mauersteinen gefüllt; eine zweite Reihe moderner Säulen im Inneren des Gebäudes wurde zur Ehre der jetzigen Patronin, deren Abbild den Altar schmückt, mit karmesinroten Draperien und goldverzierten Blumen verkleidet. Im Innenraum machten sich Zimmerleute nach Anweisungen eines Priesters und einer Gruppe von Seminaristen zu schaffen; uns wurde gesagt, wir sollten am Abend wiederkommen.

Steigt während der kurzen Zeit, Leser, in der man den Frühstückstisch deckt, mit mir auf den Aussichtsturm des »Sole«; über die flachen Dächer hinweg, auf denen sich heutzutage die Syrakuser wie Katzen in der Sonne räkeln, blickt man auf die Orte, an denen sich einst die Städte Akradina, Tyche, Neapoli und Ortigia befanden, wo früher hunderttausende von Menschen hin- und hereilten; nur von Ortigia stehen noch einige Steine – die meisten davon gehören allerdings zu Gräbern.[47]

Lasst uns nach der Mahlzeit ein Boot besteigen und den großen Hafen durchqueren; hier lagen ganze Flotten, die sogar genug Platz hatten, um ihre Segel zu hissen. Heute ist er zur Hälfte mit Schlamm gefüllt; eine britische Maschine, die das Hafenbecken ausschachtet, steht einsam am Rand.

Es gibt keinen Grund, warum Sizilien – mitten im Ozean gelegen und Treffpunkt für all jene, die von Italien, von Afrika und aus dem Osten kommen – nicht Sitz einer blühenden Industrie sein sollte, warum die hervorragenden Produkte, die es von Ost nach West, von Nord nach Süd befördert, nicht einen Teil ihrer Reichtümer für seine helfenden Hände abwerfen sollten. Siziliens Machthaber waren grausamer als die karthagischen Eroberer – die einen Syrakuser nie auf der Insel Ortigia wohnen ließen, damit der Anblick des Meeres nicht seinen Seemannsgeist entflammte; die Regierenden jedoch unterdrückten jedes Talent der Sizilianer, indem sie es als Irrsinn abtaten, und warteten nur darauf, dass es sich selbst verzehrte; was kann ein Syrakuser heute anderes tun, als mit der Sommerhitze die Malaria einzuatmen und im Winter zu sterben?

Auf der anderen Seite des Hafens gehen wir an einem grasbewachsenen Uferstück an Land, nehmen den Pfad, der uns geradewegs zur Kirche San Giovanni führt, läuten an der benachbarten Klosterpforte und spähen durch die Ritzen der danebenliegenden Tür in einen Garten, der sich wie in einer Schale inmitten der Felsen auftut, als ein Ordensbruder erscheint. Er weiß, was er zu tun hat, ergreift eine Fackel und

47 1693 wurden die südöstlichen Teile Siziliens durch ein verheerendes Erdbeben, bei dem 60.000 Menschen ums Leben kamen, weitgehend zerstört. Die Städte wurden im Laufe der Jahre im typisch sizilianischen Barockstil wieder aufgebaut.

den Schlüssel, öffnet die Kirchentür und steigt mit uns zu einem heiligen Ort hinab, dem ersten, den die Christen in Europa für ihren Gottesdienst genutzt hatten. Um den Altar vereint, sprachen sie dreißig Jahre nach dem Tod unseres Herrn zitternd ihre Gebete, bis die Ungläubigen kamen, einen von ihnen aus ihrem Kreis rissen und an jener Granitsäule dort erschlugen. Sein Name war Marcian – nach ihm ist die Krypta benannt.[48] Die anderen flohen unter die Erde und verbargen sich bei den Toten in den Katakomben. Wie wilde Tiere hausten sie in Gruben und Erdhöhlen. Durch Löcher, die über uns klafften, fiel das Tageslicht ein; es zeigte uns den Weg durch offene, in die Felsen gehauene Gräber, hier und dort ein wenig Staub oder einige Scherben aus Terrakotta, die einstmals den Eingang verschlossen; die kleinen Hohlräume sind für die Kinder, die großen für die Eltern; in einem kreisrunden Raum mit umlaufenden Höhlen lag eine ganze Familie; sonst gab es hier nichts zu sehen. Wir gehen weiter und weiter; Stille, Gräber, Staub; hier ruhten Generationen, die keinen Namen hinterlassen haben, kein Datum, um sie von einander zu unterscheiden. Lasst uns dem Bruder folgen – haltet euch dicht hinter ihm; seine Fackel mag rauchen, sie zeigt euch jedoch den rechten Weg; wie das Herz schlägt, wenn ein Sonnenstrahl durch einen Spalt einfällt! Wie viele tausend Menschen, voller Leben und Gesundheit, lebten, nein hausten lieber hier, als ihren Gott zu verleugnen. Und wie schwierig ist es heutzutage doch, der Religion ein Opfer zu bringen; welch ein innerer Kampf, den Ärger angesichts der schlechten Erziehung anderer zu unterdrücken, eine Beleidigung unserer Eitelkeit zu verzeihen – wie sind wir doch kultiviert! War

48 Die Krypta des heiligen Marcian, eine der ältesten Krypten der Christenheit, liegt unter den Überresten der Kirche San Giovanni. An der Säule, die in ihrem Inneren aufragt, starb – so heißt es – der heilige Marcian, erster Bischof von Syrakus, Mitte des 3. Jahrhunderts den Märtyrertod.

nicht ihr Leben, ihre noch über dem Leben stehende Ehre, jede ihrer körperlichen und geistigen Empfindungen in nervenzerreißender Anspannung ihr tägliches Opfer? Hätten wir zu Zeiten des frühen Christentums gelebt, die Aussicht auf einen langsamen Foltertod vor Augen: wären wir zu Märtyrern geworden oder zu Renegaten? Könnten wir uns dies nur fragen, wenn sich die nächste Versuchung abzeichnet; sie wird es jedoch so geschickt anstellen, dass wir schon darin verstrickt sind, bevor wir es bemerken; wie abgestumpft sind wir doch bei all unserer Intelligenz. Doch hier gibt es wieder Tageslicht, und über uns den echten Himmel! Düstere Gedanken, bleibt unten in den Katakomben! Wir fühlen uns einer leibhaften Begegnung mit Apollon leidlich gewachsen.

»Schaut«, sagt der Bruder beim Hinausgehen, »wie diese schöne weiße Marmorsäule sich durch die Feuchtigkeit schon grünlich färbt; dem Kloster wurde eine Erbschaft hinterlassen, um die Kirche zu restaurieren; wir jedoch, die über sie wachen, haben niemals eine einzige Lira davon gesehen.« »Armer Mann! Wir können die Lage nicht ändern, doch nehmt zumindest ein paar *tarì*.« »Danke, Signora. Schlagt am Ende des Pfades die breite Straße ein, dann gelangt Ihr geradewegs zum Altar des Jupiter.«

An diesem Altar opferten die Griechen ihrem Gott vor den Aufführungen im benachbarten Theater; es befindet sich in beinahe magischer Lage an einem Abhang; seine niedrigen Sitze – auch Cicero und Platon müssen hier gesessen haben – bilden ein Kreisrund um eine quadratische Bühne; ihr warmer Sandsteinton dringt durch die sie umgebenden üppig grünen Ranken, während der Raum der Bühne von Bewuchs freigehalten wird. Eine Überdachung war nicht zu sehen, so dass ich hoffe, dass die Stücke in der Kühle des Abends gegeben wurden, denn selbst im Dezember war es uns zu heiß, um in der Sonne zu sitzen, und auch die Vegetation schien sich nicht im geringsten von der Jahreszeit beeinflussen zu lassen. Der Altar Hierons II., nur zwanzig Schritte entfernt, der sich auf drei Stufen erhebt, muss einst eine niedrige Säule gewesen sein, auf der kleine Opfer dargebracht wurden. Er befindet sich in einem von Lorbeerbäumen und süß duftenden Büschen bestandenen Garten und weckt die Sehnsucht, sich in eine Priesterin zu verwandeln, ein paar Blüten zu schneiden und sie der Göttin Flora darzubringen. Heute jedoch …

> »Nicht Gold, nicht Blut, dieser Altar hat keine Mitgift
> Als weihevolle Tränen und symbolische Blumen.«[49]

Lasst uns noch einige Schritte weitergehen: unterhalb der Tempelanlage erstreckt sich das Amphitheater, wo römische Augen in Strömen menschlichen Blutes ertranken und das Leben ihrer Gefangenen enden sahen, wie das des Fischs in ihrem Suppenteller. Im Inneren hat es dieselbe Konstruktion wie das Kolosseum in Rom, alles natürlich viel kleiner, und die äußeren Mauern befinden sich in keiner Weise in Einklang mit dem Gelände, auf dem sie stehen.

Nun aber fort! Griechische Theater und römische Amphitheater können auch anderswo besichtigt werden – doch jenes Wunder, das »Ohr des Dionysos«, nur in Syrakus. Über einen abschüssig gewundenen Pfad gelangt man zu monströsen, ausgehöhlten Kalksteinfelsen. Von den Decken der Höhlen scheinen Säulen herabzuhängen, die kurz vor dem Erdboden enden und gigantische steinerne Stalaktiten bilden. Unter den bizarr geformten, ausgehöhlten Felsen steht einer mit der erhabenen Höhe des Turms einer Kathedrale, jedoch in Form eines Ohres – eines menschlichen Ohres. Furchtbar ist es, durch die gewaltige, unnatürliche Öffnung einzutreten. Einmal im dunklen Innern, scheint sich der Raum aufge-

---

49 Percy Bysshe Shelley (1792–1822), »Hellas« (geschrieben im Herbst 1821 in Pisa), Z. 35/36.

löst zu haben; nur das Echo ist zu hören. Hier, sagt man, kerkerte der Tyrann Dionysos seine politischen Gefangenen ein und horchte oben durch ein Loch im Felsen, ob ihnen in ihrem wilden Schmerz und Wehklagen ein Geheimnis entfuhr.

Sucht auf der ganzen Welt – ihr werdet nichts finden, was dem »Ohr des Dionysos« gleicht; doch als ich zu dem Spalt hinaufgeklettert war, an dem der Tyrann gelauscht hatte, und mehrere Stimmen von unten zu vernehmen waren, konnte ich die einzelnen Töne nicht auseinanderhalten: nur ein konfuses Echo drang zu mir herauf. Der Pfad, der bis nach hier oben führt, wurde erst vor einigen Jahren angelegt; zuvor hat man die Reisenden an Stricken heraufgezogen. Der Ort scheint für die Spionageabsichten eines Herrschers reichlich ungeeignet; höchst wahrscheinlich diente er dazu, Beleidigungen auf diejenigen niedergehen zu lassen, die sich durch das Dunkel tasteten. Die Bezeichnung »Ohr« verdankt sich der Form des Eingangs; er wird von einer niedrigen Mauer geschützt, in der sich eine schmale Pforte öffnet; der Schuss aus einer Pistole, der im Inneren der Höhle fiel, kaum dass wir die Schwelle überschritten hatten, dröhnte wie eine Explosion im Finstern einer Mine. Sogleich eilten zwei italienische Herren mit einem »custode« herbei, der erste »Aufseher«, den wir zu Gesicht bekamen, waren wir doch zwischen all den wundersamen Dingen nach eigenem Gutdünken umhergewandert, hatten sie ihre Geschichten selbst erzählen lassen. Die übrigen Höhlen wurden als Seilflechterei genutzt, und als wir sie passierten, sprangen die Beschäftigten auf uns los wie Füchse auf die Gänse, erkannten jedoch rasch, dass keine Beute zu machen war, und zogen sich in ihre Löcher zurück. Inmitten jenes gigantischen Halbkreises befinden sich weitere, unterschiedlich geformte und zum Teil mit Pflanzen bewachsene Felsen; auch sie wurden einst als Gefängnisse genutzt, und auf dem höchsten Felsen stand der Wächter.

Ich setzte mich, um eine Skizze zu versuchen, bekam jedoch, obwohl ich mir den Hals verrenkte, nur einen schmalen Himmelsstreifen zu Gesicht. Während ich mich bemühte, dem Gegenstand der Zeichnung Ausdruck zu geben und die Eleganz der Pflanzen zu erfassen, die von den Felsen herabrankten, als wollten sie die Monumente menschlicher Grausamkeit verbergen – denn hierbei handelt es sich wirklich um das Werk von Menschen –, erklang neben mir plötzlich eine freundliche Syrakuser Stimme. Sie gehörte dem Gentleman, dem wir ein Empfehlungsschreiben hatten überbringen lassen, das ihn bei einem »Pique-Nique« im Landhaus eines Freundes erreichte; kaum hielt er es in Händen, machte er sich auch schon auf den Weg. Enttäuscht erfuhr er, dass wir bereits alles gesehen hatten, wollte es sich aber nicht nehmen lassen, mit uns den ganzen Rundgang aufs Neue zu absolvieren; wir trösteten ihn damit, dass die Quelle der Arethusa noch auf uns wartete. Er hingegen spendete uns Trost durch die Bemerkung, der Tyrann Dionysos habe seine Tage als Pförtner einer Schule in Korinth beschlossen; und wir hofften inbrünstig, dass es sich dabei um eine von Squeers[50] geführte Einrichtung gehandelt hatte. Er fügte noch hinzu, dass Cicero – der von den Sizilianern als exzentrisch, manchmal sogar als großsprecherisch bezeichnet wird – seinen Spaß daran hatte, sich den Tyrannen am Ende seines Lebens als Herrscher über eine Schar kleiner Knaben vorzustellen. Ein anderer Dionysos – denn eine Zeitlang besaßen alle Herrscher, genauso wie die vielen Pharaonen, denselben Namen – war der Erfinder jenes Schwertes, das Literatur wie Komparatistik solch gute Dienste erwiesen hat: das »Damoklesschwert«. Es hing an einem Rosshaar über dem Kopf des Schmeichlers Damokles, was dieser während des Banketts am Ende seines einzigen

50 Bei Wackford Squeers, dem grausamen Direktor von Dotheboys Hall, handelt es sich um eine Figur aus Charles Dickens Roman »Nicholas Nickleby« (1838/1839).

Regierungstags entdeckte – den hatte Dionysos ihm zugestanden, um ihm zu zeigen, an welch seidenem Faden Herrschaft hängt. Der Damokles unserer Tage würde sich auf Bomben wiederfinden, die jeden Augenblick zu explodieren drohen.

Don Vincenzo wanderte mit uns zurück nach Syrakus, längs der Gräber, bei denen die Ziegen grasten, während der Abend sich gelblich über der fernen Stadt ausbreitete, was ich in einer melancholischen Skizze festzuhalten suchte.

Ein steiler Weg führte uns zum Ort der Arethusa.[51] Die liebliche Nymphe ist jetzt eine Zisterne, eingefasst von vier Mauern und am Tage umgeben von Waschfrauen. Wer die ursprüngliche Quelle sehen will, muss durch eine Öffnung im Gemäuer spähen und wird feststellen, dass das klare Wasser aus einem Felsen hervorsprudelt, halb versteckt vom Moos, das einst Arethusa bekleidete und der Quelle nun dieselbe Anmut verleiht, die den schönen Gliedern der Nymphe zu eigen war. Es wurde Nacht; keine entweihende Hand rührte mehr das Wasser auf; Alpheios könnte nun erscheinen, um sein Gesicht am Busen seiner Nymphe gespiegelt zu sehen. Auch er ist nun ein Strom und fließt einige Meilen längs der Küste, frisch und süß in der salzhaltigen Gegend; von Griechenland aus setzt er der Nymphe nach, bringt Blumen und Früchte, selbst goldene Kelche, die man an seiner Quelle in ihn senkte; er trägt sie mit sich, um ihr seine Liebe zu erweisen; seine Kraft bricht sich jedoch an den Wogen der Küste, er entsteht und stirbt in süßen Wassern inmitten der Meeresgischt.

---

51 Arethusa ist der Name einer der Najaden. Der Flussgott Alpheios verliebte sich der Sage nach in die schöne Nymphe, die seine Zuneigung nicht erwiderte. Um ihm zu entkommen, verwandelte sie sich in einen Fluss, der unterirdisch von Griechenland durch den Hades fließt und als Quelle in Syrakus wieder ans Tageslicht kommt. Alpheios wurde in den Fluss Alfios auf dem Peloponnes verwandelt. Seine Wasser suchen im Meer noch immer nach der Nymphe.

Don Vincenzo bemerkte, wir hätten nun alle Sehenswürdigkeiten von Syrakus gesehen. Wer eingehendere Erklärungen wünscht, mag sich an einen richtigen Führer wenden, der Reisende zu den Ruinen begleitet, ein echter Gentleman in Mantel und Räuberhut, der ein Museum mit Altertümern besitzt, darunter eine Venus von Phidias, doch ohne Kopf, vielleicht eine Anna Boleyn ihrer Zeit.

Wir bogen scharf vom Pfad der Arethusa auf die Piazza, die uns mit tausenden von Lichtern blendete; die Minerva-Kathedrale erschien wie ein erleuchteter Himmelskörper. Vor und hinter ihren Portalen drängte sich eine Menschenmenge; wir traten ein; das Karminrot, das Gold und Silber erglühten im Licht unzähliger Wachskerzen in kristallenen Lüstern, deren letzter soeben unter dem Jubel der vielen Menschen hochgezogen wurde. Auf dem Altar der Minerva prangte Santa Lucia, in ein Ballkleid gehüllt; ihr silbernes Gesicht und ihre polierten Silberarme leuchteten schöner bei Kerzenschein als im hellen Tageslicht. Die ersten Orgeltöne durchfluteten einen Moment lang den Raum, ehe sie sich im Lärm der immer ekstatischeren Menge verloren. Dort standen sie, die Gläubigen, erfüllt von Hingabe, ungebildet, in schmutzigen Fetzen, Sklaven ihrer Kirche, geblendet durch die überwältigende Pracht eines Spektakels, das auf Kosten ihres Lebensunterhalts geht. Am nächsten Tag folgen sie der Heiligen hinaus auf das Land, wo sie vierzehn Tage in einer nicht weit entfernten Kirche verbringt, von der es heißt, sie habe dort als einfaches Mädchen die Qualen des Martyriums erlitten. Die Gaben aus Juwelen und Gold, die den beliebtesten Heiligen dargebracht werden – wie der Schutzheiligen der spanischen Königin, der Jungfrau von Atocha – und durch sie in den Besitz der religiösen Gemeinschaften übergehen, erbrächten eine Summe, die mehr als ausreichend wäre, das ganze Land dauerhaft zu bilden und zu stabilisieren. Sie besitzen mehr Ringe, als sie an ihre Finger stecken können; Kronen aller

Art; Ornate, deren Gewicht sie zu erdrücken droht, schlimmer noch: so viele prächtige Gewänder, die verschleißen, ohne getragen zu werden. Die Herren der sizilianischen Oberschicht beteuern: »Wir waren an Götter gewohnt, nun haben die Heiligen deren Platz eingenommen«; sie führen viele ihrer Volkslieder zum Beweis dafür an, dass die Gottheiten nur ihren Namen geändert haben. Könnte nicht die Göttin der Schönheit einst über die folgenden Verse geherrscht haben?

»O Maria!
Quando naceste voi, nacque bellezza:
* * * * * * *
La Neve vi donò la sua bianchezza;
La Rosa vi donò l'suo bel colore;
La maddalena le sue bionde trecce;
Cupido v'insegnò tirar i cori!«

»Oh, Maria!
Als Du geboren wurdest, wurde die Schönheit geboren:
* * * * * *
Der Schnee verlieh Dir sein weißes Leuchten;
Die Rose verlieh Dir ihren süßen Duft;
Und Magdalena ihre schönen blonden Zöpfe;
Cupido lehrte Dich, die Herzen zu erobern!«

Am nächsten Morgen fiel mein Blick vom Belvedere aus auf einen riesigen Dampfer inmitten der sieben kleinen Fischerboote im Hafen; und während ich den reichen Schmuck betrachtete, mit dem die Häuser versehen waren, an denen die heilige Prozession entlangziehen sollte, wurden die Wolken vom weißen Gipfel des Ätna durchbrochen. Ich schaute wieder auf den Hafen und eilte dann davon, um Mamma zu überreden, sogleich an Bord des Dampfers zu gehen.

Kapitel XV

Rückkehr nach Catania

Die Küstenlandschaft – Aufregung in Catania –
Mariä Empfängnis – Explosionen –
Ein warmes Bad in sizilianischem Stil –
Ein Erdbeben – Eine Eruption

Die Fahrt von Syrakus nach Catania dauerte drei Stunden, eine schöne Strecke, die uns durch Augusta führte, eine durch das Erdbeben von 1693 zum Teil vom Festland isolierte Stadt, weshalb man nicht umhin kam, Brücken zu bauen. Hin und wieder zeigten sich die Berge vor Messina; auf der Landzunge, die sich so anmutig vorstreckt, liegt Taormina – wir wollen es ein anderes Mal besuchen. Als wir in Catania eintrafen, waren wir überrascht, die Straßen voll eleganter Wagen zu sehen, deren Insassen auffällig in der neuesten Pariser Mode gekleidet waren; verlegen über unsere Reisekluft versuchten wir so gut wie möglich, uns hinter dem Bediensteten zu halten, der unsere beiden bescheidenen kleinen Taschen zum Caffè Siciliano trug; dort wollten wir uns vor unserem Aufbruch nach Nicolosi erfrischen. Unter Mühen überquerte der Mann die große Piazza, die vollständig von einem Geviert aus Eisenschienen, darauf ein undefinierbares Etwas zwischen Lockenwicklern und spanischen Reitern, verstellt war, das von den hübschen Wagen umrundet wurde. In der nächsten Sekunde gab es eine krachende Explosion, und alles stand in Flammen! Atemlos und halb verbrannt eilten wir in das Caffè. »Was hat das zu bedeuten?« »Oh, Signora, Ihr wisst wohl nicht, dass wir heute Mariä Empfängnis feiern, das Fest der unbefleckt empfangenen Gottesmutter! Das Feuerwerk ist ihr zu Ehren.« Bevor noch das Papier herniedergerieselt war und der Rauch sich verzogen hatte, erschien eine hoch über der Menge schwebende Figur, gefolgt von Prälaten in hermelinbesetzten Roben und purpurgewandeten Priestern. Dies also war die unbefleckte Mutter der Heiligen Madonna – ich erinnere mich nicht mehr an ihren Namen; doch als die Sonne ihr hölzernes Gesicht und ihr grellbuntes Kleid beschien, dachte ich daran, welch einfache Frau die Mutter unserer bescheidenen Jungfrau Maria in Wirklichkeit gewesen sein musste, und Empörung überwältigte mich. Schaute ihre heilige Tochter in diesem Moment von oben auf sie herab, oh, wie sehr wünschte ich mir, dass der Flügel eines Cherubs sich vor ihrem süßen Antlitz ausbreite, um ihr den Anblick der widerwärtigen Puppe zu ersparen, vor der die armen Sizilianer nun niederknien …

Die Prozession ist vorbei; die fröhlichen Wagen nehmen ihre Rundfahrt wieder auf; jedes Fahrzeug in der Stadt ist vermietet: an einem Tag wie diesem würde es die Eitelkeit verletzen, zu Fuß zu gehen. Dann begeben sich die Reichen in die Oper, die Armen zu ihrem Spektakel in die geschmückte Kathedrale. Ab sieben Uhr gibt es wieder Wagen im Überfluss.

Auf der Fahrt nach Nicolosi, begleitet nur von den Gestirnen des Himmels, überkam uns eine unaussprechliche Ruhe.

»Mitternacht steht am Himmel!
   Die Planeten im luftigen Raum,
Ihr als Vasallen ergeben,
   Wandern und verneigen sich vor ihr.

Kein Laut dringt von ihrem Thron,
 Dort im hochaufragenden Himmel,
In stiller Gelassenheit bedenkt sie
 Ihre eigenen süßen Mysterien.«*[52]

Die Reisenden, deren Pistolenschuss uns im »Ohr des Dionysos« aufgeschreckt hatte, befanden sich wie wir auf dem Weg nach Messina; wir hatten vereinbart, uns ihnen anzuschließen, und nach der Besteigung des Ätna hielten wir, wieder in Catania, beim »Corona«, wo sie abgestiegen waren; die augenkranke Menge hatte mittlerweile die Stufen der Herberge geräumt. Der Besitzer bestand ausdrücklich darauf, dass wir bleiben sollten, und nachdem wir die Vereinbarungen mit dem Oberkellner getroffen hatten, der sich als Herr aufspielt und zum Übertreiben neigt, zeigte man uns die hübschen Zimmer und versorgte uns mit einem köstlichen Mahl. Man versprach auch, das Gasthaus nie wieder in ein Hospital zu verwandeln. Es ist unvergleichlich besser als die Unterkunft bei den Furien, ich kann es nur empfehlen.

Die Kutsche nach Messina – sechzig Meilen entfernt, eine Reise von zwei Tagen – sollte uns zwölf Piaster kosten; die Einheimischen zahlen zwei Piaster pro Tag, dazu die Unterkunft und die Verpflegung für den Kutscher.

Für acht Uhr abends hatten wir ein warmes Bad bestellt; um diese Zeit betraten drei Männer den Raum und brachten ein Gestell, eine rechteckige Zinkwanne und einen großen Feuerrost. Nachdem sie die Wanne auf dem Gestell befestigt hatten, wurde die glühende Kohle vom Rost in ein hohes Blechgefäß geschüttet, das sie an dem einen Ende der Wanne postierten. Darauf füllten sie die Wanne mit kaltem Wasser, das nun durch die Holzkohlenvorrichtung erwärmt werden sollte. Dies ist der langsamste und umständlichste Vor-

52 *Aubrey Spencer, Bischof von Jamaica. A. d. V.

gang, der sich nur denken lässt; die Männer wollten schon beginnen, das Wasser rings um das Feuerbecken mit den Händen aufzurühren; wir lehnten diese Art von »Löffel« allerdings entschieden ab und mussten daher selber rühren, da sich das Wasser ansonsten nicht gleichmäßig erwärmt hätte. Mehr als eine Stunde verbrachten wir über die Wanne gebeugt mit der Überlegung, durch welche Zaubersprüche sich das Wasser wohl zum Sieden überreden ließe, als zwei oder drei unvermutete Schwankungen der Erde unter uns, die mit einem leichten Schwindelgefühl und dem sachten Schaukeln der Deckenlampe einhergingen, ein Erdbeben der harmlos glimpflichen Art anzeigten. Doch nicht so in Kalabrien! Was wir erfahren hatten, war nur der Ausläufer jener furchtbaren Erschütterung gewesen, die tausende von Häusern dort zum Einsturz brachte.

Einmal im Bett, ließ uns die Müdigkeit schnell einschlafen. Mitten in der Nacht erwachten wir jedoch durch eine Explosion, gefolgt von einem unaufhörlichen Krachen, das uns erschien wie Schüsse aus Musketen – die ganze Stadt war wach. »Steht der Ätna in Flammen?« »Nein, nein, begebt Euch wieder zur Ruhe, dies ist nur der Mitternachtssalut für die Madonna und ihre heilige Mutter; die Gläubigen haben gespendet, damit sie bis Weihnachten jede Nacht zur selben Zeit Salut schießen.«

Kapitel XVI

Reise nach Messina

Die Bucht des Odysseus – Acis und Galathea –
Das Schaf des Phoibos Apollon –
Der »Kastanienbaum der hundert Pferde« –
Der älteste Baum der Welt – Ein Schwindel – Eine unfreiwillige
Unterbrechung der Reise – Verdrießliche Naivität –
Trostspendende Schönheit und die Pracht der Küste – Zollhäuser

Wir fuhren im Morgengrauen los, und ehe die Sonne noch ganz aufgegangen war, passierten wir die Bucht des Odysseus, in deren transparentem Wasser auch heute noch die Zyklopeninseln ruhen, riesige Lavabrocken, die der zornige Polyphem dem Schiff des Odysseus hinterhergeschleudert hatte. Gegen Mittag gelangten wir nach Riposto, Schauplatz einer weiteren seiner Untaten; ein Felsen, den Polyphem auf Acis und Galathea schmetterte, die durch die Olivenhaine zogen und die Ahnen jener Merinoschafe hüteten, die nun hier grasen, zerstörte auf ewig ihre Liebe. Um auf die Schafe zurückzukommen: am kleinen Fluss von Nisi raubte der hinterlistige Eurylochos das Schaf des Phoibos Apollon.

Nun sollte sich etwas Verdrießliches zutragen. In Giarre wollten wir unser Mittagessen einnehmen und, während das Mahl zubereitet wurde, den »Kastanienbaum der hundert Pferde« besuchen, der als ältester Baum der Welt gilt; er besitzt diesen Namen, da der Legende nach hundert Pferde zugleich unter seinen riesenhaften Ästen Schutz finden können.

Der Gentleman, der mit uns reiste, trug ein Schreiben an einen Richter mit sich, der uns Maultiere besorgte: Don Cicero. Sein Gesichtsausdruck war sanft für einen Italiener, er hatte jedoch Temperament, denn als ich gegen die nationale Grausamkeit protestierte, einem wunden Tier den Sattel aufzulegen, erwiderte er: »Bedenkt, dass die Italiener die Menschheit nicht so grausam behandeln, wie Ihr englischen Ladies es tut.«

Wir bestiegen ein Maultier – nicht das wunde Geschöpf – und glaubten, es handele sich um einen angenehmen kleinen Ausflug zu dem Baum, von dem ich noch am selben Tag wünschte, dass die Zeit ihn nicht verschont hätte, denn die Expedition führte uns fünf Stunden lang über die rauesten Wege; der heldenhafte Baum, zu dem wir schließlich gelangten, bestand nur noch aus vier alten Stümpfen, kein Zweig mehr und kein Blatt. »Diese Stümpfe«, erklärte uns der Führer, »waren einst grün und miteinander verwachsen, und im Raum, den sie umgaben, lagerten die schönsten Früchte.« Heute werden die Stümpfe von einem Pfad zerteilt: zwei auf der einen, zwei auf der anderen Seite; und sollten sie einmal miteinander verbunden gewesen sein – es heißt, sie besitzen eine einzige Wurzel –, so müssen sie mit ihrem Umfang, der an eine ausgedehnte Rasenfläche vor einem alten englischen Landhaus denken lässt, wie ein anwachsender Leviathan gewirkt haben. Ringsum wachsen etliche Kastanienbäume; auf einer anderen Wiese steht der »Castagno della Nave«, der gerade Früchte trägt, mit einem gewaltigen, fast rechteckigen Stamm. Was allerdings den Baum der »hundert Pferde« angeht, der sich kühn als Löwe ausgibt, so meine ich, er sollte als das bezeichnet werden, was er ist: ein Schwindel. Müde und zerschlagen kehrten wir nach Giarre zurück; unser einziger Trost bestand darin, dass ihr, Leser, nicht in die Falle tappt; solltet ihr es jedoch aus Widerspruchsgeist darauf angelegen, dieselbe Tour zu unternehmen, dann hättet ihr es allerdings verdient – mit allen Konsequenzen.

Nachdem wir in einem bemerkenswerten Raum, der nur durch eine offene Küche von der Straße getrennt war, zu Abend gegessen hatten, bestellten unsere Mitreisenden den Wagen, doch der Kutscher weigerte sich, durch die Dunkelheit zu fahren, und nur die schrecklichsten Drohungen konnten ihn zur Abfahrt bewegen. Wir kamen einige Meilen lang sehr gut voran, bis uns das plötzliche Gefühl, in Sand zu sinken, und ein wutentbranntes Peitschen auf die Pferde zu verstehen gab, dass wir in das Bett eines Wildbachs geraten waren. Es gibt ihrer mehr als dreißig zwischen Catania und Messina – und alle sind sie ohne Brücken. Sir Robert und Lady Emily P———, ein reizendes, temperamentvolles junges Paar, hatten sie soeben erfolgreich durchquert – bis auf den letzten: nun waren sie gezwungen, in »La Scaletta« zu warten, was »Leiterchen« bedeutet, ein gängiger Name für eines jener armseligen, unzugänglichen Dörfer. Zornig darüber, dass er zur Abfahrt gezwungen worden war, hatte der Kutscher keine Lichter aufgesteckt und war, vermutlich aus Versehen, vom Weg abgekommen. Der Wildbach, in dem wir festsaßen, hatte seine Besonderheit; einmal im Wasser, weigerten sich die Pferde – wie sehr auch auf sie eingeredet, wie sehr sie auch gepeitscht wurden –, auch nur einen einzigen Schritt zu tun; nacheinander schirrte sie der Kutscher ab, um herauszufinden, welches von ihnen die Meuterei anführte. Im Gegensatz zu den Menschen können die Tiere in Sizilien von einer furchtbaren Halsstarrigkeit befallen werden; deshalb treibt man sie auch mit ungestümer Wut im Galopp die Hügel hinauf, wie wir es häufig bei unseren Reisen mit der Postkutsche erlebt haben, damit sie am Fuß des Hügels gar nicht erst auf die Idee kommen, stehenzubleiben.

Ein Engel in Gestalt einer freundlichen Wäscherin, begleitet von einem Jungen mit einer Laterne, tauchte in einiger Entfernung auf; man stürzte sich auf sie und zog sie so rasch mit sich, dass sie sich wie eine Sabinerin unter den Römern gefühlt haben muss. Um kein Geld der Welt war sie bereit, ihre Laterne herzugeben, schickte jedoch ihren Jungen zum nächsten Dorf, um beim Priester einige Wachskerzen zu erstehen. Nach einiger Zeit kehrte er zurück und teilte mit, dem Priester seien die Kerzen ausgegangen. Wir hatten uns gerade mit dem Gedanken vertraut gemacht, die Nacht im Wagen zu verbringen, als ein anderer Kutscher des Wegs kam; er lieh uns seine Pferde, die – da sie nach Hause wollten – unser Gefährt ohne große Mühe aus dem Wildbach und noch ein beträchtliches Stück weiter zogen. Dann kehrten sie zu ihrer eigenen Kalesche zurück, unsere Tiere wurden angespannt und schämten sich so sehr, dass sie ihren Widerstand aufgaben. Als wir in Giarre eintrafen, sahen wir uns der Ungeschliffenheit unserer armen Wirtin gegenüber, die fragte: »Ist ein Raum für vier Personen recht?« Die Verärgerung legte sich erst, als diverse Leidtragende sich anboten, die Nacht auf dem Backsteinboden zuzubringen. Am nächsten Morgen waren wir vor Sonnenaufgang auf den Beinen; doch jener unglückselige Anfall von Starrsinn zwang uns, auf das Vergnügen eines Besuchs des antiken Tauromenium, des heutigen Taormina, zu verzichten und jenes blaue Kap zu ersteigen, das wir vom Schiff, von Syrakus aus kommend, gesehen hatten, denn einer unserer Mitreisenden musste am selben Abend noch in Messina sein. Natürlich waren wir überzeugt, »das schönste Kleinod Siziliens« verpasst zu haben.

Doch wer könnte lange schmollend durch eine Landschaft reisen, wo Daphne die Bukolika sang, Vergil eine Pastorale schrieb, Diana ihren Fuß aufsetzte und einen mitreißenden Schrei ausstieß,

»Des Jägers Ruf, den Faunen und Dryaden gut bekannt!«[53]

53 William Collins (1721–1759), »The Passions«: aus »An Ode for Music«, Z. 74.

Schon zeigten sich Acireale und Acicastello im Morgennebel längs der Küste, und die Marmorfelsen zu beiden Seiten der Straße wurden von solch blühenden Ranken umschmeichelt, dass selbst ein Zyklop gezögert hätte, sie aus derart süßer Umklammerung zu reißen. Das zunehmende Licht brachte immer neue Schönheiten zum Vorschein: der Olivenbaum wogte, der hohe Oleander prunkte mit seinen rosaroten Blüten, das Wasser badete die leuchtenden Felsen unterhalb unseres Weges, der sich an den steilen Hängen emporwand, um dann unter einem anmutigen Bogen hindurch auf das Castello di Sant'Alessio Siculo zuzulaufen, das sich wie eine schöne Statue, im Meer gespiegelt, auf dem Kap erhob. Dann führte uns die Straße hinunter in das dichte Grün von Tälern, so schön wie das von Tempe[54], wo die Bienen summend auf der Suche nach ihrer morgendlichen Mahlzeit waren. Über allem erstreckten sich unzählige, verschiedenartig geformte Berge in allen erdenklichen Farben des Südens; sie erhoben sich bis zu den Wolken, deren weiche, mit Schwanendaunen besetzten Arme sich um ihre anmutigen Gipfel schlangen. Die Luft war erfüllt von klassischer Süße. Oh, besäße ich nur des Magiers Sprache der Freude, wo die Konsonanten tanzen, die Vokale singen, die Grammatik ein Fest feiert, um diese Landschaft zu beschreiben! Vor uns liegt Taormina; von seinen Hängen kommt noch immer der süßeste Honig, sein Amphitheater eröffnet den letzten Blick auf den Ätna, seine Lage vervollkommnet die Lieblichkeit von allem ringsumher … … Oh, Küste Siziliens, Venus von Natur, der Apfel ist dein – an irdischer Schönheit übertriffst du alles! Kalabrien, dir gegenüber gelegen, mag in dunklem, hügeligem Neid die Stirne runzeln – der Preis fällt an dich,

54 Tempe ist das steile Durchbruchstal des Flusses Peneios zwischen Olymp- und Ossa-Gebirge im griechischen Thessalien.

denn dein ätherisch blauer Schleier steigert deine Reize noch!

Wir nahmen kurz hinter Giardini Naxos, unserem letzten Übernachtungsort zu Füßen Taorminas, eine wohltuende Mahlzeit ein. Als wir uns Messina näherten, schauten zahllose hübsche, kleine Altare zwischen den Bäumen hervor; zu Ehren der Madonna waren sie mit leuchtenden Orangen geschmückt, und hier und da spielte ein in Schafsfell gehüllter Hirte voller Leidenschaft seine Flöte vor ihrem Bild. Aus Wachs geformte »bambini«, die das Jesuskind verkörperten, auf gestickten Kissen und wunderhübsch gekleidet, wurden uns von Kindern in die Kutsche gereicht; mit einigen *tornesi* belohnten wir ihre Handfertigkeit und ihren guten Geschmack.

Den sicheren Beweis dafür, dass wir uns langsam der Stadtgrenze näherten, erkannten wir in den Zollhäusern, aus denen die Zöllner gelassen traten und fragten, »ob wir geneigt seien, ihnen etwas zu geben« – ansonsten würden sie den Wagen durchsuchen. Mit ein paar *tarì* waren sie höchst zufrieden, und ich frage mich oft, wie die Engländer so dumm sein können, den neapolitanischen Zöllnern einen Piaster oder sogar mehr zu geben, sind sie doch mit jedem Almosen zufrieden, um sich den Ärger des Verhandelns zu ersparen. Zehn Meilen weiter tauchten die nächsten Erpresser auf, aber wir beklagten uns darüber nicht weiter. Männer, die an jedem Bachbett standen, um im Notfall helfend beizuspringen, waren die einzigen Bettler, auf die wir trafen.

Es war zu dunkel, um Skylla zu sehen; doch Charybdis' Wogen, die auf den Strand schlugen, verschafften sich lautstark Gehör und verkündeten: »Ihr seid in Messina.«

Kapitel XVII

Messina

Die Straßen im Weihnachtsschmuck –
Das Standbild des Monarchen – Das Hotel –
Der Wert englischer Bankschecks –
Ein Abenteuer mit Engländern – Die Oper –
Kleidung – Brief der Jungfrau Maria –
Das Fest »La Vara« – Der Senat – Die Revolution –
Die Umgebung – Romantische Ruinen –
Die Gräuel der Küste – Fischmarkt und Volksfest –
Mitternachtsprozession des »Bambino« – Feuerwerk –
Englische Gebräuche – Drei Seufzer für Kalabrien –
Abschied von Sizilien

Der Zorn der Charybdis wurde von zwei Erdbeben geweckt, schwache Erinnerungen an die jüngste kalabrische Erschütterung, ein harmloser Abkomme jenes gewaltigen, zerstörerischen Bebens, das Jahre zuvor beide Küsten zerriss, die Einheimischen unter ihren Wohnstätten begrub, und die aufgewühlten Wasser in einer riesenhaften Woge von Siziliens zerfetzten Flanken aufpeitschte, um tausende von Menschen, die sich vor den herabstürzenden Bergen, Felsen, Festungen und Häusern an die kalabrische Küste gerettet hatten, in ihrer Flut zu ertränken. Die schreckliche Bedrohung durch Erdbeben schwebt immer noch über Messina, dieser zauberhaften Stadt, die Orion aus den Sternen seines Gürtels schuf; in der Antike trug sie den Namen Zankle, nach der Sichel, die aus Ceres' Hand fiel und ihrer gebogenen Küste Gestalt verlieh; auf der sichelförmigen Landzunge erstreckt sich ein Halbmond aus elfenbeinfarbenen Häusern, so leuchtend, dass selbst das tiefblaue Wasser unter ihnen sie in reinstem Weiß widerspiegelt; hinter ihr versuchen die Höhen des Dinnammare, des Adlerbergs, ihre Strenge, je mehr sie sich dem Himmel nähern, abzulegen. Bei jenem Bergzug handelt es sich um gefährliches Gebiet; zwei unserer Landsleute wären dort beinahe von Bauern, die sie als Führer verpflichtet hatten, ausgeraubt worden. Der Aufstieg zur alten spanischen Festung ist weitaus sicherer und eröffnet einen fantastischen Blick, obwohl der Ätna durch vorgelagerte Hügel verdeckt wird.

Für eine sizilianische Stadt ist Messina sauber und gut gepflegt; die Cholera hat den Einwohnern eine harte Lektion zu den Gefahren des schlechten hygienischen Zustands erteilt, in dem sie zuvor gelebt hatten. Durch das Zentrum zieht sich breit die Strada Ferdinando, die den Blick auf das Theater und andere öffentliche Gebäude freigibt; auf halbem Weg befindet sich ein Marmorstandbild des jetzigen Königs, auf demselben Piedestal, von dem während der jüngsten Revolution die Statue seines Vorgängers gestürzt worden war – die armen Messinesen hatten so hart darum gekämpft, ihren Herrscher loszuwerden. Zum Glück war der Lavaboden trocken, denn auf ihn hatte man farbenprächtige Kleider und säuberlich zu Dreiecken gefaltete Tücher gebreitet, umgeben von zahllosen anderen Kleinigkeiten, die wir *animalcules* getauft haben, ein buntes Angebot von Weihnachtsgeschenken. Die anderen Straßen weisen denselben Stil auf wie die Ferdinando, jedoch in kleinerem Maßstab; kaum eines ihrer Häuser ist mehr als zwei Stockwerke hoch, da ständig die Gefahr besteht, dass es durch einen Erdstoß in sich zusammenfällt. Das Victoria, ein gutes Hotel mit Kaminen und Esstischen, das von Deutschen betrieben wird – die als Handelsreisende zahlreich in den sizilianischen Küstenstädten anzutreffen sind –, befindet sich an der Marina, dem westlichen Ende Messinas, wo die Paläste der reichen Kaufleute stehen, alle mit Blick auf das Meer. Eines Abends verließen zwei Messinesen den Speiseraum, um sich wegen einer Bemerkung, die während der Mahlzeit gefallen war, zu duellieren.

Obwohl wir uns in einer Stadt befanden, die auf den Handel setzt, hatten wir größte Schwierigkeiten, unsere 10-Lire-Bankschecks einzuwechseln, und gingen von einem britischen Händler zum anderen, was uns schon an den Rand der Verzweiflung zu führen drohte – bis wir schließlich auf wahres Gold stießen: wir machten die Bekanntschaft eines Gentleman und seiner Frau, die sich auch ohne jedes Empfehlungsschreiben als sehr großzügig erwiesen – bei Engländern etwas sehr seltenes. Unsere wenigen wirklichen Freundschaften haben wir jedoch stets auf diese Weise geschlossen, kraft gegenseitiger Sympathie; und ich meine, dass man die gute Erziehung eines Menschen an seinem Verhalten gegenüber einem ihm Unbekannten ablesen kann. Mr. und Mrs. S——— lebten in Messina, sein Vater hatte hier ein Vermögen durch den Seidenhandel erworben. Sie luden uns ein, den Weihnachtstag nach dem englischen Gottesdienst in ihrer drei Meilen vor der Stadt gelegenen Villa zu verbringen; sie gilt den Einheimischen als Beispiel englischer Architektur, da sie nicht über den Ställen errichtet ist, und alle Fenster Glasscheiben besitzen. Selbst der Garten wird als englisch bezeichnet, denn die Orangenbäume sind nicht beschnitten, ihre Zweige dürfen sich ausbreiten und den Schatten spenden, in welchem wir am 25. Dezember auf der Terrasse saßen, Skylla und Charybdis zeichneten, süße Zitronen aßen, den Duft von Myrten und Geranien einsogen und jeden Moment damit rechneten, Olivia und ihren Pagen unter einer der Arkaden hervoreilen oder Malvolio mit den überkreuzten Strumpfbändern durch die Sonne spazieren zu sehen – so sehr erinnerte uns die Szene an Shakespeares »Zwölfte Nacht, oder Was ihr wollt«.

Am Abend begleiteten wir unsere Freunde in deren Loge im Teatro Santa Elisabetta, ein großer, prächtiger Bau, fertiggestellt unter der Federführung des vormaligen Verwalters oder Gouverneurs der Stadt, der Mrs. S———'s Schwester geheiratet hat, wobei er versprechen musste, englische Gewohnheiten anzunehmen, und zum Beweis seiner Aufrichtigkeit täglich vier Stunden vor einem lodernden Kamin zubringt – für einen Sizilianer ist das so, als durchschritte er einen glühenden Ofen. Gegeben wurde »Marco Visconti«, eine Oper von Petrella[55], einem modernen neapolitanischen Komponisten, der nicht sehr melodisch ist. Die Geschichte basiert auf der gleichnamigen Novelle von Tommaso Grossi[56], auch er ein Moderner, der nicht nur ausgezeichnete Romane, sondern auch anmutige Gedichte schreibt, was seine »Rondinella Pellegrina« beweist, das Lied von der ziehenden Schwalbe, das von den Einheimischen ständig zitiert und gesummt wird. Seine Werke sollten in England bekannter sein, sie befinden sich durchaus auf einer Höhe mit Manzonis »Promessi Sposi«, die ebenso wie »Marco Visconti« am Comer See angesiedelt sind. Die musikalische Darbietung war nicht einmal mittelmäßig; das ist in den anderen großen italienischen Theatern nicht besser, da das Geld zu deren würdiger Ausstattung fehlt. Jeder Lärm dient – wenn er nur nicht zu laut ist – dem Gewirr der Stimmen als Begleitmu-

55 Errico Petrella (1813–1877), geboren in Palermo, zählte zu den Hauptvertretern der neapolitanischen Schule; das tragische Melodram »Marco Visconti« wurde 1854 im Teatro San Carlo in Neapel uraufgeführt.

56 Tommaso Grossi (1791–1853) war ein mit Alessandro Manzoni befreundeter Dichter. Unter seinen Gedichten ist das empfindsame Lied »La rondinella« sehr populär geworden.

sik: das Publikum ist unentwegt in Bewegung, sucht Gespräche und empfängt Besuche in den Logen. Da das eigene Haus sich niemals im angemessenen Zustand befindet, um Gäste zu empfangen, geht man jeden Abend ins Theater und verwandelt die Loge in den Salon. Eine gefeierte, verheiratete Schönheit saß regelmäßig mit dem Rücken zur Bühne, redete die ganze Zeit zu einem Publikum von etwa einem halben Dutzend Herren und wandte sich nur flüchtig um, wenn auf der Szene eine Explosion ertönte.

Die Leidenschaft der Messinesen, sich in Gesellschaft auffallend zu kleiden, ist außerordentlich groß; dies betrifft auch die Klasse der Händler, die ich an keinem anderen Ort so extravagant gesehen habe. Der Sonntagsspaziergang in der Flora, wo ein Orchester spielt, macht einen überwältigenden Eindruck auf eine arme, nachlässig gekleidete Reisende. Die farbliche Mischung sorgt für Schrecken: die Lieblingsfarbe ist orange, was dem dunklen, glänzenden Haar ausgezeichnet stehen würde, wäre daneben nicht das helle Rosa des langen Rocks, kombiniert mit einer karmesinroten Mantille. Der Anblick der Kinder, unglückliche Opfer des schlechten Geschmacks, stimmt trübsinnig, erinnern sie doch an Sprösslinge von Harlekin und Colombine. Mehr als 1000 Lire pro Jahr geben einige Damen des reichen Kaufmannsstandes für ihre derart reizende Erscheinung aus. Die Adligen sind bis auf zwei, drei Familien allesamt arm; die Herren zahlen sechs *tarì* monatlich an das Casino, in dem sie sich allabendlich treffen, und zwei *tarì* an den Barbier, der sie jeden Morgen rasiert.

Die meisten Messinesen heißen mit einem ihrer Taufnamen »Letterio« oder »Letteria«, was sich von »lettera« ableitet, dem Brief, den die Madonna mit eigener Hand geschrieben hat, und in dem sie ihnen auf ewig ihren Schutz verspricht. Das auf einfachem Papier und mit gewöhnlicher Tinte verfasste Schreiben wird in der Kathedrale aufbewahrt und einmal im Jahr als wichtigstes Heiligtum Messinas öffentlich präsentiert. Jeder Messinese trägt eine Abschrift an seinem Herzen. Auch ich habe eine solche erhalten und gebe sie hier wieder. Die Madonna bediente sich zu ihrer Korrespondenz des Lateinischen:

»Maria Virgo, Joachim filia, Dei Humilissima Serva, Jesu Christi crucifixi Mater, ex Tribu Juda, Stirpe David. Messinensibus omnibus salutem, et Dei Patris Omnipotentis Benedictionem.

Vos omnes fide magna Legatos, et Nuntios, per publicum documentum ad nos misisse constat. Filium nostrum Dei genitum, Deum et hominem esse fatemini, et in Coelum post suam Resurectionem ascendisse, Pauli Electi praedicatione mediante, viam veritatis agnoscentes. Ob quod Vos, et ipsam civitatem benedicimus, cujus Perpetua Protectrix nos esse volumus.

Anno Filij nostri 42. Indictione I., III. Nonas Junij Lunae 26. Feris 5. ex Hierosolymis. Maria Virgo quae supra confirmat praesens Chirographum manu propria.«

Der Brief wurde mir von einer liebenswürdigen Seele übersetzt:

»Jungfrau Maria, Tochter des Joachim, demütigste Dienerin Gottes, Mutter des gekreuzigten Jesus Christus aus dem Stamme Juda, aus dem Geschlechte David, Wohlergehen allen Messinesen und der Segen Gottes, des allmächtigen Vaters.

Es ist durch öffentliches Dokument bezeugt, dass ihr in eurem großen Glauben Gesandte und Botschafter zu uns schicktet. Ihr bekennt, dass unser Sohn der Sohn Gottes ist, Gott und Mensch zugleich, und dass er nach seiner

Auferstehung in den Himmel erhoben wurde: die Wahrheit wurde euch durch die Predigt des Paulus zuteil, unseres auserwählten Apostels. Wir segnen euch und eure Stadt, deren Beschützerin wir auf ewig sein wollen.

Jerusalem. Im Jahr unseres Sohnes 42. Zeitrechnung I., III. None des 26. Juni. 5. Sonntag. Die Jungfrau Maria, hier gegenwärtig, bezeugt diese Schrift mit ihrer eigenen Hand.«

Als sie jenes Dokument erhielten, erfanden die von Freude überwältigten Messinesen der Madonna zu Ehren ein einzigartiges Fest, das seitdem in jedem Jahr stattfindet. Die »Vara«, eine hohe Statue in Gestalt eines Wolkenwagens, wird im August drei Tage lang durch die Straßen gezogen. Auf ihrer Spitze – vergebt, wenn mein Ausdruck profan erscheint, wie muss erst die Wirklichkeit erscheinen? – befindet sich der Schöpfer in Gestalt eines Jungen, auf dessen ausgestreckter Hand ein Kind steht: die Madonna; darunter eine monströse Sonne, von deren Strahlen Myriaden geflügelter Kinder herabbaumeln, die langsam um sie herumkreisen; darunter sitzen die Heiligen. Das Ganze wird von geschmückten Pferden gezogen und von der Geistlichkeit begleitet; einst war auch ein Kamel dabei, das einen mit Kappe und Glöckchen ausgestatteten Narren trug, der alles, dessen er habhaft werden konnte, an sich nahm und den Menschen ihre Fehler ins Gesicht sagte; doch da er jemanden, dessen Fehler er lieber hätte für sich behalten sollen, tödlich beleidigt hatte, wurde jener Teil des – ich weiß nicht, wie ich es nennen soll – ein für alle Mal gestrichen. Dieses Spektakel wird von der gesamten Bevölkerung gefeiert; Bauern verlassen ihre Höfe und Prinzen ihre Villen, um für einen Moment lang im Schatten der »Vara« zu stehen. Jahrhunderte hindurch waren es lebendige Kinder, die an den Sonnenstrahlen hingen; häufig wurden sie am Ende des Tages, den sie kreisend verbracht hatten, tot zur Erde hinabgelassen – was als heiliges Opfer betrachtet wurde; heutzutage neigen die Eltern eher dazu, solche Art von Opfer abzulehnen: die Kinder an den äußersten Spitzen der Sonnenstrahlen sind durch Bildnisse ersetzt; die lebendigen Kinder werden von übereinanderliegenden Eisengerüsten getragen, so dass sie sich drehen, ohne selbst völlig durcheinander zu geraten. Die Statue der Madonna della Lettera befindet sich in der »Matrice« oder Mutterkirche, inmitten einiger antiker Säulen vom Tempel des Neptun.

Wir stießen auf eine ungeheuer große, alte Kutsche, begleitet von Bediensteten in althergebrachter Tracht; zahlreiche Herren in spanischen Gewändern und mit Halskrausen bestiegen das Gefährt; wie sich auf unsere Nachfrage herausstellte, handelte es sich um die Kutsche des Senats – gewiss geräumig genug, um die ganze Versammlung aufzunehmen –, auf dem Weg zur allwöchentlichen Zeremonie der Enthüllung der Madonna, die jeden Samstag zum Ave Maria stattfindet. Genau in jenem Moment war das Zeichen zum Ausbruch der jüngsten Revolution gegeben worden. Mit einem »Viva Maria!«, was während der Gefechte zu ihrem Kampfruf wurde, hatten die Soldaten die ersten Musketen abgefeuert. Die Armen! Ihr verzweifelter Kampf hätte Erfolg gehabt, wären da nicht die neapolitanischen Truppen gewesen, die von der Festung aus unentwegt mit Bomben und Granaten auf ihre sizilianischen Brüder gefeuert hatten; seitdem ist der beidseitige Hass nur noch größer geworden, und »Re Bomba«[57] sitzt noch sicherer auf seinem Thron, weiß er

57 Ferdinand II. Karl (1810–1859) war König beider Sizilien. Anfang Januar 1848 erhob sich Sizilien gegen seine Herrschaft. In Konsequenz erklärte das Parlament die Bourbonen am 18. April für abgesetzt. Den Truppen Ferdinands gelang es jedoch im April 1849, den sizilianischen Aufstand blutig zu ersticken. Ferdinand ließ die Zivilbevölkerung von Messina bombardieren, was ihm beim Volk fortan den Namen »Re Bomba« eintrug.

doch, dass er bei seinen Feinden keine Einigkeit zu befürchten hat. Messinesen wie Catanesen sprechen mit Bitterkeit von den Engländern, und auf die leise Bemerkung, dass unsere Regierung durchaus mit ihnen sympathisiert, folgt die ironische Frage: »Wo ist denn die Verfassung, die ihr uns 1812 nach eurer Besetzung der Insel garantiert habt? Könnt oder wollt ihr euer Wort nicht halten? – Großbritannien, du hast in jedem Fall eine schlechte Figur gemacht. Die lautstarken Reden und viel mehr noch die *chiacchiere*, das Geschwätz im Parlament, wodurch falsche Hoffnungen auf Hilfe geschürt wurden, haben uns zu nichts weiter als törichten Handlungen getrieben, während zwei eurer Kriegsschiffe eintrafen und den Catanesen verboten wurde, in Selbstverteidigung auf die neapolitanischen Truppen zu feuern, als sie von Bord gingen! Hättet ihr – abgesehen von der Ehre – irgendein wirkliches Interesse an dieser Angelegenheit gehabt, so hätte es nur einer klaren Haltung bedurft, um eure gesamte Nation wachzurütteln.« Bei diesen Reden blieben wir stumm, war doch einer unserer populären Staatsmänner der Sündenbock.[58] Sein einst faszinierender Name steht nun fast als Inbegriff für »Blender«. Diese ernsten Worte, die wir gehört hatten, sollten durch einen beiläufigen Umstand Bestätigung finden: ein Handelsreisender, der eine Reihe an Mustern von Bekleidungsstücken mit sich führte, vor allem mit dem einst so mächtigen Namen bestickte Hemdkragen, beklagte sich darüber, welch großen Wertverlust sie in der letzten Zeit erlitten hatten! Während der Revolution von Messina zogen sich die Engländer an Bord der Schiffe Ihrer Majestät zurück, die zu ihrem Schutz geschickt worden waren. Die Offiziere nutzten die Gelegenheit, eine Reihe von Tanz-

58 Gemeint ist Lord William Cavendish Bentinck (1774–1839), von 1811 bis 1812 Oberbefehlshaber der auf Sizilien stationierten britischen Kriegsmacht, der sich für eine der englischen ähnliche Verfassung für die Insel einsetzte.

festen zu veranstalten, gut sichtbar für ihre Nachbarn und die Gegenseite, die an der Küste im Blutbad ausharren mussten. Unsere Freunde, die nach Ausbruch der Kämpfe an Land geblieben waren, zeigten uns die schrecklichen Auswirkungen der von den Neapolitanern auf die Stadt abgefeuerten Bomben; sie bewahrten noch Fragmente eines dieser Geschosse auf, das ihren Balkon fortgerissen und die Decke ihres Salons durchschlagen hatte, die in Stücken auf sie niederfiel. Eine der Festungen Messinas befindet sich auf einem Felsstreif, der die Bucht mit dem Hafen halbmondförmig umschließt; zwischen zwei der solidesten Stellen jener Festung erstreckt sich eine sanfte Böschung aus Grün: der protestantische Friedhof.

Will man die Schönheiten von Stadt und Meerenge genießen, so sollte man zur Terrasse der Kirche San Gregorio emporsteigen, von der aus man alles überblickt; hier, so heißt es, schrieb Goethe sein Gedicht über den Wohlgeruch des Südens: »Kennst du das Land, wo die Zitronen blühn?« Und Myriaden dichter, grüner, an Früchten reicher Orangenbäume, die ihre Schatten über die orientalischen Dächer breiten, aus deren Meer hier und dort eine wohlgemute Palme in die Höhe ragt, antworten wie aus einem Mund: »Hier ist es, das sonnige Land!« Die Kirche ist traumhaft wie eine Moschee, vielfarbig und mit einer gewundenen Turmspitze; eine entzückende Nachbarin, die zum trübsinnigen, trutzig in normannischem Stil erbauten alten Turm von Matagrifone hinüberlacht. Ein gutes Motiv für eine Zeichnung gibt das Kapuzinerkloster ab, das scheinbar genau zu diesem Zweck auf eine der benachbarten Anhöhen platziert wurde; dunkle Zypressen überragen die mit Bögen aufgelockerten Gebäude, vor denen sich ein grasbewachsener Platz erstreckt, darauf das Denkmal für die Opfer der letzten Pest.

Als wir zu jenem Kloster heraufgingen und an einem der tausend anderen Konvente vorüber kamen, mussten wir über den Anblick einer hübschen Nonne lachen, die durch das Gitter hindurch ein lebhaftes Gespräch mit einem jungen Mann führte. Unser Freund bemerkte, es komme nicht selten vor, dass einer mit einer schönen Nonne durchbrenne, und erzählte uns die romantische Geschichte vom Sohn eines reichen Kaufmanns, der sich in ein reizendes, mittelloses Mädchen verliebt hatte; er wurde nach Russland geschickt, in sein Geburtsland, und sie gezwungen, die Tracht der Novizinnen anzulegen. Sechs Monate lang irrte er quer durch Europa, um zu ihr zurückzukehren, bis er schließlich unter dem Fenster ihrer Zelle stand. Keiner weiß, wie sie entfliehen konnte – wie entfliehen schöne Sklavinnen aus dem Harem? Jedenfalls entkamen sie und heirateten. Hier sollte die Geschichte enden, doch um die Wahrheit zu sagen: innerhalb weniger Jahre verkehrte sich ihre Liebe in Hass – und sie hat sich nun freiwillig hinter die Mauern des Klosters zurückgezogen, um dort ihren Frieden zu finden.

Wie in allen anderen italienischen Städten ist es auch in Messina unmöglich, zu Fuß durch die Umgebung zu streifen; wie üblich ziehen sich die hohen Mauern, mit denen die Villen umgeben sind, meilenweit neben den engen Straßen dahin, so dass eine Lady gezwungen ist, die Kutsche zu nehmen. Der Strand, der sich jenseits des Kais erstreckt, verlockt zu einem Spaziergang. Wir mischten uns unter eine Ziegenherde, die zur Küste hinuntergeführt wurde, um Salzwasser zu trinken, und genossen das fast schon vergessene Vergnügen, Muscheln zu sammeln und durch die Gischt zu laufen, blickten abwechselnd zu beiden Küsten und wussten nicht, welche wir mehr bewundern sollten: Kalabrien mit seinen schneebedeckten Bergen, zu deren Füßen sich die reiche rote Erde erstreckt, die in ein blaues Meer ausläuft – oder Sizilien mit den regenbogenfarbenen Schleiern, die rings um seine tausend Gipfel schweben; unsere Augen versuchten, den Flug eines Geiers zwischen den spitzen Felsen zu verfolgen, sahen ihn mit jedem Moment näherkommen, tiefer sinken, konnten schon seinen schrecklich blutroten Hals erblicken, ein ekelhafter Geruch erfüllte die Luft … nur einige Schritte vor uns lagen zwei gehäutete Pferde! Hier, an dieser arkadischen Küste, entledigt man sich toter Tiere; und von den fröhlichen Kutschen aus, die jeden Tag vorüberfahren, sind weitere Kadaver zu sehen, deren Aufnahme die gekränkten Wogen verweigert haben. Oh, Italiener! Warum seid ihr nicht reinlicher? … Wird eure Würde, euer Sinn für Moral nicht durch diese und andere abstoßende Szenen verletzt? Wie könnt ihr, mit all eurem Gefühl für die Schönheit, das stumme Schauspiel der Natur nur derart verletzten, mehr noch: ihm freveln?

An der Marina, dem Kai von Messina, herrscht stets Tumult; im Morgengrauen, wenn der Fisch verkauft wird, vermischt sich das Quieken tausender Schweine mit Eselsgebrüll zu einem unerträglichen Lärm, der durch die geschlossenen Fensterläden dringt und selbst uns, die wir in den letzten zwei Monaten an eine Atmosphäre jeglicher Art von Geschrei gewöhnt wurden, um den Verstand bringt und darüber nachdenken lässt, wie Menschen sein müssen, wenn sie sich wirklich in Aufregung befinden, in einem verzweifelten Aufstand etwa, bei dem es um Fleisch geht, nicht um Fisch. Ein haiartiges Monstrum, das hier »spalletta« heißt, wird mit dem Beil zerteilt und in Scheiben verkauft, die gebraten wie Beefsteak schmecken; köstlich ist auch ein langer, dünner Fisch mit spitzer Nase und grünlichen Knochen, der Ähnlichkeit mit einem Aal besitzt. Im Sommer leben die Messinesen fast ausschließlich vom Schwertfisch; es ist ein Volksvergnügen, vom Strand aus zuzuschauen, wie die großen Meerestiere von den Fischern harpuniert werden.

Am Weihnachtstag mischten sich Verkäufer von allerlei Geschirr in das übliche Gedränge: hier versteigerte jemand hundertfünfzig Wedgwood Teekannen, dort unternahm ein anderer verzweifelte Anstrengungen, vierzig gigantische Gefäße loszuwerden, in denen Ali Babas Räuber Platz gefunden hätten; die Ware eines dritten bestand aus nichts anderem als zwei Bratpfannen und einer eleganten Vase mit Papierblumen. Zwischen diesen respektablen Händlern drängten sich Knaben mit getrockneten, auf lange Stangen gespießten Früchten. Das furchtbare Durcheinander war doppelt faszinierend bei dem Gedanken, dass sie die ganze Nacht hindurch kein Auge zugetan hatten: im Gegensatz zu der behaglichen englischen Gewohnheit, zieht man in der Weihnachtsnacht durch die Straßen, und jedes der Häuser ist zu Ehren der Prozession für das »Bambino« erleuchtet. Sie beginnt um Mitternacht und besteht aus der Geistlichkeit, Vertretern der Stadt, religiösen Bruderschaften und Gesellschaften, aus Militärkapellen und behelmten Kirchendienern, sie alle singen und tragen Fackeln, gefolgt von Knaben, die das heruntertropfende Wachs auffangen – und schließlich erscheint das kleinste aller Wachspüppchen auf dem Arm eines Priesters, unter einem hinreißend schönen Baldachin. Mit den Einheimischen saßen wir die ganze Nacht hindurch auf einem Balkon, um das Spektakel und die umherziehende Menge zu betrachten und den Bergsteigern oder »ceramedde« zuzuhören, die auf Dudelsäcken für ihr »caro bambino« spielten, nachdem sie bereits in Vorfreude auf seine Geburt neun Tage lang vor jedem Bildnis seiner jungfräulichen Mutter musiziert hatten. Vor dem Haus des Gouverneurs fand ein wunderbares Spiel aus Lichtern statt, die abwechselnd blau, rot, orange und grün wurden; in den Straßen gab es Feuerwerk, Knallfrösche wurden allerorts geworfen; der Tagesanbruch schickte uns allesamt zu Bett, glücklich, nicht wie in Catania durch eine Explosion aus unseren Träumen gerissen zu werden. Damen mit schwachen Nerven sollten die neun Tage vor Weihnachten in Sizilien meiden; zwischen den Pfeifen der Bauern und den schrillen

Dudelsäcken – die zwar lange nicht so schlimm sind, wie die schottischen –, dem unentwegten Feuerwerk mit Donnerschlägen und Knallfröschen, die leicht explodieren, wenn man zufällig auf sie tritt, wird ihnen ein ordentlicher Schreck eingejagt.

Ebenso wenig sollten sie uns nach Kalabrien folgen; der leiseste Hinweis auf unseren Plan sorgte für Stöhnen unter den Einheimischen, die in tiefes Mitleid über die »fixe Idee« versanken, die uns da wohl ergriffen hatte. Einige liebe Freunde, von denen wir hier etliche gefunden haben, brachten uns mit wahrhaft englischem Geist Pakete beruhigenden Tees; einer von ihnen kam mit einer Dose in jeder seiner Taschen; wir waren auch bereits von seiner Nichte, einem reizenden Mädchen, mit Tee versorgt worden; sie hatte uns am vorigen Abend im Haus von Onkel und Tante durch ihre Musik entzückt. Die Kaufleute erziehen ihre Töchter vollständig nach englischer Art und legen keinen Wert darauf, dass sie sich mit sizilianischen Freundinnen umgeben, was nicht für die Einheimischen spricht, da der Grund in diesem Fall nicht in einem Vorurteil zu suchen ist; vergleicht man die Häuser des Adels – immer natürlich mit Ausnahme der ein oder zwei Familien, die Reisen unternommen haben –, die schmutzig kahlen Wände und die in Fetzen gekleideten, ebenso impulsiven wie ignoranten Bediensteten mit dem reinlich eleganten Wohnstil und dem freiheitlichen Benehmen der in Messina ansässigen Engländer, so wird man rasch verstehen, warum man keinen engeren Kontakt miteinander sucht. Die Engländer haben sogar richtige Newcastle-Kamine eingeführt, um den Winden, die aus dem kalten Kalabrien über die Meerenge einfallen, standzuhalten.

Es erforderte etwas Mut, von diesem kleinen Freundeskreis zu scheiden, und zwischen Skylla und Charybdis in unbekannte Länder vorzustoßen. Unser erster Bekannter, Mr. S———, der sich uns gegenüber wie ein orientalischer Prinz verhalten hatte, brachte uns an Bord des Dreimasters, der uns übersetzen sollte und fast unter dem Gewicht der guten Dinge versank, mit denen er beladen worden war. Seine reizende Frau und das Kind winkten vom Ufer aus – und leb wohl, Sizilien! Insel, die alles besitzt, die sich an nichts erfreut; wo das Füllhorn Elend über ein Land vergießt, das sich unter seinen gegenwärtigen Herrschern als »goldenes Juwel im Rüssel eines Schweines« erweist.

Kalabrien

Kapitel XVIII

Kalabrien

Skylla und Charybdis

Neujahrstag! Welch glücklicher Tag, wenn auch auf See zwischen Skylla und Charybdis. Geneigter Leser, wenn du uns bis an diese unberechenbaren Küsten gefolgt bist und dich mutig auf unserer *Speronara*[59] nach Reggio eingeschifft hast, so soll die Passage, die dich durch die nächsten zwölf Monate deines Lebens führt, nicht rastloser sein als ihr spitzer Bug, der hinreichend in den quirligen Wassern wirbelt, um unseren Vorwärtskurs zu halten, jedoch die Vorstellungskraft nicht allzu sehr herausfordert; jeder Strudel – nicht heftig genug, um uns zu schrecken – verleiht der Flaute, die auf ihn folgt, einen eigenen Reiz; im Gegensatz zu einem unerzogenen Menschen ruft Charybdis keinen Überdruss hervor – dies gilt für jegliche Natur. Skylla, der liebliche Fels, erhebt sich wie eine reizvolle Versuchung; von ferne nichts als Schönheit, doch darf es in ihrer Nähe kein Verweilen geben; unterhalb der Strömung durchbohren unsichtbare Spitzen wie Gewissensbisse denjenigen, der ihr unter Klagen entweichen will. Halte dich fern von ihr, oh,

59 Kleines Frachtschiff mit Segeln und Rudern, das in den an die sizilianische Meerenge grenzenden Ländern bis zur ersten Hälfte des 20. Jahrhunderts benutzt wurde.

Schiffer! Dies gelobte Land betritt man über die Linie hoffnungsvollen Blaus, die sich zu den goldenen Küsten zieht. Vom Ufer trennt uns ein Streifen Brandung, doch die Männer werden uns auf ihren Schultern durch sie hindurch tragen; die Gischt spritzt zu uns hinauf, berührt, erfrischt; und nun ertönt der Ruf »Evviva Calabria!«, es lebe Kalabrien, das Land, das durch die romantischen Gefahren, die man ihm nachsagt, vor einer Invasion durch Reisende geschützt ist.

Der Strand wird von einem Drachen bewacht; ein paar *grani* sorgen jedoch dafür, dass er der Regierung den Rücken kehrt und in unseren Dienst tritt; zahm weist er uns den Weg zu seiner Höhle, einem Portikus, der auf Säulen im Wasser steht; dort wird all jenen ein Führungszeugnis ausgehändigt, in deren Pass sich kein Hinweis auf Kontakte zu östlichen Ländern findet. Dann, kleine Taschen, auf zum Zollhaus, wo die Ehre, euch winzige Behältnisse zum Gasthaus zu befördern, solch einen Streit auslöste, dass wir beschlossen, euch selbst zu tragen. Unsere Absicht alarmierte die Streitenden derart, dass sie sich die Hände reichten und verkündeten, den Lohn für die Strapaze miteinander teilen zu wollen. Kaum bei der »Locanda di Sicilia« angelangt, sorgte ein Blick in die Zimmer dafür, dass wir uns sogleich im Erdgeschoss wiederfanden; ein neuer Hafen musste angesteuert werden; wir schauten nach allen Seiten, bis uns an einem hübschen rosa Haus am Kai die Aufschrift »Trattoria della Villa Nuova« ins Auge sprang und hofften, der Koch und Wirt hätte noch das ein oder andere Zimmer übrig. Er zeigte uns zwei Räume mit Glasscheiben in den Fenstern und einem Balkon, der die Sicht auf den gegenüberliegenden Nachbarn freigab, den Ätna, dessen Namen er – seit wir ihn auf unser Abenteuer hinwiesen – als Zeichen für sein Haus verwendet. Am Kai gibt es noch einen jener einfachen Plätze, wo auch eine große Gesellschaft nachts Unterkunft findet und gemeinsam essen kann; die Mahlzeiten – eine köstliche Vielfalt an Fisch – wurden für kalabrische Verhältnisse auf bewunderungswürdige Weise serviert. Unter jeder Tasse fand sich auf rosenfarbenem Papier ein hübsches Sonett mit dem Wunsch für ein glückliches neues Jahr.

Kapitel XIX

Reggio

Besuch von drei ehrenwerten Herren – Zustand der Stadt nach dem Erdbeben – Zwei Arten weitverbreiteter Eifersucht – Zitrushaine – Bergamotte – Seidenraupen – Ein romantischer Nachmittag – Einige nationale Wesenszüge

»Eccellenza! Signora! Ecco tre galant'uomini che la domandano!« – »Drei ehrenwerte Herren fragen nach Euch!«

»Lasst die Herren heraufkommen, Wirt; auf dem Balkon ist Platz für alle.«

Zwei von ihnen waren vom Cavaliere Monsolini geschickt – ein bedeutender Mann in dieser Gegend, dem unsere Freunde aus Messina unsere Ankunft mitgeteilt hatten; von einem Gichtanfall geplagt, hatte er zwei Boten vorausgesandt, um sein späteres Erscheinen anzukündigen. Bei dem dritten handelte es sich um einen jungen Kaufmann, der aus eigenem Antrieb gekommen war, um uns eine Ausfahrt längs der »Coda di Volpe« vorzuschlagen, dem »Fuchsschwanz«, wie jener Teil der Küste genannt wird, der sich nach Süden hinunterzieht. Wir sagten ihm ab, da der Cavaliere am nächsten Tag – vorausgesetzt, die Gicht ließe es zu – mit uns die Bergamotte-Plantagen und die der Seidenraupenzucht besichtigen wollte.

Reggio, das sich einst unter dem Einfluss einer enormen Sinnestäuschung als »das kleine Paris« bezeichnet hatte, schwankt wie ein Kleinkind, das unsicher auf den Füßen steht; zwei Drittel seiner Gebäude wurden bei einem gewaltigen Erdbeben dem Erdboden gleichgemacht, und kleine Stöße tragen immer noch zur Vergrößerung der Schuttberge bei; die bemalten Häuser, von denen die Geschichte abblättert, erinnern an Reihen angeknabberter Zuckerkuchen. Die arme, verkrüppelte Kathedrale präsentiert tapfer ihre Fassade, in die mit großen Lettern eine Inschrift eingraviert ist, beglaubigt durch die Bibel: »Der Heilige Paulus kam durch Reggio«. Vor kurzem erst war ein prachtvoller Palast aus Sandstein erbaut worden, mit architektonischem Zierrat und einer Flut von Amoretten versehen; als wir den Kaufmann nach der Position desjenigen fragten, der so viele kleine Unschuldige hatte anbringen lassen, deren Schicksal es sein würde, sich die Nasen zu brechen und mitsamt dem majestätischen Gebäude im Staub zu landen, erklärte er: »Durch den Bau dieses Palastes wollte sich sein Besitzer als mächtigster Mann der Provinz erweisen«, ein Mensch, wie er uns sagte, den die Eifersucht zweifach zerrissen hat: die der Macht und die der Liebe. Abends in der Oper gab es zwar keine lodernden Schönheiten, die sogleich für Entflammung gesorgt hätten, doch viele sehr interessante Gesichter und Augen, die intensiv genug blickten, um reihenweise für Totschlag zu sorgen. Zum Glück wurde der Friede gewahrt, da die Damen nicht in Abendroben erschienen waren, die ihnen einen aufregenden olivenfarbenen Teint verleihen, sondern in schlichten Kleidern.

Es wurde »Troubadour« gegeben, gesungen mit einer Tiefe des Gefühls, wodurch wir verstanden, dass Kalabrien das Geburtsland jener dunklen Leidenschaften sein muss, die in der Musik so furchterregend zur Entfaltung kommen. Bei einem Stück begann der Chor plötzlich zu meutern; das Haus bebte vor Empörung, und das Drama setzte sich mit verdoppelter Energie fort. Es folgte der Schluss von »Ernani«, wunderbar gesungen; und da im »kleinen Paris« Gaslampen unbekannt sind, während die Altäre der Heiligen zur Unterstützung etlicher Wachsmanufakturen beitragen, war die Bühne sanft durch hunderte von Kerzen erleuchtet, die auf Myrtenbäumchen steckten – eine kleine Neujahrsüberraschung, die sich der Theaterleiter für sein Publikum hatte einfallen lassen.

Am nächsten Morgen erschien der Cavaliere persönlich, begleitet von Arzt, Sekretär, Anwalt und den beiden Boten, die ebenfalls zu seinem Haushalt gehörten; da er invalide war, wollten wir hinunter gehen, um ihn an seiner Kutsche zu treffen, doch mit den Worten »Signore, io fo il mio dovere« bestand er darauf, die Treppen mithilfe eines großen Gehstocks zu erklimmen. »Ich tue meine Pflicht« – dies war stets die Antwort auf unseren Dank für die zahllosen Gefälligkeiten, Geschenke, Einladungen in Logen und die uns während unserer Reise durch das Königreich erwiesenen Dienste.

Wir machten uns in seiner großen Familienkutsche auf den Weg – die Alten im Wagen, die Jungen auf den Außensitzen – und waren, je weiter wir vorankamen, immer erstaunter darüber, Orangen und Zitronen in den Rinnsteinen zu sehen: kaum ein zerlumptes Kind, das sich die Mühe machte, sie aufzulesen; als wir die Bergamotte-Plantagen erreichten und meilenweit durch deren breite Alleen fuhren, neben denen die zarten Bäume fast so hoch wie die Pinien des Nordens wachsen und derart voller Früchte hängen, dass man meinen könnte, es handele sich um Trauben an einem üppigen Weinstock, da zeigten sich uns Italiens wahre Zitrushaine in all ihrem Reichtum und ihrer Blüte.

Die Bergamotten sehen der Zitrone ähnlich; sie waren gerade reif zur Ernte. Bauern in der Tracht der Provinz – lange, herabhängende Kappe, Samtjacke und geknöpfte Hosen, mit drei offenen Knöpfen am von weißen Rüschen bedeckten Knie – pflückten sie ab und warfen sie in Körbe, die ihnen von farbenfroh gekleideten Mädchen entgegengestreckt wurden; die Mädchen trugen die gefüllten Körbe zu den Hütten, wo jeweils ein großer Schwung an Früchten in eine rundbauchige Presse mit Trennwänden aus Messing geschüttet wurde; die Presse drehte sich vierzig Mal, dann ertönte eine Glocke, und die Früchte wurden herausgehoben, ihr Geist jedoch hatte sich in ein unter der Apparatur befindliches Gefäß ergossen; acht oder zehntausend Früchte ergeben zwölf Pfund eines exquisiten Parfüms, das zur Weiterverarbeitung nach England exportiert wird.

Die ausgelaugten Früchte dienen als Nahrung für die Rinder, die sie ruhig aus großen Trögen vor sich hin kauen; ihr Fleisch bekommt durch diese Kost ein delikates Aroma. Die Zitronen durchlaufen denselben Prozess, aus ihrem Fruchtfleisch wird Zitronensäure gewonnen; einige Plantagenbesitzer hatten das gleiche auch mit Bergamotten versucht, mussten jedoch feststellen, dass die Qualität der Säure weitaus geringer war. Jede Plantage besitzt auch ein eigenes Gebäude mit einer hydraulischen Olivenpresse; in Südfrankreich, das als so viel zivilisierter gilt, verwendet man zum Drehen der Olivenpresse noch immer Esel mit verbundenen Augen.

Die Seidenraupen verbringen den Winter in kleinen, kugelförmigen Säckchen; ihre Zeit kommt im Sommer, und die Bauern halten sie bei sich im Haus. Reihen von Stangen werden etwa einen Fuß unterhalb der Decke in allen Räumen befestigt; sie sind mit Matten bedeckt, auf denen sich das Leben der kleinen Seidenspinner abspielt, vom ersten Biss ins Maulbeerblatt bis zur Verpuppung. In den kleinen Hütten gibt es kaum genug Platz, um unter den belebten Markisen ins Bett zu gelangen, während der Raum in den größeren ausreicht, darunter noch eine winzige Hängematte für das Baby zu befestigen. Geflochtene Stränge glänzender Seide, golden wie das Haar der Helena, werden zu dicken Ballen zusammengebunden und bis zu ihrer Verschiffung in Gebiete, die über geeignete Maschinen verfügen, um sie zu knisternden Stoffen zu verarbeiten, in einem verlassenen Gebäude nahe der Küste gelagert.

Sämtliche Bauern auf Cavaliere Monsolinis Besitzungen begrüßten ihn mit einem Handkuss wie einen Vater und erwiesen ihm weitaus mehr Zuneigung und Respekt, als ein englischer Herr in seiner Position von seinen Pächtern jemals zu erwarten hätte.

Als der Morgen auf jene angenehme Weise vergangen war, schlug die Gesellschaft vor, zum Vergnügen zu einer der umliegenden Villen zu fahren; dort verbrachten wir den perfektesten italienischen Nachmittag, den wir bislang erlebt hatten. Jeder Garten ist angelegt wie eine Laube, mit anmutigen Spalieren, der schmiegsame Wein rankt sich durch tausend Bögen zarten Grüns zu Plätzen, wo sich gewaltige Bäume tropischen Ausmaßes über zarte Kamelien und süße Kassien beugen; die Sonne schien warm durch die Blätter; rustikale Bänke standen überall dort, wo die Schönheiten zusammentrafen; geflochtene Körbe zu unseren Füßen wurden mit köstlichen Mandarinen gefüllt, und die aufmerksamen Bauern, die uns diesen Dienst erwiesen, spielten für uns auf ihren Flöten, kleine Schilfrohre, von denen sie gleich zwei oder drei an ihre Lippen hielten; der behändeste lehnte eine Leiter gegen den hochaufragenden Stamm einer Palme und brach uns einen Palmwedel, golden wie die Datteln, die er trug.

Der Balsam des Südens war so süß, wie man es nur träumen konnte, Licht und Leben im Tanz vereint; die jungen Begleiter, romantisch wie ihr Land, hatten jeder eine Ode verfasst, die sie, dem Zauber des Neuen angemessen, mit großer Leidenschaft vortrugen: »Damen auf der Reise durch Kalabrien«. Als sie ihr Talent gewürdigt sahen, ließen sie sich zu anderen lebhaften Improvisationen hinreißen: jeder knüpfte dort an, wo der andere geendet hatte, und spann den Faden mit einem Einfallsreichtum fort, der dem ursprünglichen Vers zu immer neuen Variationen verhalf. Bei der Rückkehr ins Gasthaus zeigte sich ihr lebensfroher Geist in den anmutigen Schritten der »Tarantella«; aus dem oberen Stockwerk wurden Harfe und Violine gebracht, die hübsche Wirtin und ihre entzückende Nichte mischten sich vergnügt unter die Tanzenden – alles, was jemals über das fröhliche Italien gesagt oder geschrieben worden war, schien sich in diesem herzerfrischenden Ausklang eines kalabrischen Tages zu erfüllen!

Das große Ereignis des Sonntags bestand im Durchzug eines Truppenregiments unter dem Kommando des Generals höchstpersönlich. »Wohin marschieren sie?« »Sie wollen dem Unwesen der Banditen im Fürstentum ein Ende bereiten.«

Für den kommenden Tag hatten wir Plätze in der Postkutsche reserviert. Der arme Cavaliere, der uns bereits unserem Untergang entgegenreisen sah, bat uns inständig, noch einen letzten angenehmen Abend in diesem Leben zu verbringen und lud uns in seine Loge ein, um Goldonis Komödie »Der Fächer« anzusehen; da wir sonntags jedoch nie Aufführungen dieser Art besuchen, sahen wir uns gezwungen, ihm den Trost zu verweigern, uns wohltuende letzte Stunden bereitet zu haben.

Bei unserem vorigen Theaterbesuch waren wir auf einen nationalen Wesenszug gestoßen. Ein respektabel aussehender Herr mittleren Alters hatte in Messina mit uns das Schiff bestiegen und vorgeschlagen, unsere Mahlzeit im Gasthaus gemeinsam und zu einer Zeit zu uns zu nehmen, wie sie auch auf Reisen in anderen Ländern üblich ist. Er zeigte ein sehr gutes Benehmen; wir waren allerdings erstaunt, ihn unvermittelt an unserer Seite zu finden, als wir in die Oper aufbrachen, verloren jedoch kein Wort darüber, da wir vermuteten, der junge Kaufmann hätte ihn eingeladen; der wiederum war der Überzeugung, wir hätten eine Einladung ausgesprochen – und während er sich selbst in eine Ecke zurückzog, machte es sich der Herr in der Loge bequem. Als er sich am nächsten Tag anschickte, in die bereits überfüllte Kutsche des Cavaliere einzusteigen, fragten wir, ob er vom Eigentümer dazu eingeladen worden sei. Er antwortete »Ja«, ging dann jedoch in die andere Richtung davon. Die jungen Männer bemerkten lachend, wir hätten hier eine Probe des geschickten Versuchs erlebt, sich einzuschleichen, und eine Dame fügte hinzu, dass auch die Spanier sehr erfinderisch darin seien; zufällig Vorbeikommende, die vorgaben, sich in ihrer und ihres Mannes Begleitung zu befinden, hätten sogar an privaten Festen teilgenommen, bis jemand den Mut aufbrachte, sie zur Rede zu stellen.

Kapitel XX

Reise durch Kalabrien

Der Zustand von Kalabrien – Wagen und Geleit –
Der Stil des Landes – Palmen und Gastfreundschaft –
Die junge Lady und die Banditen – Pizzo und Murat –
Brücke zwischen zwei Meeren – Die jungen Damen Kalabriens –
Eine Hinrichtung – Städte und Trachten – Botanische Schönheiten –
Ankunft in der Hauptstadt um Mitternacht

In der Vorstellung der meisten Menschen beginnt das Herzogtum Kalabrien, das dem ältesten Sohn des Königs seinen Namen gibt[60], in der Nähe von Neapel; aber es liegen verschiedene Provinzen dazwischen; das Herzogtum selbst ist, was die Verwaltung betrifft, dreigeteilt: das Herzogtum »Ultra Prima« mit der Hauptstadt Reggio, das Herzogtum »Ultra Seconda« mit der Hauptstadt Catanzaro, und das Herzogtum »Citra«: dessen Hauptstadt Cosenza ist unser Ziel.

Dreimal in der Woche wird die Stadt von der Postkutsche angesteuert, die dann von dort aus in fünf Tagen durch die Basilikata und via Bari nach Neapel fährt. Um neun Uhr morgens sollte sie Reggio verlassen; vor der Abfahrt warte-

60 Seit der Übernahme der Herzogtümer Apulien und Kalabrien 1127 durch Roger II. von Sizilien war der Titel eines Herzogs von Kalabrien oftmals der Titel des Thronfolgers. Diese Gewohnheit blieb das ganze Mittelalter hindurch erhalten.

ten der junge Kaufmann und sein Bruder, die beiden Gesandten des Cavaliere, bereits mit einem Fläschchen Bergamottöl und zwei von ihnen selbst verfassten Sonetten auf uns; sie bestanden darauf, zehn Meilen mit uns zu fahren; doch obwohl andere Passagiere anboten, auf dem Dach Platz zu nehmen, stellte sich heraus, dass es nur noch zwei freie Sitzplätze, die unsrigen, gab; so wurde der Kompromiss geschlossen, dass einige der jungen Mitreisenden die Sonette der Zurückbleibenden für uns lesen würden.

Dies geschah, lautstark begleitet vom Peitschenknallen der Postillione; und Mamma war boshaft genug, hinter vorgehaltener Hand zu lachen. Als Muse, der die Beweihräucherung galt, war ich geneigt, mich von dem Räucherwerk doch ein wenig blenden zu lassen und lauschte duldsam dem, was über Donna Emilia – entzückt darüber, ein geeignetes Objekt der Anbetung gefunden zu haben – gesungen wurde; ist keine passende Dame in der Nähe, so dient die steinerne Skylla der Inspiration. Wenn sie sich jedoch einem einfachen englischen Mädchen gegenüber zu solch poetischen Äußerungen hinreißen lassen, zu welchen Höhen wird eine unserer klassischen Schönheiten sie erst erheben? Weil es mir Vergnügen bereitete, ihre romaneske Aufregung zu beobachten, will ich damit zufrieden sein, die zweite Geige zu spielen, und gebe in der Zwischenzeit hier eines der Gedichte wieder, um zu zeigen, wozu das junge Italien fähig ist.

Sonett
Improvisation

Bella qual vaga mattutina aurora
  Che fiammeggia il suo crin d'oro gemmata,
  Pari a quel raggio ch'avido s'indora
  Sul mattin della stella innamorata.

M'apparisti o! Donzella; e la sonora
Tua voce al cor mi siese desiata.
Il candor, la beltate che t'infiora
Il viso mi ti reser più bramata.
La tua dimora invan sperai che breve
Non fusse per lenire il mesto core,
Che di te s'invaghi, spirito gentile.
Il dolor che mi stringe, unqua simile
Udirsi può; per tue virtù, l'amore
Mi rende il tuo partir e triste e greve.[61]

Beim ersten Halt in Villa San Giovanni wurden die jungen Enthusiasten zum Aussteigen gezwungen, um Platz für den Kurier zu machen, der dort – erschöpft von seiner langen Hinreise – zurückgeblieben war, um sich zu erholen, ehe er die Rückfahrt antreten würde, die ihn im besten Fall, wenn es die Straßenverhältnisse erlaubten, zehn Tage und Nächte lang durchschütteln würde; sollte dichter Schnee auf dem Bergzug um den Monte Cocuzzo und den Gran Sasso liegen, würde die Fahrt entschieden länger dauern. Ein bewaffneter Offizier stieg zu – ein Rapier wurde ins Innere der Kutsche gereicht, dann folgte sein Besitzer, in Uniform und mit Rangabzeichen; er wurde wie ein Gentleman empfangen,

61 Schöne, die am frühen Morgen umherschweift, / dessen Röte ihr goldenes Haar entflammt, / gleich jenem Strahl, der sich begierig / Morgens mit dem geliebten Stern vergoldet.
Du erschienst mir, oh, Maid; und nach dem Klang / deiner Stimme begehrt mein Herz. / Die Unschuld, die Schönheit, die dein Antlitz schmückt / Macht dich mir noch begehrenswerter. /
Vergebens hoffte ich, dein Aufenthalt würde nicht von so kurzer Dauer sein, / um mein wehmütiges Herz zu besänftigen, / das sich in dich verliebte, edle Seele. /
Der Schmerz, der mich bedrückt, / lässt sich überall vernehmen; deiner Tugenden wegen / macht die Liebe mir dein Scheiden trist und schwer.

und wie ein solcher verhielt er sich auch während der gesamten Reise, unsere Wünsche waren ihm Befehl; anstatt die Reiseroute durch die Postzustellung stören zu lassen, hielt er Kutsche, Pferde und Postillione gänzlich zu unserer Verfügung.

Er gab Order, an Plätzen anzuhalten, die sich als Motive für unsere Zeichnungen eigneten. Der erste Halt war an einem Ort mit Sicht auf Skylla, »Weiblicher Adler des Meeres«, mit ihrer nach vorn kragenden Spitze und den Schwingen aus wehrhaften Felsen. Ihre »Hunde«, deren schreckliches Bellen Homer beschreibt, sind nichts als kleine Klippen, die sanft im ruhigen Wasser baden – umgeben von spielenden Tümmlern, wo einst die tödlichen Sirenen sangen. Während ich zeichnete, trat aus einem der Gärten ein Herr, der mir ein Rosensträußchen reichte, und durch diese Geste kundtat, wie herrlich unbereist das Land sein muss, was sich durch das Fehlen jeglicher Bettler bestätigte. Die Schönheit der Panoramen nahm mit jedem Augenblick zu. Stromboli erhob sich wie eine Pyramide mit abgeschnittener Spitze; eine nach der anderen kamen die Äolen in Sicht; der Leuchtturm von Messina mit seinen beiden Seen am äußersten Ende Siziliens sah aus, als wolle er sich vorstrecken und die Küste unter uns berühren, so schmal ist die Meerenge. Zwei Arten von Maulbeerbäumen, die verschiedene Früchte trugen – die einen schwarze, die anderen weiße –, breiteten ihre schattenspendenden Arme aus; sie wechselten sich längs der Straße mit Weinstöcken ab, die an hochaufragenden Steinkolonnaden emporkletterten und so schwere Traubenrispen trugen, dass einige von ihnen durch darunter aufgestellte Korbgeflechte gestützt werden mussten; andere trockneten bereits zu Rosinen. Aus der Ferne näherte sich eine Gruppe von Bauern – auf ihren Schultern trugen sie ein kleines Mädchen in weißem Kleid, hingestreckt auf einer blumenbedeckten Bahre.

Die Städtchen Bagnara und Palmi waren unsere nächsten Haltepunkte; letztere verdankte ihren Namen den unzähligen Palmen, die rund um sie wachsen; und da die Bucht von Palmi »La Gioia« genannt wird, »die Freude«, erfreuen auch die Palmen durch entzückende Vielfalt; um ihre Freundlichkeit zu erwidern, haben die Bewohner ihnen zu Ehren ein Monument errichtet: das Wasser des Brunnens auf dem Marktplatz rinnt von den Blättern einer hochaufragenden, weißen Marmorpalme.

Der Tag leuchtete nun nicht mehr so wie zu der Stunde unseres Aufbruchs, »der Abend zieht bereits herauf«, bemerkte der Kurier – nie sind die Stunden so rasch verflogen! Er drängte uns, eine Erfrischung zu uns zu nehmen. Bei dem Direktor der örtlichen Poststation, an der wir hielten, handelte es sich um einen seiner Freunde, und er führte uns zu ihm hinauf. Wir wurden einem lebhaften älteren Herrn, seiner Frau und seiner Tochter vorgestellt, allesamt von liebenswürdiger Herzlichkeit. Die Bedienstete, die uns den Kaffee reichte, war gekleidet wie die Azucena aus dem »Troubadour«! »Lasst mich das nächste Mal rechtzeitig von Eurer Ankunft wissen, so dass ich Euch ein reiches Mahl bereiten lassen kann«, bat der Direktor, während die Damen uns küssten und die acht Pferde ungeduldig ihre mit leuchtend grünen Federn verzierten Mähnen schüttelten. Die vorige Kutsche war gegen eine solidere ausgetauscht worden; denn der Weg sollte weiter durch Hügelland führen. Wir erhielten das vordere Coupé mit einem Staukasten, der vom Wageninneren aus geöffnet werden konnte; das hintere Coupé war für den Kurier bestimmt. Vor uns erhob sich eine Anhöhe; wir warfen einen langen Blick auf die entschwindende Küste, sahen den letzten Zipfel Thrinakrias als winzigen Fuß im Meer und konnten die Insel auf landesübliche Weise grüßen, indem wir einen Kuss auf die Fingerspitzen der linken Hand drückten, diese dann sacht in die rechte Handfläche senkten, und den Kuss darauf zärtlich zum Land hinüberhauchten, das uns so lieb geworden war. Dann versank die Straße zwischen den Bergen, und alles überzog sich mit Dunkelheit.

»Lehnt Ihr Euch aus Furcht aus dem Wagen, Signora?« »Nein, Don Raffaele, um die ganze Erhabenheit der Stunde zu genießen.« »So lange ich mein Schwert besitze, braucht Ihr nicht das Schicksal jener jungen Lady zu fürchten, die man vor einigen Jahren aus einer Reisekutsche gezerrt hat, nachdem man Vater und zwei Brüdern Hände und Füße gebunden hatte; seitdem fehlt von ihr jede Spur.«

Es war Zeit, dass der Mond sich zeigte; hinter Monteleone stieg er empor und beschien die heitere Küste von Pizzo, wo einst Murat gelandet war, in dem Versuch, das Königreich nach Napoleons erster Niederlage zurückzugewinnen; es endete jedoch mit seiner Hinrichtung.[62] Es heißt, es gäbe eine Partei zur Unterstützung seines Sohnes, gebildet vor allem aus Emigranten, die jeden anderen besser finden als den jetzigen Herrscher; doch jene, die den Sohn aufgesucht haben, und mit ihm sprechen konnten, werden ihn gewiss nicht einem Mann vorziehen, der zumindest eine gewisse Erziehung genossen hat. Nein! Italien ist einer gebildeteren Schicht von Herrschern wert. Der Weg wurde immer dunkler, und wir konnten uns des Schlafes nicht erwehren.

Der Morgen zog auf und erleuchtete die Straße, die zwischen zwei Meeren zu schweben schien. Hier entzieht Kalabrien seine Länder dem Zugriff des Ionischen Meeres auf der einen, des Tyrrhenischen Meeres auf der anderen Seite, bis es

62 Joachim Murat (1767–1815) hatte als Offizier im Dienst Napoleons Karriere gemacht und war von 1808 bis 1815 als Gioacchino I. König von Neapel. Er schloss sich 1813 den antinapoleonischen Verbündeten an, als sich die Niederlage Napoleons abzuzeichnen begann, kehrte jedoch im Zuge der Herrschaft der Hundert Tage wieder an dessen Seite zurück und unternahm den vergeblichen Versuch, sein Königreich zurückzuerobern. König Ferdinand I. ließ ihn 1815 im kalabrischen Pizzo standrechtlich erschießen.

wie eine hochaufragende Brücke zwischen beiden zu liegen scheint. Beide Meere wurden von einem Regenbogen überspannt; das edle Land türmte sich zu wildester Natur auf, alles ringsum war prächtig – bis auf die Kreuze, die auf dem Weg wie Pestbeulen hervorstachen und Mordtaten anzeigten. Die kleinen Kruzifixe standen so dicht hintereinander wie Meilensteine, dort, wo ein Dolch in das Herz eines anderen gestoßen worden war, meist in plötzlicher Wut, obwohl auch die Rache ihren blutigen Anteil einklagt. In diesem Land der aufwallenden Gefühle sind Liebe und Hass einander zum Fürchten nah.

Ein Dorf erhebt sich auf einem der hohen Gipfel, wo früher eine alte Stadt in Form eines Amphitheaters gestanden haben soll. Tiriolo ist sein Name. Zwei reizende Signore de Rosas versorgten uns mit einem Frühstück, sie selbst so romantisch wie der Blick, der sich ihren schönen Augen über unsere Schultern hinweg durch den Säulengang hindurch auftat. Der Tee wurde in klassisch geformten Kannen aufgegossen, die Milch aus einem etruskischen Kännchen serviert; die frischen Eier waren sorgfältig in Servietten gewickelt, ihr eines Ende schaute heraus, um aufgeschlagen und mit feinstem Weißbrot verspeist zu werden. Die Damen hatten noch nie einen aufgegossenen Souchong-Tee gekostet, und es tut mir leid, dass sie den ersten Schluck ausspuckten. Sie waren jedoch bester Laune, glücklich über das Abenteuer, und besaßen genug Geistesgegenwart, Hof zu halten. Wie viele andere Dörfer besitzt Tiriolo kein Gasthaus; doch gibt es in diesem Land noch Beispiele jener alten Tugend, der Gastfreundschaft, die an manch anderen Orten schon einen fast fossilen Zustand erreicht hat.

An der folgenden Poststation verlangte ein dicker Polizeikommissar einen Platz bis zur nächsten Stadt, wo er ein Verbrechen oder ähnliches zu verfolgen hatte; und da ihn der Kurier nicht mit seinen verehrten Gästen allein im Wagen lassen wollte – denn jener Mann, wie er uns im Vertrauen sagte, verlangte Bestechungsgeld –, war Don Raffaele durch schriftliche Order gezwungen, seinen Platz mit dem Kurier zu tauschen. Wir waren nicht glücklich darüber, unseren Beschützer mit seinem Karabiner auf das Dach der Kutsche umziehen zu sehen, doch er erwiderte uns lachend, »es mache keinen Unterschied für unsere Sicherheit, denn wenn Banditen auftauchten, würde der Bewacher sowieso als erster die Flucht ergreifen, nachdem er wild in die Luft gefeuert hätte«. Einige Meilen weiter zweigte eine schöne Nebenstraße nach Catanzaro ab, der zweiten Hauptstadt, wo die Bewohner erst vor einem Monat an einem belebten Markttag durch Schüsse aus Musketen aufgeschreckt worden waren; Tag und Zeitpunkt sollten der Abschreckung dienen: vor aller Augen wurden auf der Piazza vierzehn Banditen hingerichtet.

Der Tag war sehr schön, und da wir unbedingt draußen sitzen wollten, überließen wir dem alten Magistrat unsere Plätze im Wagen zu einem Schläfchen, was er uns ergeben dankte; er schenkte uns auch ein Gewürz aus der Region, verpackt in eine zarte weiße Haut, dasselbe Material, das der Kurier zum Frischhalten seines Proviants, vor allem der Butter, verwendete; wir hätten darin auch die guten Kapaune verpacken sollen, die wir aus Reggio mitgenommen hatten. Unser neuer Freund zeigte uns auch, wie man die Hände auf der Reise sauber und frisch hält, indem man sie mit Zitrone abreibt.

Die Städte in Kalabrien machen, selbst wenn sie aus Stein gebaut sind, einen bemitleidenswerten Eindruck. Die Erdbeben haben zu einem nachlässigen Baustil geführt; im Inneren der Gebäude befinden sich Gerüste, die – wenn sie entfernt werden – Löcher in Wänden und Mauern hinterlassen; in den Innenräumen werden diese mit Papier zugestopft und überstrichen, doch niemand macht sich auf solch launischem Untergrund die Mühe, auf solche Weise auch das Erscheinungsbild der Außenmauern zu verbessern. Die Gebäude scheinen daher von Kugeln durchlöchert und stehen traurig da wie alte, angeschlagene Festungen. Doch gibt es in den Straßen ein Spektakel, das für all die anderen Unzulänglichkeiten entschädigt: die Männer und Frauen in ihrer typischen Tracht. Die Frauen mit ihren schönen, weißen, quadratisch zulaufenden Kopfbedeckungen, die ihnen über den Nacken fallen; Samtwesten über roten Unterröcken, mit farbigen Kordeln geschnürt und verbrämt, bedecken die stattliche Figur; über ihren Schultern liegen wollene, leuchtend orangefarbene gestreifte Tücher. Jene, die zur Messe oder zu einer Taufe gehen, sind mit goldenem Zierrat geschmückt; Trauernde tragen Kopfbedeckungen aus durchscheinendem Schwarz, auf die gleiche Weise zum Quadrat gefaltet wie die weißen Hauben. Frauen, die wir zur Feldarbeit gehen sahen, trugen lange, eng anliegende Unterkleider, darüber ein blauer, vorn offenstehender Rock, der nach Belieben im Rücken geknotet werden kann; die Strümpfe reichten nur bis zu den Fesseln, und Schuhe waren sehr selten. Die Männer machten allesamt den Anschein von Banditen: auf dem Kopf eines jeden thronte – geschmückt mit Samtgirlanden, deren eines Ende zur Schleife gebunden herabhing – der spitze Hut, der eine so wichtige Rolle in der Porträtmalerei der Romantik spielt; ihre Jacken, Gamaschen und Ziegenledersandalen waren von feinstem Banditenschnitt; die Dandys gaben sich durch leuchtend bunte, mit farbenprächtigen Borten und Knöpfen versehene Westen zu erkennen. Nicht der ein oder andere war auf diese Art gekleidet, sondern ausnahmslos alle: Kalabresen in Vollendung.

Das Land zog sich wunderschön dahin, hügelig und dicht bewaldet. Jene, die glauben, in Italien würden keine Laubbäume wachsen, sollten sich einmal die dicken Stämme der Eichen und Ulmen ansehen; sie werden sich wünschen, im Frühjahr wiederzukommen und im Schatten ihrer Blätter auszuruhen. Selbst der Olivenbaum, der den meisten als »verkrüppelt« gilt, schwenkte seine unbeschnittenen Äste so anmutig wie die Buche. Herrschaftliche Wagen mit breiten Rädern, die den Eindruck erweckten, als könnten sie nur von einem Gespann fortbewegt werden, wurden von Tieren gezogen, die mit mehr Dekorationen übersät waren, als irgendein alter Feldmarschall. Hecken aus Aloe, dick wie die Kakteen in Sizilien, begrenzten die Besitzungen – stachelige Spanische Reiter, an die kein pflichtvergessener Junge geraten sollte, außer er landete auf einer ihrer Blüten, die in diesem Land alle sechs oder sieben Jahre zum Vorschein kommen und Botaniker in Ekstase versetzen müssen.

Viel zu zeitig wurde es Nacht; um ein Uhr früh kam eine mit Zinnen bewehrte Festung in Sicht; sie stand auf einem hohen Hügel, der die Stadt überragte, die sich unter ihm auf einigen flacheren Hügeln erstreckte. Bald verkündete ein gewaltiges Holpern über eine mit scheußlichen Steinen gepflasterte Straße, ganz anders als die gute, angenehm zu befahrende *Strada Consularia*, wie man eine Römerstraße hier noch immer nennt, dass wir in Cosenza eingetroffen waren.

Auch hier, wie in allen anderen Poststationen, die man nach Einbruch der Dunkelheit erreicht, waren die Bediensteten zu Bett gegangen; es würde eine halbe Stunde dauern, ihnen zu Bewusstsein zu bringen, dass die königliche Post angekommen war! Don Raffaele ließ uns nicht eher aussteigen, als bis er ein den Reisenden angemessenes Gasthaus gefunden hatte. Er blieb lange Zeit fort, und der mächtige Magistrat versorgte uns mit Kaffee, um unsere Augen offen zu halten. Schließlich kehrte er zurück, nachdem er an den Fenstern dreier Gasthöfe von verschiedenen schlaftrunkenen Menschen die Auskunft erhalten hatte, dass alles belegt sei, wobei, wie er bemerkte, es sich um pure Faulheit handelte. Beim vierten Gasthaus verhielt er so lange, bis man einen leeren Raum ein wenig hergerichtet hatte. Er ließ den Postillion bis vor die Tür fahren und als er feststellte, dass alles recht heruntergekommen aussah, breitete er seinen Umhang auf dem Boden aus und sagte: »So gibt es zumindest einen Teppich« – womit bewiesen war, dass die Walter Raleighs nicht ausgestorben sind.[63] Dann setzte er seine Reise nach Neapel fort; und da eine Fahrt von vierzig Stunden uns das Bedürfnis nach Luxus ausgetrieben hatte, schliefen wir sogleich tief in den sehr sauberen Betten ein.

63 Der englische Seefahrer, Entdecker, Spion, Politiker und Schriftsteller Walter Raleigh (1552/54–1618) war ein Günstling von Elisabeth I., die ihn 1585 in den Ritterstand erhob.

Kapitel XXI

Cosenza

Das Grab von Alarich – Die Aufbahrung –
Anbetung der Heiligen Drei Könige – Der Schweinemarkt –
Respektable junge Händler – Szenen für Künstler – Helden –
Ein Geschenk – Donna Bella – Eine Seidenmanufaktur –
Geschichten von Jesuiten und Ministern – Gefangene –
Die ergreifende Oper – Englands Selbstbildnis als Nation –
Selbstlose Gastwirte – Unsere private Equipage

Worauf, glaubt ihr, Leser, blickten wir, als wir aus unserem Fenster schauten? Auf die Grabstätte von Alarich!

Direkt vor unserem Haus trafen sich Busento und Crati, die beiden Flüsse, deren Lauf so lange umgeleitet wurde, bis der Erste der Goten in ihrem Bett begraben worden war.[64]

Zum Frühstück versorgte uns die freundlichste aller Wirtinnen mit gutem Kaffee und verschiedenen traditionellen Köstlichkeiten; *Provola*: warme Büffelmilch, dick wie geron-

---

64 Jordanes, ein Historiker aus dem 6. Jahrhundert, hat die Bestattung des Alarich (ca. 370–410) – der erste nachweisbare Anführer der »Westgoten« und nach 800 Jahren der erste Heerführer, der Rom plünderte – überliefert. Danach sollen die Goten den kleinen Fluss Busento umgeleitet und ein Grab im Flussbett ausgehoben haben. In diesem Grab bestatteten sie Alarich zusammen mit den in Rom geraubten Schätzen. Anschließend lenkten sie den Fluss zurück in sein ursprüngliches Bett – das Grab blieb unter den Wasserfluten verborgen.

nene Sahne, mit Eiern serviert; *Muzzarelli* oder teiggefüllte Säckchen, mit Pfeffer gegrillt, die zu großartigen kleinen »Teufeleien« werden; und *Caccia cavallo*, der für die Region typische Ziegenkäse. Unsere Wäsche wies gelbe Flecken von Bergamottöl auf: drei der vier Parfümfläschchen waren zerbrochen, und die Wirtin machte sich sogleich daran, sie herauszuwaschen, wobei sie bemerkte: »Fragt nur, wenn Ihr etwas braucht, wir stehen bereit.« Wir zögerten nicht, dieses Angebot anzunehmen, und beauftragten das Mädchen, den Ziegelboden zu scheuern, was, wie sie gestand, zum ersten Mal geschah; normalerweise wird mit einem Bund aus Fuchsschwänzen gefegt; die Füchse selbst landen vermutlich auf dem Tisch.

Petruccio, der junge Bedienstete, brachte unser Empfehlungsschreiben zu der Besitzerin einer Seidenmanufaktur. Er kehrte bald zurück und teilte mit, dass er wegen des Dreikönigsfestes niemanden angetroffen habe. Die Dame sandte kurz darauf jedoch ihren Verwalter, um sich nach uns zu erkundigen und ausrichten zu lassen, dass sie sich nicht sogleich selbst mit uns in Verbindung setzen könne, da ihr Onkel, der Generalsekretär der Provinz, am Vortag gestorben sei; sollten wir zur Kirche gehen, so könnten wir ihn dort aufgebahrt sehen. Unter wehenden Bannern zog im selben Moment eine prunkvolle Prozession vorüber, begleitet von Vertretern aus Bürgertum und Militär. Beim Eintritt in das Gotteshaus, wohin wir ihnen folgten, standen sie, einer neben dem anderen aufgereiht, mit einer Fackel in Händen um den goldgeschmückten Katafalk, auf dem ihr früherer Amtsbruder in Uniform aufgebahrt lag, und die heilige Begräbnismesse begann. An deren Ende wurde eine Totenrede von dem jungen Mann gehalten, der uns aufgesucht hatte; er sprach in Vertretung seines Patrons, des Ehemanns der Dame, der sich als politischer Gefangener auf Procida in Haft befand.

In einem abgeschiedenen Winkel der Kirche stand ein mit Messingnägeln versehenes Gehäuse, in dem der verstorbene Sekretär gegen Abend von Mönchen zu seiner Gruft getragen werden sollte, gefolgt von seinen ehemaligen Bediensteten, die den Schlüssel an sich nehmen würden.

Die anderen Kirchen waren voller Menschen in Anbetung der Heiligen Drei Könige – was bei der prächtigen Kleidung und Ausstattung der Orientalischen Hoheiten nicht verwunderte. An einer unübersehbaren Stelle des heiligen Gebäudes hatte man Erde aufgeschüttet, um eine natürliche Hügellandschaft nachzubilden, bedeckt mit Bäumen und von Pfaden durchzogen, auf denen winzige Figuren – Männer, Frauen und Kinder – auf dem Weg zu einer Wiese waren, auf der Kühe grasten; dort lag ein Kind in den Armen einer jungen, mit einem feinen Diadem gekrönten Frau, die neben einer Krippe stand. Sie nahm die Huldigungen dreier mächtiger Potentaten entgegen, deren Gefolgsleute mit Geschenken beladen waren. Das Ganze war ebenso merkwürdig wie schön; *Presepi* werden diese Krippen genannt, sie erinnerten an kirchliche Dreikönigskuchen, eine geschmackvoller als die andere. Eine bestand zur Gänze aus verschiedenfarbig gebranntem Ton, obenauf ein Schloss, vor dem eine blumenverzierte Quelle sprudelte, im Hintergrund ein Gewimmel von Ziegen, Hühnern und kleinen Enten. Ein Pfad führte zur Geburtsgrotte hinab; auf halbem Weg lud eine *Trattoria* die Pilger – darunter ein spanischer König mit Sporen und Halskrause und verschiedene schöne, goldgekleidete Damen – zu einem erfrischenden Aufenthalt ein. Diese Assemblage, bei Nacht von unzähligen Lichtern beleuchtet, entzückte die Leute.

Am nächsten Morgen wurden wir vor Tagesanbruch von einem furchterregenden Quieken unter unserem Fenster geweckt. Ein Schweinemarkt über Alarichs Grab! Beide Flüsse hatten in der letzten Zeit nicht viel Wasser geführt, so dass eine Sandbank zwischen ihnen entstanden war, auf der nun eine unermessliche Zahl jener fast schwarzen Tiere verkauft wurde. Die Wirtin deutete durch die halbgeöffnete Tür auf drei respektable junge Schweinehändler, die die Treppe hinaufstiegen, und sagte geheimnisvoll »ricchi, ricchissimi«; ihre prächtigen Uhrketten mochten durchaus eine Vorstellung von ihrem Reichtum vermitteln – ihre Kleidung und die rosigen Wangen blieben jedoch die von Bauern.

Durch den Schweinemarkt und einen weiteren Jahrmarkt für Flitter und Schmuck, der in Anlehnung an die Epiphanie »Befana« genannt wird – er findet stets zum Dreikönigsfest statt, um den Leuten Gelegenheit zu geben, sich für den Karneval herauszuputzen –, war die Stadt so voll, wie sie es nur zu sein vermochte. Die meisten Männer gaben sich nicht mit einem ihrer kegelförmigen Hüte zufrieden, es mussten mindestens zwei sein, ein neuer und ein alter, der ihren Kopf nach Wetterlage und Gesellschaft zierte; ein Regenschauer brachte den alten zum Vorschein, blauer Himmel oder ein hübsches Mädchen: rasch wurde der neue Hut aufgesetzt. Die Frauen standen ihnen in ihrem Erfindungsreichtum nicht nach: der Erwerb einer leuchtendbunten Schürze wurde dadurch bewiesen, dass sie sogleich über der anderen Kleidung Platz fand! Unser Stil sorgte allerdings gleichermaßen für Erstaunen; wo wir erschienen, wurde jegliches Treiben eingestellt; die Stadtwache versuchte hitzig angestrengt, uns vor Nachstellungen zu bewahren, und appellierte an die Höflichkeit der Menge: »Lasst die Damen nicht glauben, sie wären in Afrika!« – nie jedoch hatten wir eine weniger wüstenähnliche Szene erlebt. Der Eingang zu unserer Herberge führte durch den Pferdestall und öffnete sich auf ein Bild, das einen Künstler vor Freude hätte verrückt werden lassen: der tiefdunkle, sienarote Hintergrund – das ganze Haus war in diesem Ton gestrichen – brachte die ebenso lebhaften wie stattlichen Ansammlungen von Tieren in purer Harmonie zur Geltung; sie teilten sich, um uns passieren zu lassen, und wer könnte all die Pfützen auf den Stufen zählen und all die Klappen, durch die sie an die Krippen gelangten?

Später am Abend ging ich hinaus, um Petruccio zu rufen, und verlor mich in den langen Gängen, bis sich mir ein unvergleichlicher Anblick bot: das ganze Haus war unterhöhlt und ruhte auf unzähligen Bögen, unter denen jeweils ein Bauer schlief, zusammen mit seinem Pferd! Im dämmrigen Licht erschienen sie wie tote Helden in Erwartung ihres Rufes nach Walhall. Ich lief erschreckt davon und stieß mit einem Jungen zusammen, der eine riesige Schale mit Rahm trug, bestreut mit winzigen, regenbogenfarbenen Zuckerpflaumen: ein Geschenk unserer unsichtbaren Dame, die kurz darauf jedoch persönlich erschien und ebenso entzückend war wie ihre Gabe – ich werde sie Donna Bella nennen.

Sie lud uns ein, am nächsten Tag die Seidenmanufaktur zu besuchen. Dort sind in der Saison, die gerade vorüber war, etwa hundert hydraulisch betriebene Webstühle im Einsatz, angefertigt in Neapel von englischen Handwerkern. Viele Jahre hindurch hatte sie einen englischen Betriebsverwalter, von dem jeder nur als »armer Tom Vilkins« sprach. Er war beim Untergang der »Ercolano« im Mittelmeer ertrunken. Die Dauer der Gefängnisstrafe von Donna Bellas Mann, ursprünglich festgesetzt auf fünfundzwanzig Jahre in Ketten wegen seiner Beteiligung an der jüngsten Revolution, war auf einige Monate Isolierungshaft verkürzt worden, und man erwartete seine Rückkehr sehnsuchtsvoll und ungeduldig.

Cosenza ist eine Stadt, die sich nach Freiheit und Fortschritt sehnt und aus diesem Grund mit strengen Mitteln unterdrückt wird; es findet sich kaum eine Familie, von der nicht eines ihrer Mitglieder im Gefängnis sitzt; den jungen Männern ist es verboten zu reisen, oder ihre Talente anderswo zur Anwendung zu bringen; sie müssen in ihrer Stadt die Ausbildung machen, sie müssen dort auch ihrem Beruf nachgehen; und wenn man bedenkt, dass zum Beispiel im Justizwesen die Gehälter der Richter nicht mehr als fünfzig Pfund im Jahr betragen, wie wenig Anreiz wird dann erst eine Stellung als niederer Justizbeamter bieten. Die Regierung scheint es darauf angelegt zu haben, die Leute zum Annehmen von Bestechungsgeldern zu verleiten, wenn sie jene Männer, die über Sachverhalte zu entscheiden haben, bei denen es um Millionen geht, mit einem Hungerlohn abspeist; und die Öffentlichkeit scheint man zur Unterstützung ihrer Bediensteten zu zwingen, da Armee und Kirche den gesamten Staatsetat verschlingen. Die unverblümte Art, mit der man uns in der Oper auf die rechtschaffenen und die bestechlichen Richter aufmerksam machte, belustigte uns nicht wenig; obwohl ich froh bin, sagen zu können, dass letztere in der Minderzahl waren.

Mit seinen einfachen Gepflogenheiten und bescheidenen Honoraren kommt Kalabrien gar nicht in Versuchung, ein verschwenderisches Leben zu führen. Das Land selbst ist jedoch sehr produktiv; einige Landbesitzer erwirtschaften ein Einkommen von 12.000 Lire pro Jahr und erhalten von ihren Pächtern noch dazu Abgaben in Form von Naturalien. Die Jesuiten setzten alles daran, sich die Seelen derer, die einen solchen Reichtum besitzen, untertan zu machen, und richten als Spione in den Provinzen unfassbaren Schaden an; ihr Einfluss in den Hauptverwaltungen ist nahezu unbegrenzt. Die Stadt gab jüngst 50.000 Dukaten für den Bau eines sehr schönen Theaters aus. Die Bruderschaft, neidisch, so viel Geld für etwas anderes als ihre Kirche verwendet zu sehen, gab kurz vor Fertigstellung des Gebäudes vor, entdeckt zu haben, dass eine antike Kapelle ihres Ordens einst auf ebenjenem und aus diesem Grund geweihten Boden gestanden habe – er dürfe daher keinem anderen Zweck dienen. *Aus Neapel kam die Order, das neue Theater abzureißen und den Jesuiten das Land zurückzugeben.*

Der nächste Angriff galt einer Dame, deren Mann ihr vor seinem Tod sein gesamtes Vermögen vermacht hatte. Man stellte sein Testament als Fälschung dar; als sie dagegen vorging und vor dem örtlichen Gericht Recht bekam, ließ man das Verfahren nach Neapel verlegen. Dort sagte der Anwalt der Dame, dass der Prozess verloren sei, wenn sie nicht einen letzten Versuch wagte. Er füllte einen Umschlag mit Banknoten im Wert von 15.000 Dukaten, bat um eine Unterredung mit dem Justizminister und legte ihm den Umschlag mit den Worten »Hier sind die Argumente zugunsten meiner Mandantin« auf den Tisch; dann machte er sich rasch davon. Der Minister ergriff den Umschlag, entdeckte, was darinnen war, rief »Fort damit! Ich werde keinen Blick darauf werfen!« und lief ihm hinterher – doch der Anwalt war bereits verschwunden, und der Minister hatte Zeit zum Nachdenken. »Recht betrachtet«, überlegte er, »ist die Dame die Verfolgte«; dann schrieb er einige Zeilen an den Richter: »Ich werde Euch meinem Freund, dem Marchese, vorstellen … und Ihr seht zu, dass die Dame zu ihrem Recht kommt.« Der Fall wurde zu ihren Gunsten entschieden.

Die Minister erhalten im Jahr tausend Dukaten, leben jedoch von fünf bis zehntausend, ganz offen und unter den Augen des Königs. Auch Begnadigungen bieten eine nicht unbedeutende Einkommensquelle. Nur ein Beispiel: Ein Mann wird lebenslang auf die Galeeren verbannt; er besitzt jedoch mächtige Freunde, die es verstehen, die Dinge zu regeln; sie gewinnen den Minister oder eine dem König nahestehende Person; und wenn Seine Majestät guter Laune ist oder sich eine günstige Gelegenheit ergibt, erwirken einige taktvoll gesprochene Worte die Begnadigung oder zumindest eine Milderung der Strafe. Die Lage politischer Gefangener ohne derartige Freunde ist von unvorstellbarem Elend. Wer nicht in Ketten Schwerstarbeit leisten muss, liegt fiebernd in schwärzester Dunkelheit und Schmutz; Nahrungsmittel, die er von außen erhält, werden von den Bajonetten der Soldaten durchstochen und verdorben. Ich könnte endlose Dinge vortragen, die mir von den Opfern selbst erzählt wurden, möchte jedoch kein weiteres Unheil über die Unglücklichen bringen, und werde daher nur anfügen, dass sie mir versicherten, Mr. Gladstones[65] Pamphlet über die Zustände in den Gefängnissen von Neapel entspreche der Wirklichkeit; sie wunderten sich nur über die Auswüchse des Parteigeistes im weisen England, der jedem erlaube, solch eine offenkundige Wahrheit zu bestreiten.

Ein wichtiges Gesprächsthema in Cosenza war das große Erdbeben[66], das die benachbarten Provinzen verwüstet und die eigenen Gebäude bedenklich erschüttert hatte; die Kirchen und zahlreiche der Häuser, die nicht schon über einen Erdbebenschutz verfügten, wurden von außen durch Gerüste abgestützt. Die Festung war vor zwei oder drei Jahren teilweise eingestürzt und hatte die dort einquartierten Truppen unter ihren Trümmern begraben.

Donna Bella und ihre Tochter, Donna Bellina, ein entzückendes Beispiel kalabrischer Weiblichkeit wahrhaft römischer Prägung, ließen uns durch eine Anzahl von laternenbewehrten Herren zur Oper abholen. Die Sänger mussten sich mit den Pferden das Zirkusrund teilen; an dessen einem Ende war eine bewegliche Bühne eingerichtet; die Tiere befanden sich zu einer Kavalkade in einer der Nachbarstädte.

---

65 William Ewart Gladstone (1809–1898) war viermaliger britischer Premierminister und als bedeutender Vertreter des Liberalismus über 60 Jahre in der Politik tätig. Außenpolitisch setzte er sich für die Bildung eines italienischen Nationalstaates ein. Zwischen Herbst 1850 und Winter 1851 hielt er sich in Neapel auf und verfasste zwei Berichte über die Zustände in den dortigen Gefängnissen, was europaweit großes Echo hervorrief.

66 Es handelt sich vermutlich um das Erdbeben vom 16. Dezember 1857 in der Basilikata, dem mehr als 10.000 Menschen zum Opfer gefallen waren.

Wieder sahen wir den »Troubadour«, der festen Besitz von den Gefühlen der Menschen ergriffen zu haben scheint; in der wunderbaren Aufführung im Herzen der Hügel war er unwiderstehlich und ergreifend. Die Zigeunerin brauchte keine Maske; in der Szene, wo man das Feuer schürt, in dem sie verbrannt werden soll, wurden die Flammen von gewaltigen, an Ketten befestigten Blasebälgen entfacht, wie sie in der Schmiede benutzt werden; es schien, als hätte man sie direkt vom Schloss von Otranto entliehen.[67] Das Publikum kannte jedes Wort auswendig und konnte nicht an sich halten, mitzusummen, stets kurz davor, lauthals in den Gesang des Chores einzustimmen. Die Eifersucht im Theater hat auch vor Cosenza nicht Halt gemacht; keine der beiden Sängerinnen würde sich je dazu herablassen, anders als »Prima Donna« genannt zu werden, obwohl beider Benehmen so niveaulos ist, dass sie bei Serenaden- oder Benefizabenden persönlich durch die Zuschauerreihen gehen, um Geld zu sammeln.

Als wir die Oper verließen, wurde Donna Bella von verschiedenen Menschen gebeten, uns ihnen vorzustellen; in Kalabrien gibt es einen regelrechten Wahn für England; unser Land erscheint den Kalabresen wie ein schönes Trugbild der Glückseligkeit, jenseits eines entlegenen Meeres, von einem Engel beschützt. Es heißt sogar: »Ihr braucht die Madonna nicht, ihr habt ja die Königin!«

Es tat uns leid, diese schlichte kleine Stadt, wo selbst die Gastwirte Selbstlosigkeit bewiesen, verlassen zu müssen. Als wir um die Rechnung baten, gaben sie vor, unsere Worte überhört zu haben; dann wollten sie keinen Preis nennen, sondern sagten, sie wären mit allem zufrieden, was immer wir auch geben würden: »Es hat uns eine große Freude be-

67 »Das Schloss von Otranto« ist ein 1764 verfasster Roman des britischen Politikers und Schriftstellers Horace Walpole, der damit die Gattung der »Gothic Novel«, des Schauerromans, begründete.

reitet, Fremde zu empfangen.« Dies war nicht einfach so dahingesagt. Nachdem wir uns mit unserer Freundin beraten hatten, zahlten wir die von ihr vorgeschlagene Summe, was solch ein Entzücken auslöste, dass unsere Hände und Kleider mit Küssen bedeckt wurden.

Der Wagen, der uns nach Paola bringen sollte, war dieses außergewöhnlichen Ortes wert; seit Jahrhunderten hat man in unserem Teil der Welt nichts vergleichbares mehr gesehen; zwei oder drei ähnliche Karossen finden sich vielleicht auf Gemälden von althergebrachten Prozessionen, die in Hampton Court hängen. Eine Trittleiter führte zu einer geschlossenen, von einer Messingschicht überzogenen Kalesche, getäfelt mit Bildern mythologischer Gestalten; vorn spannte sich eine gewaltige Haube zum Schutz des Kutschbocks, und vier muntere Pferde mit geflochtenen Mähnen und Schweifen zogen im Gespann. Als diese Equipage mit bewaffneter Garde, drei an sie geklammerten Jungen und zwei Kutschern zur Herberge emporholperte, entstand eine gewaltige Aufregung. Da die vier Tiere sich nicht gleichzeitig um die Kurve zwängen konnten, wurden zwei von ihnen vor der Abfahrt aus- und erst auf gerader Strecke wieder eingespannt, so dass wir die Hauptstraße zum Schrecken der Lämmer und Ziegen, die vor den Häusern angebunden waren, im Galopp durchfuhren. Wie üblich wurden wir auf dem ersten Stück des Weges von einigen Herren begleitet, die uns sodann der Obhut der »Stadtwachen« anvertrauten, die den anderen Bauern bis aufs Haar glichen, durch die mitgeführte Waffe jedoch den Anschein von Banditen erweckten.

Das Korps der »Stadtwache« besteht zum Teil aus Bewohnern des Umlands, die verpflichtet sind, abwechselnd den Wachdienst zu versehen; sie können wahrhaftig als »Dörfler in Uniform« bezeichnet werden. Sind sie außer Dienst, so besteht ihre hauptsächliche Beschäftigung darin, reiche Landbesitzer zu entführen und sie so lange in den Bergen festzuhalten, bis das von ihnen geforderte Lösegeld gezahlt wird – ein mittelalterliches Erpressungssystem. Wir beobachteten, wie ein Herr in Begleitung von vier bis an die Zähne bewaffneten Bediensteten davonritt und waren überzeugt, sein Weg führe ihn mindestens bis nach Neapel. Aber nein, sein Haus lag nur fünfzehn Meilen entfernt, er konnte es jedoch mit weniger Beschützern nicht sicher erreichen. Es gibt wenige organisierte Räuberbanden, die Bauern handeln aus Not; sind sie jedoch in Uniform, so kann man ihnen vorbehaltlos trauen.

In einem kalabrischen Gesicht ereignet sich ein solch vielfältiges Mienenspiel, dass man ihm alles, was gedacht wird, ablesen kann; jeder Argwohn ist daher unnötig. Die Kalabresen sind die hübschesten Menschen, denen wir begegnet sind; die Kälte ihrer Winter verleiht ihnen eine fast schon englische Frische. Das Land ist genau das Richtige für abenteuerlustige Reisende, gewürzt mit einem Anflug von Gefahr, gerade genug, um eine romantische Stimmung zu erzeugen. Zudem läuft man keine Gefahr, in einem kleinen Schaufenster eine schön gedruckte Karte mit der Aufschrift »Mein Zuhause« zu finden, wie wir sie in einem abgeschiedenen Schweizer Dorf entdeckten.

Kapitel XXII

Paola

Die Verfolgung der Waldenser – Schnee –
Eine Nacht mit Federvieh – Neugierige Blicke –
Die Hügel der Räuber – Die Geschichte des Turmes –
Das Sanktuarium des Heiligen Franziskus von Paola –
Die Kapellen seiner Wunder – Ein neuer Freund –
Eine entsetzliche Geschichte – Die Mönche –
Schlechte Sitten – Aufbruch

Die Entfernung nach Paola beträgt einundzwanzig Meilen; dreimal in der Woche verkehrt von Cosenza aus ein öffentlicher Wagen. Unser Weg verlief zunächst durch hohe, moosbedeckte Kastanienwälder, dann führte er einen Hügel hinab, wo die Waldenser während ihrer Verfolgung im dreizehnten Jahrhundert Zuflucht gesucht hatten. Teile der Bevölkerung, die protestantisch geworden waren, wurden durch Schwert und Feuer ausgelöscht; bis zu diesem Tag ist es niemandem gestattet, einem anderen als dem römisch-katholischen Glauben anzugehören.[68] Die Straße zog sich zwölf

68 Die vor allem in Italien, Süddeutschland und Südamerika verbreitete Kirche der Waldenser wurde Ende des 12. Jahrhunderts durch den Lyoner Kaufmann Petrus Valdes gegründet. Während des Mittelalters wurden die Waldenser, die der im 16. Jahrhundert wirkende Theologe Matthias Flacius Illyricus als »Protestanten vor der Reformation« bezeichnete, als Häretiker durch die Inquisition verfolgt.

Meilen lang bergab, und das Hinabtrotten muss die stämmigen Pferde furchtbar erschöpft haben; die Kutsche lag auf hohen Rädern und sah aus wie eine alte Matrone unter einer monströsen Haube, die über sie den Kopf schüttelt.

Der Schnee begann zu unpassender Zeit zu fallen; Paola hätte keiner solchen Verstärkung seines Elends bedurft; die Flocken fielen auf eine Totenbahre, die unseren Weg kreuzte, und verliehen der Gewohnheit, dem unbedeckten Toten das letzte Geleit zu geben, einen gespenstischen Zug. Die Reihe der schwankenden Häuser, die sogenannte Straße, war durch den Leichenzug zum Teil versperrt; die Trauernden trugen spitz zulaufende Masken mit Löchern für die Augen, und da sie einem Kinderleichnam folgten, waren sie in weiße, mit blauen Borten gefasste Gewänder gehüllt; darüber hatten sie des Wetters wegen eine Art von »Polizisten«-Cape geworfen und die Köpfe zum Schutz mit grotesk geschnittenen, und weit ausladenden Mützen bedeckt. Wir folgten langsam; ihre Fackeln leuchteten uns auf dem Weg zum besten Gasthaus, das einen sehr sizilianischen Eindruck machte; leider war es bereits überfüllt. Es gab noch ein anderes, das uns jedoch nur Tür an Tür mit dem Federvieh beherbergen konnte; es existierte nur eine dünne Absperrung zwischen ihnen und dem Kopfende unseres Schlafplatzes. Das Gackern, das am Morgen ausbrach, hätte den Geist Hamlets und eines jedes anderen auf ewig in die Flucht geschlagen!

Die Türen waren ebenso zerlöchert wie die Häuser selbst; verschiedene Augen hatten schon zu früher Stunde teleskopische Blicke durch die Löcher geworfen, die wir mit kleinen Papierrollen verstopft hatten; da die Neugier jedoch angeboren zu sein scheint, dachte sich niemand etwas dabei, die Röllchen herauszuziehen, durch das Loch zu schauen, und das Papier anschließend wieder zurückzustopfen. Mit ihrem Einfallsreichtum hielt Mamma sie auf eine andere Art von diesem Vorgehen ab, und nach einer Stunde harter Arbeit blieben nicht mehr als ein halbes Dutzend Löcher übrig.

Von der Küste aus macht Paola einen wilden und überwältigenden Eindruck: als Sitz hat es sich einen Felsen ausgesucht, und man erreicht es nur über Viadukte, die den alten Römern zur Ehre gereichen würden. Die umliegenden Berge dienen genau dem Zweck, zu welchem sie dort zu stehen scheinen: als sicherer und bevorzugter Rückzugsort für Räuberbanden. Als wir da waren, versteckten sich dort zwischen den Gipfeln die letzten Versprengten jener von einer Frau angeführten Bande, die vierzehn ihrer Mitglieder durch die Erschießungen in Catanzaro verloren hatte. Man muss der Obrigkeit Recht widerfahren lassen; sie tut wirklich alles, um die Rasse der »Abellinos« auszumerzen.

Der Turm des Kastells von Paola, der sich lange Zeit im Besitz der Landesfürsten befand, war Schauplatz zahlreicher gesetzwidriger Kämpfe; dass er in Ruinen liegt, verdankt er der Räuberbande Montebellos: als jene all ihre Angriffe durch die tapferen Verteidiger abgewehrt sahen, verfolgten sie den Geliebten von Donna Isabella, der einzigen Tochter des Grafen, und erstachen ihn; als Isabella ihn am nächsten Tag im Schatten einer Quelle treffen wollte, geriet auch sie in die Hand des Räuberhauptmanns.

Als Geburtsort des großen Franziskus von Paola war die Stadt stets die gläubigste im ganzen Königreich; fast alle männlichen Einwohner sind nach ihm benannt; dem Erfindungsreichtum der Spitznamen, um sich voneinander zu unterscheiden, sind keine Grenzen gesetzt: Cico, Chieco, Quico – der alte Bedienstete, der uns versorgte, hieß Sticco!

Der heilige Franziskus lebte im fünfzehnten Jahrhundert als Eremit in einer der benachbarten Grotten; über seiner ehemaligen Zelle erhebt sich ein großes Konvent, von Franziskanern geführt, einem der Bettelorden, die heute über ausgedehnte Besitzungen verfügen und das Recht haben, an verschiedenen Orten Klöster zu errichten. Das mit klassischen Bögen versehene Gebäude ist von Wäldern umgeben, überragt von gigantischen Felsen und vereisten Gipfeln; um die Szene perfekt zu machen, fehlt nur noch ein Verbrecher, der mit dem Kreuz des Heiligtums entflieht. In der Kapelle, die allein von Frauen betreten werden darf, finden sich ein silbernes Bildnis des Heiligen und seine in goldenen Kästen bewahrten Reliquien: der Mantel, auf dem er die Meerenge von Messina überquerte; der Hut, der ihm als Segel diente; seine Sandalen und zwei seiner Zähne, die er seiner Schwester zur Erinnerung hinterließ, da seine Armut ihm kein anderes Vermächtnis gestattete. Vor dem Altar lag ein Leichnam – die fortwährende Begegnung mit dem Tod stellte sich für uns immer schmerzhafter dar, und dieser Tote zeigte alle Anzeichen, dass sein Leben ein gewaltsames Ende gefunden hatte. Doch ist der Brauch in diesem Land so tief verwurzelt, dass selbst Mitglieder der königlichen Familie davon nicht ausgenommen sind; die Schwester des Königs lag jüngst in der Kapelle des Palastes aufgebahrt, um sie herum ihre Damen und Stallmeister in höfischem Gewand, die Ihre Hoheit alle fünfzehn Minuten nach ihren Wünschen fragten; den Menschen war es gestattet, nahe an ihren Leichnam heranzutreten. Der arme Lablache[69] hatte dieselbe Prüfung zu bestehen, natürlich ohne höfische Zeremonie; seine einst schöne, stämmige Gestalt schien beinahe zu einem Nichts geschrumpft.

Die Klosteranlage war umgeben von »il Deserto«, der Wüste, lag jedoch auf einem schönen, mit frischem Gras bedeckten Hang, wohin der Heilige sich bereits im kindlichen Alter von sechs Jahren zum Gebet zurückgezogen hatte. Zu beiden Seiten des Pfades, der den Hang hinaufführte, stan-

69 Luigi Lablache (1794–1858), neapolitanischer Opernsänger und Schauspieler.

den kleine, mit Bildern ausgeschmückte Kapellen; zwölf neue waren erst vor kurzem in Erfüllung eines frommen Gelübdes von einem der Überlebenden eines Schiffsunglücks errichtet worden. Sie bestanden alle aus schimmernd weißem Porzellan, und in jeder einzelnen war auf farbigen Kacheln eines der Wunder des Heiligen dargestellt: wie er auf seinem Mantel stehend die Meerenge durchfuhr – zur Bestürzung des Schiffers, der sich geweigert hatte, ihn ohne Bezahlung überzusetzen; oder wie er einem ohne Augen, Nase und Mund geborenen Kind ein Gesicht erschuf; oder die Geschichte seines Esels, dessen Hufeisen gegen den Kopf des ungläubigen Schmiedes flogen, der Geld für das Beschlagen des Tieres gefordert hatte. Als er uns darüber lächeln sah, bemerkte unser Führer, den ich euch, Leser, gleich genauer vorstellen will, dass wir heutzutage von ähnlich wunderbaren Dingen hören, die dank Elektrizität und Dampfkraft geschehen.

Dieser Herr verwaltete die Besitzungen des Klosters und wohnte inmitten seiner Anlage. Er war uns von den Freunden in Cosenza in einem Brief, dessen warmer Ton ihre Herzensgüte enthüllte, auf das Beste empfohlen worden; wir schickten das Schreiben am späten Nachmittag zu ihm, und er antwortete uns mit folgenden Worten:

Ehrenwerte Miladi,
da es für das Sanktuarium zu spät ist, kann ich Euch heute Abend keine Aufwartung mehr machen; morgen werde ich dagegen bereit sein, Eure hochlöblichen Befehle entgegenzunehmen.
Ich küsse Eure Hand und wünsche eine glückliche Nacht,
Euer ergebenster Diener,

L———.

Adressiert an die »*Distinta Miladi Emilia*«.

Am nächsten Morgen erschien er in Begleitung eines Jungen, als wir soeben die üblichen liliputanischen Tässchen in einem Raum an die Lippen setzten, dessen nahezu einziges Einrichtungsstück in einem riesigen Fächer über einer Kohlenpfanne bestand, der von einem winzigen Mönch bewegt wurde. Er kniete nieder, um meiner Mutter die Hand zu küssen; dann bat er den Jungen näherzutreten und legte pfundweise Kuchen und gezuckerte Pflaumen in meinen Schoss! Dies war jedoch nicht alles; der Tisch füllte sich geschwind mit Schokolade, Milch und Rosenlikör; niemals haben wir solch ein süßes Frühstück zu uns genommen!

Der Spender wollte keinen Dank, sondern sagte, dass England stets ein Land gewesen sei, das er bewundert habe; so sei es immer schon sein Wunsch gewesen, einigen seiner Kinder etwas Gutes zu tun. Er hielt die Leute im Haus zu jeder uns nützlichen Anstrengung an, führte uns den ganzen Tag umher, suchte das geeignete Motiv für meine Zeichnung aus und sandte ein Kind, das uns zu Diensten sein sollte, um sich selbst zum Abendessen umzukleiden. Mit besonderer Erlaubnis des Klosters kehrte er zu späterer Stunde zurück und brachte uns einige Flaschen des köstlichen Weins von Diamante, einem wenige Meilen entfernt auf einem Felsen liegenden Küstenort. Als Nachtisch erzählte er uns Banditengeschichten; die bemerkenswerteste war die der Anführerin jener Bande, die sich zu ebendieser Zeit oberhalb der Stadt versteckt hielt.

»Sie war die Frau eines Bauern, doch wenn ihr Mann nicht zu Hause war, erhielt sie Besuch von ihrem Nachbarn, einem Waldarbeiter. Ihre zehnjährige Tochter war einmal ungewollt Zeugin dieser Begegnungen und bemerkte: ›Wenn Papa wiederkommt, werde ich ihm sagen, wie liebenswürdig dieser Waldarbeiter zu dir ist, Mamma.‹ Das Paar tauschte Blicke aus. ›Geh nur, mein Schätzchen‹, sagte sie, ›und heize den großen Ofen an, ich will Brot backen, es soll fertig sein, wenn Papa heimkommt.‹ ›Ich habe es schon getan‹, erwiderte das Kind. ›Geh nur und heize tüchtig ein, damit Papas Brot schön knusprig wird.‹ ›Aber Mamma! Der Ofen glüht schon rot.‹ ›Dann komm her und hilf mir beim Backen.‹ Sie fasste ihre Tochter bei den Fersen und schleuderte sie in den glühenden Schlund! Einige Stunden später kehrte der Bauer heim. ›Ich rieche Brand‹, sagte er. ›Es ist nur das Fleisch, das ich dir zum Abendessen bereite.‹ ›Fleisch … es riecht wie Menschenfleisch – wo ist Nina?‹ Ein Schuss durch seinen Kopf war ihre Antwort. Sie hatte seine Waffe ergriffen und abgefeuert. Dann zog sie seine Kleider über und schloss sich mit dem Waldarbeiter den Räubern an. All dies geschah im letzten Juli.«

Der Rezitator jener Tragödie war selbst von tragischer Erscheinung, fast wie ein Bauer gekleidet, und rollte seine Augen in wildester kalabrischer Manier; trotz seiner Liebenswürdigkeit hatte Mamma stets Angst vor ihm, die sicher nicht dadurch gemildert wurde, dass er im Zustand der Aufregung bekannte, »es gebe Leute, deren Blut er trinken könne«. Am folgenden Abend war ich töricht genug, ihn zu bitten, uns eine noch schrecklichere Geschichte zu erzählen – als wenn das möglich wäre. Er jedoch begann mit einer Erzählung, die so grauenhaft war, dass wir ihr nicht weiter zuhören mochten; sie hatte sich erst eine Woche zuvor ereignet.

Wegen der Erdbeben, der Räuber und der Furcht, unseren augenrollenden Freund zu beleidigen, begann Mamma darüber nachzudenken, dass wir uns lange genug in diesem Land aufgehalten hätten und besser mit dem nächsten Dampfer abreisen sollten; der wurde jeden Tag erwartet; allerdings musste das Wetter schön sein, da Paola keinen Hafen besitzt, sondern nur eine leidlich geschützte Bucht, die manche Dampfer auf dem Hin- oder Rückweg von Neapel ansteuern, um die einen Waren an Bord zu nehmen und die anderen auszuliefern. Einer von ihnen, die »Sorrento«, ist sehr viel größer und besser ausgerüstet als die anderen; auf ihn wollten wir warten. Die Temperatur war milder geworden, hin und wieder fiel Nieselregen, den die Bevölkerung als zu heftig erachtete, der Feldarbeit nachzugehen, nicht jedoch, um in den Straßen zu stehen und zu rauchen; zu unserem Glück, denn sie und ihre Gestik vom Fenster aus zu beobachten, war Unterhaltung genug. Sie hatten bequeme wollene Kappen mit langen, farbenfrohen Troddeln über ihre Köpfe gezogen; wir schlossen einen hochaufgeschossenen Gesellen, der uns mit etlichen guten Dingen versorgt hatte, in unser Zimmer ein und ließen ihn mit hochroten Wangen für unsere Zeichnung Modell stehen. Er hatte verschiedene Sorten von Wein aus der Gegend gebracht, ein Geschenk unseres Freundes, dessen Großzügigkeit sich im Laufe unseres Aufenthaltes immer weiter steigern sollte – ein schönes Beispiel vom Charakter dieses Landes! Hier geschieht alles im Extrem; selbst die Flüsse stürzen ungestüm als Wildbach daher oder trocknen vollständig aus und hinterlassen ein hartes, ausgedörrtes Bett – niemals fließen sie ruhig und besinnlich.

Mehrere der Mönche statteten uns tagsüber Besuche ab – gut gelaunte Dickerchen, die bei ihrer Brot- und Fischdiät – Fleisch war den Ordensregeln nach verboten – sehr gut gediehen. Sie hatten nicht viel zu berichten, niemand in Paola erhält irgendeine Ausbildung außer der, die ihm die Natur mitgibt; Fibeln sind den Sekretären der gehobenen Klassen vorbehalten. Der Sohn des Wirtes, der winzige Mönch, den ich bereits erwähnte, war ein zukünftiger Franziskaner; er war dem Orden als Dank für die Genesung von einer gefährlichen Kinderkrankheit »versprochen« worden. Ich bat seinen Vater, ihn nicht gegen seinen Willen in eine Zelle zu zwingen, worauf er antwortete, dies läge nicht in seiner Absicht, doch: »du wünschst es so, nicht wahr, Cico, mein Lieber?« »Ja, Tata«, antwortete das bemerkenswerte Kind.

Am nächsten Tag war das Wetter schön, und uns wurde versichert, das Schiff träfe jeden Moment ein; die Stunden vergingen, ohne dass es sich zeigte. Schließlich bekannte unser Gefolge, dass sonntags nie ein Schiff käme; die Zollstellen und Büros seien überall geschlossen. Dieser Vorfall brachte auf schmerzliche Weise die Neigung zum Vorschein, bei Angelegenheiten, die man für unbedeutend hält, von der Wahrheit abzuweichen; und obwohl ich eine innige Dankbarkeit für all die vielen zartfühlenden Liebenswürdigkeiten hege, die uns durch diese Fremden entgegengebracht wurden, so vermag ich es nicht, der Tatsache gegenüber die Augen zu verschließen, dass die Engländer sich bei der großen Prüfung des Charakters – der Wahrheit – als überlegen erweisen; was keinesfalls heißt, dass man den Kalabresen in wichtigen Dingen, bei denen die Ehre auf dem Spiel steht, nicht trauen kann; doch in den kleinen Belangen des täglichen Lebens werden sie, teils aus Redseligkeit, teils durch den gutmütigen Wunsch, dem anderen etwas zu Gefallen zu sagen, zu Ausrutschern verleitet, die einen englischen Gentleman entsetzen würden. Doch da wir weder in Sizilien noch in Kalabrien eine einzige unangenehme Auseinandersetzung hatten, kann ich ihre Moral nicht kritisieren; und am folgenden Tag, als die »Sorrento« endlich eintraf, und sich der ganze Ort versammelt zu haben schien, um das Boot zu verabschieden, das uns forttragen sollte, fühlten wir unsere Herzen schwer werden. Lebwohl, Kalabrien, lebt wohl, Küste und Berge!

Das Schiff tanzte lebhaft im Golf von Policastro und Salerno; dann wiegte es uns in den sanfteren Gewässern von Sorrent in den Schlaf. Wir erwachten in Neapel durch Kanonenschüsse, die dem Namenstag des Herrschers galten: es war San Ferdinando. Wir gingen an Land, fuhren zum Hotel, nahmen unseren Platz unter zivilisierten Menschen ein und bemerkten, dass es ein Leben gibt ohne Bewunderung von allen Seiten.

Kapitel XXIII

Rast in Neapel und Portici

Der Trubel von Neapel –
Mittelmäßige Hotels und gleichgültige Gastwirte –
Flucht nach Portici – Ausflüge in die Hauptstadt –
Die Gespanne der Geschäftsinhaber – Pulcinella –
Neapolitanische Mädchen –
Anekdoten vom König und den Engländern –
Eine Tragödie im wirklichen Leben

Neapel, liebe Leser, ist eine Stadt, die ihr besuchen müsst; ihr müsst ihre Bucht, ihre Panoramen und Museen sehen, um dann so rasch wie möglich zu entfliehen. Sie erscheint als poetische Heldin zahlreicher Verse, lachend und leuchtend im Glanz der sie umgebenden saphirblauen Ufer – wie groß ist daher das Entsetzen, sie in ihren eigenen Straßen zu sehen; es ist, als besuchte man eine strahlende italienische Schönheit in der Wirrsal ihrer frühen Morgenstunden.

Die Streitigkeiten, die euch bei eurer Landung erwarten, sind nichts als der Anfang des Zwistes, der euren gesamten Aufenthalt begleiten wird, und die halbbekleideten Träger, die euer Gepäck unter den Arm klemmen, nicht weniger habgierig als die Gastwirte, die auf eure Piaster warten. Allein, um unsere kleinen Taschen durch den Zoll zu bringen, erforderte es das Bajonett einer Schweizer Garde; der italienische Wachposten war damit beschäftigt, uns anzubetteln.

Mögt ihr mehr Glück mit dem Zufluchtshafen haben, den ihr anlauft! Uns erwartete keine freundliche Begrüßung, sondern grober und halsabschneiderischer Eigensinn. Erschöpfung und Unpässlichkeit hielten uns einige Tage lang im »Crocelle« fest, bis wir in der Lage waren, ins »Iles Britanniques« umzuziehen, wo uns ein behaglicher Kamin und gute Mahlzeiten erwarteten. Doch halt, Leser, bevor ihr uns folgt: der Wirt war ein Exemplar der unsympathischen Gattung; nachdem er uns zu einem sehr hohen Preis einen einmonatigen Aufenthalt in seinem Haus bewilligt hatte, begann er, mit uns zu experimentieren, und wollte uns dazu bringen, acht Guineen pro Woche für ein Wohn- und Schlafzimmer im dritten Stock zu zahlen, da, wie er sagte, reichlich Leute aus Rom kämen, die ihm das Haus füllen würden. Als er feststellte, dass er sich in uns getäuscht hatte, sah er sich gezwungen, auf Dreistigkeiten zurückzugreifen; doch wir widerstanden der Erpressung und gaben ihm, als wir einige Tage später zum Vesuv aufbrachen, lediglich die anfangs vereinbarte Summe, die vernünftigerweise angenommen wurde.

Portici machte einen so friedvollen und hübschen Eindruck inmitten der Weinberge des köstlichen Lacryma Christi, dass wir dachten, wir sollten in einem seiner weiß gekälkten Landhäuser Unterkunft finden; wir entschieden uns für ein kleines Häuschen, dessen schönstes Stück in einem leuchtend roten Seidenbaldachin bestand, unter dem sich der Blick auf Ischia und Capri, auf Baia und Sorrent genießen ließ. Dieser Anblick beim Frühstück war dem der ihren Bart kämmenden Amerikaner, die ihre Toilette – wie im letzten Hotel geschehen – in Säckchen mit sich führten, bei weitem überlegen. Die Bediensteten bestanden aus einem alten Fischer namens Gennaro, dem Verwalter, einem vorlauten Papagei, der auf den Namen Concetta hörte, den beiden Töchtern des Hauses, die sich abwechselnd wie Kammerzofen oder Hofdamen verhielten, und einer alten Hausdame, die auf sie zu achten hatte, während ihr Vater in der Stadt beschäftigt war.

Es ist erstaunlich, dass Portici, vor den Toren von Herculaneum am Fuße des Vesuvs gelegen, kaum eine halbe Stunde von Pompeji und Castellammare entfernt und mit romantischen Stränden und Felsen für Streifzüge gesegnet, über kein einziges Hotel verfügt, das englischen Gästen angemessen ist. Eine zehnminütige Bahnfahrt brachte uns nach Neapel, wo wir freundlich in der Bank empfangen wurden, unsere Unterlagen einsahen und mit Mrs. T———, der Frau unseres Bankiers, zu Mittag aßen. Sonntags besuchten wir die Englische Kirche, an deren Eingang jedem einzelnen Kirchgänger vier *carlini* abverlangt wurden, was uns für einen Familienvater recht hart erschien. Die Teilnahme am Gottesdienst war dürftig.

Am Sonntagnachmittag besteigt jeder Neapolitaner, der es sich leisten kann, ein wie auch immer geartetes Gefährt und macht einen Ausflug auf der Mergellina, der neuen Straße, die nach Baia führt; die Gespanne der Geschäftsinhaber weisen nicht die geringste Eleganz auf; ein Ladenbesitzer aus der Via Toledo erscheint jede Woche abwechselnd in vier verschiedenen Karossen; weniger vermögende Händler teilen sich mit zwei oder drei Familien einen Wagen für den Korso an Sonn- und Donnerstagen; an den anderen Tagen vermieten sie ihn an Fremde. Ihr großes Sommervergnügen besteht darin, die Grotte von Posillipo, ein langgestreckter Tunnel, hinauf- und hinabzufahren und anschließend auf einem Boot zu Abend zu essen.

Das große Opernhaus, das Teatro di San Carlo, würde den Reichtum von London oder Sankt Petersburg erfordern, um die Aufführungen seiner Größe entsprechend auszustatten. In den letzten Jahren wurde ein besonderes Augenmerk auf das Ballett gelegt; die schönen Beine der Tänzer und Tänzerinnen sind mit türkischblauer Seide bekleidet. Die wahrhaft traditionelle Spielstätte ist allerdings das San Carlino, wo stets ein geistreiches Stück mit Pulcinella in der Hauptrolle gegeben wird; die Darstellung ist so ausgezeichnet, dass sie die Geschichte durch sämtliche Irrgärten des neapolitanischen Dialekts hindurch verständlich macht. Das Stück, das wir anschauten, hieß zufälligerweise »Il Forestiere«, der Fremde: ein junger Mann wird auf eine der spöttischen Befragungen *con amore* in die Gesellschaft eingeführt. Als er seiner Angebeteten einen Besuch abstattet, erschrickt der Arme zu Tode, da er kein anderes Wort aus ihr herausbekommt, als »per servirla«: zu Ihren Diensten, ein Ausdruck der Höflichkeit, der ins Absurde geführt wird; bei den unteren Klassen ist er gleichbedeutend mit Betteln: »da mi qualcosa«: gib mir etwas; schließlich läuft der junge Mann mit dem Ausruf »Bestia!« davon – die Antwort lautet nicht anders als »per servirla!«

Unsere Mädchen in Portici verstanden sich besser auf die Kunst des Flirtens. Die Hausdame war die ganze Zeit damit beschäftigt, sie von den Fenstern fernzuhalten, wenn die Zoll- und Bahnoffiziere passierten; einmal gelang es Nanetta jedoch, eine Nelke durch die Jalousie gleiten zu lassen und schüchtern zu fragen »Habt Ihr etwas für mich?« Es war den beiden verboten, das Haus zu verlassen, mit Ausnahme der Sonntage, an denen ihr Vater sie ausführte; kleine Stickarbeiten schienen ihre einzige Beschäftigung zu sein. Ich versuchte, sie ein wenig zum Lesen anzuhalten, sie konnten jedoch kaum ein Wort entziffern, obwohl ein Lehrer zu einem monatlichen Gehalt von sechs *carlini* engagiert worden war, sie jeden Morgen zu unterrichten.

Als ich am nächsten Tag über seine Schulter schaute, um seiner Methode auf die Spur zu kommen, zeigte sich, dass diese darin bestand, die mutige kleine Heldin vom Vortag nach seinem Diktat einen Liebesbrief an ihren abwesenden Verlobten schreiben zu lassen.

Der Kleidungsstil beider Mädchen bestand in Lumpen am Vormittag und gelegentlichen Ausbrüchen an aufgeputzter Eleganz am Nachmittag: die Schränke waren voll teurer Kleider und Accessoires, die zu kirchlichen Festen alle auf einmal angelegt wurden. Sie ließen stets ein Licht vor dem Bildnis der Madonna in unserer Vorkammer brennen, zogen Weizen in Blumentöpfen, um diese am Karfreitag nach altem Brauch um den Körper Christi zu drapieren, und hatten bereits einen Korb voll purpurner Ostereier gefärbt. Da Fastenzeit war, bekam man wenig Fleisch, Fisch jedoch im Überfluss, vor allem eine Delikatesse aus Tintenfisch und Frutti di Mare, die von den Fischern direkt ins Haus gebracht wurde. Eines Morgens ergriffen sie die Gelegenheit, uns geheimnisvoll zu fragen, ob wir am Strand nach Schätzen suchten – sie hatten gesehen, wie wir Muscheln und Seetang sammelten.

Die Seeleute versuchten seit drei Wochen den rechten Tag zu finden, um uns nach Ischia überzusetzen, ein Beweis dafür, dass auch in jener Gegend nicht ständig sommerliches Klima herrscht. Die Heftigkeit des Windes drückt sich am besten in seinen Beschreibungen aus: kommt er von Norden, so »klappt er einem die Nägel um«; von Süden wehender Wind führt zu dem Spruch »das hat der Schirokko getan«, will man etwas Dummes oder Schadenbringendes beschreiben. Die Beschwerden eines uns fremden Invaliden mussten schon sehr besondere sein, um von solcherart luftigen Heilmitteln kuriert zu werden. Reisende sollten sich nie ohne ein einfaches Medikament bewegen, das uns von einem einheimischen Arzt gegen einen, wie er es nannte, Anfall von »innerem Rheumatismus« verschrieben wurde; es handelt sich um getrocknete, in einem Liter Wasser gekochte Granatapfelschale, wovon man eine Stunde vor jeder Mahlzeit ein Glas trinken soll.

Im königlichen Garten rund um den Palast lassen sich herrliche Spaziergänge unternehmen; die immergrünen

Steineichen wucherten so dicht über den Pfaden, dass sich die Strahlen der zarten Sonne in ihrem Blattwerk verfingen. Seine königliche Hoheit wird von den Einwohnern Porticis als menschlich, liebenswürdig und großzügig bezeichnet. Ein englischer Gentleman, der eine Audienz erbeten hatte, um Seine Majestät um Unterstützung beim Voranbringen des Eisenbahnbaus zu bitten, wozu bereits fünf Jahre zuvor eine Kaution hinterlegt worden war, versicherte uns, sein Benehmen sei exzellent. Als er von seinem Bittsteller nahezu bedrängt wurde, bemerkte er: »Haltet Ihr mich für einen Gentleman?« »Ja, Sire.« »Dann sollt Ihr auf Ehrenwort des Gentleman alles bekommen, was Ihr wünscht!« gab er zur Antwort und legte die Hand auf sein Herz.

Auf seinen Befehl hin wurden die Arbeiten sogleich begonnen, doch ehe der Grund noch umgegraben war, kam die Anordnung eines neidischen Ministers, alles ruhen zu lassen – eine Hintertreibung der königlichen Autorität.

Als die Engländer von den Erdbeben in der Basilikata und in Bari erfuhren, spendeten sie eine große Geldsumme für die Notleidenden, geknüpft an die Bedingung, sie durch ein oder zwei ihrer Landsleute verteilen zu lassen, was – wiewohl für die italienischen Behörden nicht schmeichelhaft – akzeptiert wurde. Die Deutschen waren noch praktischer, sie zahlten den Leuten Löhne, um ihre eigenen Häuser wieder aufzubauen. Seit der großen Erschütterung wurden acht kleine Beben von dem Wetterturm auf dem Vesuv gemessen.

Eine der zahlreichen sehr geschmackvollen Villen rund um Portici wurde vor einigen Jahren zum Schauplatz eines grässlichen Ereignisses. Die Besitzerin war eine schöne französische Komtesse, in die sich ihr zukünftiger italienischer Ehemann verliebt hatte, als er in der Botschaft in Paris beschäftigt war.

Er hatte sie für einige Stunden allein gelassen, und sie war mit ihrem Kind im Arm eingeschlafen, als eine finstere Gestalt ihre Terrasse verdunkelte, zum Bett schlich und ihre Schmuckschatulle ergriff. Das verängstigte Kind schrie, und der Dolch des Diebes hätte wohl seine Brust durchbohrt, wäre er nicht durch die verzweifelte Anstrengung der Mutter in deren eigene geleitet worden, worauf sie tot zu Boden fiel. Der Mörder floh. Das Kind, stumm vor Entsetzen, kroch zwischen die Kissen; eine große, schwarze Katze, die die Wärme liebte, schnurrte herein und rollte sich auf seinem Körper zusammen. Am Morgen fand man das Kind, dessen Augen starr auf das Tier gerichtet waren – ihre Sehkraft jedoch für immer verloren hatten.

Der Marquis, der bei seiner Heimkehr die Frau ermordet und das Kind geblendet fand, zog sich für den Rest seiner Tage mit ihm nach Amalfi zurück. Seine Tochter wuchs dort zu einer wunderschönen jungen Frau heran, und ein sizilianischer Herr, der sich auf Reisen an der Küste befand, verliebte sich in sie, als sie sich über die Brüstung ihres Pavillons beugte, um wie eine Sirene den Wellen zu lauschen.

Er wurde aufgenommen, wurde geliebt, und beide standen vor dem Traualtar. Als er den Ring auf ihren Finger schob, taumelte der Vater und stürzte. *Es war derselbe Ring, mit dem er ihre Mutter geheiratet hatte!*

Der Mörder war nach Sizilien entkommen, war dort gestorben und hatte seinen Sohn vermögend hinterlassen; und dieser Sohn fand sich nun unwissentlich im Angesicht der Opfer seines Vaters wieder.

Die junge Dame wurde nach Haus gebracht und erlag den Folgen dieses Schocks.

Kapitel XXIV

Fahrt durch Rom und Florenz

Korallen und Lava – Mola di Gaeta – Ein Dieb in Terracina –
Büffel und ihre Hirten – Ankunft in der Ewigen Stadt –
Die Karwoche – Freuden der Landschaft –
Zwei Wochen in Civitavecchia – Florenz im Frühling –
Ein letztes Abenteuer – Blumen und Abschied

Mit einem Korb verästelter Korallen und grüner Lavastücke aus dem glänzenden Strom, der vom letzten Ausbruch des Vesuvs übrig geblieben war, bestiegen wir am Bahnhof von Neapel eine schöne Droschke und machten uns auf den Weg nach Rom.

Als erstes stach die auf dem Meer ruhende rundgebogene Nase von Mola di Gaeta hervor. Die Frauen mit ihren lockigen Köpfen waren so anmutig wie die umliegenden Hänge und Gärten. Die königliche Residenz ließ uns an eine Festung denken.

In Terracina hieß es »Vale, Vesuvius!«, leb wohl, Vulkan: zum letzten Mal sahen wir dem schattigen Kegel, der nun in mythischer Entfernung lag, einen dünnen Rauchfaden entsteigen; doch, Leser, gebt euch diesem Anblick nicht allzu sehr hin: lasst euch vor einem kleinen Trick warnen, durch den man sich im Hôtel Royal unseres Besitzes bemächtigte. Wir wollten soeben den Wagen zur Weiterfahrt besteigen, als Mamma ihren besten Kaschmirschal vermisste. »Ich werde nachschauen!«, rief der Kellner. Er verschwand für einige Minuten und kam bedauernd zurück: »Es war kein Schal zu sehen.« Dabei wusste Mamma genau, dass sie ihn über der Lehne ihres Stuhles hatte liegen lassen. Die Suche blieb erfolglos – der Wirt war verantwortlich für das Verschwinden, doch wer konnte ihn zwingen, den Schal herauszugeben? Künftige Reisende sollten selbst nachschauen, falls sie etwas vergessen haben.

Prächtige Büffel grasten am Rande der Pontinischen Sümpfe, deren einzige Irrlichter aus lebhaften Sonnenstrahlen bestanden. Zu Mittag rasteten wir bei einem abgeschiedenen Haus, dem »Forum«; Gruppen von Hirten und Viehtreibern lagen ausgestreckt im Gras und lasen einander aus dem »Leben eines Christenmenschen« vor. Die Frauen trugen weiße, mit Borten verzierte Hauben, die »Cascate«.

Von Albano aus, einem Ort so schön wie sein Name, blickt man auf die Ewige Stadt, an deren Toren vernünftige Entgelte dafür sorgten, lange Wartezeiten zu vermeiden. Nachdem wir jedes Hotel im Umkreis der Piazza di Spagna angefahren hatten, die durch die Nähe zur Karwoche jedoch sämtlich überfüllt waren, fanden wir Unterkunft im »Minerva« nahe beim Pantheon und saßen in einem großen, mit Göttern und Göttinnen ausgeschmückten Saal zu Tisch – zusammen mit einhundertsiebzig anderen Menschen, fast ausnahmslos Franzosen; da wir keine Krinoline trugen, ließen sie uns glücklicherweise in Ruhe.

Ich werde es nicht wagen, über Rom zu schreiben; seine Herrlichkeit, seine Bedeutung und sein Elend rühren durch ihre eigene Beredsamkeit an das Herz des Betrachters; die perfektesten Beschreibungen können durch Aussparungen nur an imaginärer Kraft gewinnen. Die Karwoche ist eine schwierige Sache; Menschen aller Nationen versammeln sich, um ehrfurchtslos, wie Horden nun einmal sind, ein Spektakel zu bestaunen, das doch heilige Andacht erfordert. Der Petersdom ist der einzige Ort, wo es eine würdige Zeremonie zu sehen gibt; seine Erhabenheit stellt alles andere in den Schatten.

Die Campagna Laziale, die Landschaft rings um Rom, scheint keine Freunde zu besitzen, die gut über sie sprechen; für uns hingegen waren ihre Eigenschaften ein Quell der Freude. Keine komplizierte Umzäunung hindert am Befahren ihrer ausgedehnten Weite oder zwingt dazu, nach einer herkömmlichen Straße zu suchen. Dem Boden, der nichts als dürftige Unfruchtbarkeit zu verheißen scheint, entsprießen die süßesten Frühlingsblumen, wo immer sie auch nur das kleinste Plätzchen finden; jeden Augenblick tauchen stattliche Ruinen auf und geben vor dem Hintergrund der Sabinischen Hügel Motive ab, die man zeichnen und über die man über Stunden, die allzu rasch dahinfliegen, nachsinnen kann. Herden römischer Rinder grasen rund um alte Bauernhöfe, deren Bewohner den umherziehenden Fremden in verständlichster Sprache und mit den höflichsten Manieren in ihrem Haus willkommen heißen, um ihm fette Milch vorzusetzen. Hier und da lebt ein Tagelöhner in einer alten Gruft, mit ein oder zwei Stachelschweinen, deren Stacheln den Boden bedecken, und einer Flasche Wein, die auf den Steinen steht, kühl wie der Falerner. Wollt ihr in einer romantischen Umgebung Italienisch lernen? Geht, und erkundet die Campagna. Wollt ihr euch an Gesundheit und Kraft erfreuen? Galoppiert über ihr weiches Wiesenmeer.

Was haltet ihr von der Idee, meine Leser, zwei Wochen in Civitavecchia festgehalten zu werden, an Reichtümern nichts als die Kiesel der Küste zu haben, und euch an der Betrachtung von Sträflingen – Mörder in Rot, andere Missetäter in safranfarbener Kleidung – zu erbauen? Wir werden die Verzögerung, die unserer Abneigung geschuldet war, uns bei schlechtem Wetter einzuschiffen, nie bedauern, gab sie uns doch Gelegenheit, den französischen Charakter unter den angenehmsten Umständen kennenzulernen. Wie es der

Gewohnheit der Franzosen entspricht, bildeten sie eine kleine Kolonie aus Marine-, Militär- und Zivilbeamten mit ihren Familien – ein verträgliches Miteinander, wo keine Zeit im Streit um die Etikette verloren wird; man trifft sich abwechselnd im Haus des einen oder des anderen, mit dem einzigen Ziel, glücklich zu sein. Die Empfänge beim Admiral bestanden in einer Mischung aus Esprit und Kartenspiel; so war es auch in anderen Häusern; im Anschluss an die dortigen Empfänge wurde jedoch noch Musik geboten. Es besteht ein immenser Unterschied zwischen dem Charakter der Pariser und der gutmütigen, gesunden, provinziellen Art der übrigen Franzosen. Wir wohnten im Hôtel de l'Europe, das – bis auf sein Erscheinungsbild – in allem den anderen, näher bei der Festung liegenden Hotels überlegen war; deren weiträumige Säulenhallen dienen nur dazu, Reisende in die Falle zu locken und zu jedem möglichen Unsinn zu verführen. Als wir bei unserem Aufenthalt in Florenz zu einem Empfang bei Hofe geladen waren, stimmte uns die Frage einer Großherzogin: »Welche Herberge habt Ihr in Civitavecchia gefunden?« augenblicklich heiter.

Florenz zeigte sich uns zur allerschönsten Jahreszeit, in jenen Wochen, die die russische Kälte des Winters von der indischen Hitze des Sommers trennen. Seine zu neuem Leben erweckten Bewohner fuhren vergnügt in den frühlingshaften Einspännern durch den blumigen Reigen hübscher Mädchen mit Strohhüten, und ließen sich in der kühlen Dämmerung am Arno nieder, diesem silbrig glitzernden, von Glühwürmchen beleuchteten Fluss.

Alle waren so freundlich gestimmt wie die Luft um sie her, deren sanftes Wehen selbst die Ateliers der Künstler durchzog. Eines Morgens blickten wir in das Studio von Romanelli[70]

70 Pasquale Romanelli (1812–1887), Florentiner Bildhauer und Begründer der berühmten toskanischen Künstlerdynastie der Romanelli.

und bewunderten seine bildschöne Statue »Italien trägt den Kelch des Leidens«, als er nach einigen Begrüßungsworten ausrief: »Signora, würdet Ihr mir Modell stehen?« Wir lachten überrascht, doch er fügte hinzu: »Ich habe zahlreiche klassische Modelle; eine Studie von Euch, sei es auch nur als Büste, würde für große Abwechslung sorgen.« Er ergriff zwei Zirkelpaare und nahm Maß; dann formte er eine mir in kleinem Maßstab exakt entsprechende Gestalt. Sein Meister, der große Bildhauer Bartolini[71], dessen Position und Atelier er übernommen hatte, war von ebenso romantischer Einbildungskraft gewesen, und an den Wänden des Ateliers befand sich eine solche Vielzahl an Büsten, dass man hätte meinen können, die Heilige Ursula habe hier mit ihren elftausend Jungfrauen Zuflucht gefunden.

Lord Byrons Mätresse, die Komtesse Guiccioli, hatte befohlen, ihre Locken nochmals nachzumeißeln; die »Vier Jahreszeiten« warteten darauf, einen von einem irischen Adligen bestellten Kandelaber zu zieren; die »Verlobte«, verschleiert und bekränzt, stand auf einem Piedestal und machte einen ebenso bemerkenswerten Eindruck wie die Umgebung, in der sie sich befand; vor einem Baum kniend, schaute der »Sohn des Wilhelm Tell« zu dem Apfel hinauf, den der Pfeil seines Vaters geteilt hatte; und »Unschuld« umklammerte eine Taube über eines Kindes Grab. Romanellis Arbeiten sind voller Ausdruck; er selbst ist ein äußerst angenehmer, intelligenter Mann mit dem Charakter eines Gentleman, der sich an den Worten ermessen lässt, mit denen er uns eine bildschön in Alabaster ausgeführte Büste zeigte: »dies habe ich zur Entspannung angefertigt«. Vor kurzem wurde eine Art der Alabasterbearbeitung entdeckt, die ihn wie den feinsten Marmor erscheinen lässt.

---

71 Lorenzo Bartolini (1777–1850), toskanischer Bildhauer, der seine Karriere als »alabastraio« in Volterra begonnen hat.

Ein anderer ehrenwerter Bewohner der Stadt Lorenzo il Magnificos ist Mr. Horace H———; wer das Glück hat, ihn zu kennen und in Maiana zu besuchen, wird feststellen, zu welcher Perfektion eine italienische Villa durch englische Fertigkeit gebracht werden und welch ein großartiger Gastgeber man als reicher Bankier sein kann. Nach dem Abendessen fahren zahlreiche Florentiner Damen zu seinem Anwesen hinaus, um an einer seiner Billardrunden teilzunehmen. Als wir schließlich aufbrachen, sangen die Nachtigallen so süß in den duftenden Sträuchern, dass jede Müdigkeit sofort verflogen war.

All die großartigen Bergrouten, auf denen Italien verlassen werden kann, liegen nun offen vor uns – wir wählen den Splügenpass, überqueren den Comer See und gelangen zum ersten Chalet, wo die Natur soeben ihre Schneedecke fortgezogen und das Sommertuch entrollt hat. Die Blumen lassen nicht auf sich warten, sie sprießen geschwind auf allen Seiten: der Enzian in tief mediterranem Blau und das Vergissmeinnicht, hell wie der Himmel des Nordens, gedeihen nebeneinander an ihrer jeweiligen Landesgrenze. Vom letzteren pflücke ich ein Zweiglein für euch, liebe Leser, und lasse euch in seiner angenehmen Gesellschaft zurück.

An die Frühlingsblumen

Verfasst von meiner Mutter

Steig, kleiner Krokus, aus deinem Grab,
Bring rasch deine goldene Kuppel zu tag;
Die kleinen Spitzen aus silbrigem Grün
Schon lang in verhaltenem Warten stehn,
Zusammen mit deinem frühesten Freund,

Schneeglöckchen, bleich und zierlich gebeugt;
Dort blinzelt das Schlüsselblümchen herfür,
Eine alte Bekanntschaft erneuert sich hier;
Während unter dem frischen Rasenstück
Das Veilchen süß noch senkt den Blick;
Frühmorgens spazierten wir über das Land,
Wo schon da und dort ein Maßliebchen stand,
  Rasch – aus Furcht vor dem Verlust,
  Banden wir's mit feuchtem Moos,
Und verspielte Lämmer schienen zu sprechen,
»Wollt die schmackhaften Köpfchen nicht brechen.«
Welch tiefe Bedeutung erfüllt die Natur!
Blieb uns die leiseste Ahnung nur;
  Die vielen Steine auf dem Strand,
  Von wilden Wogen täglich überrannt,
  Selbst zwischen ihnen man noch eine Blume fand!*

* Die Seeanemone

DIE KÜHNE REISENDE in der Edition Erdmann

»Dieses Buch führt jedem vor Augen,
was der Krieg in Syrien zerstört.«
Rainer Hermann, FAZ

Gertrude Bell

Das Raunen und Tuscheln der Wüste

Eine Reise durch das alte Syrien

Aus dem Englischen von Ebba D. Drolshagen

312 Seiten / 13 x 21,5 cm / 22,00 €
ISBN 978-3-7374-0019-0

Alexandra David-Néel

Im Herzen des Himalaya

Unterwegs in Nepal

Aus dem Französischen von Eva Moldenhauer

208 Seiten / 13 x 21,5 cm / 18,00 €
ISBN 978-3-7374-0020-6

Zwischen Kulturschock und Faszination:
IN MAROKKO ist der beeindruckende Bericht einer der bekanntesten und erfolgreichsten Schriftstellerinnen des 20. Jahrhunderts!

Edith Wharton

In Marokko

Vom Hohen Atlas nach Fès – durch Wüsten, Harems und Paläste

Aus dem Amerikanischen von Ebba D. Drolshagen

216 Seiten / 13 x 21,5 cm / 20,00 €

ISBN 978-3-7374-0021-3

Die Reihe DIE KÜHNE REISENDE
wird herausgegeben von Susanne Gretter

FSC
www.fsc.org
MIX
Papier aus verantwortungsvollen Quellen
FSC® C083411

Bibliografische Information der Deutschen Nationalbibliothek
Die Deutsche Nationalbibliothek verzeichnet diese Publikation in der Deutschen Nationalbibliografie; detaillierte bibliografische Daten sind im Internet über http://dnb.d-nb.de abrufbar.

Die Übersetzung folgt der Originalausgabe: Unprotected females in Sicily, Calabria, and on the top of Mount Aetna. Routledge, Warnes and Routledge, London 1859
Lektorat: Susanne Gretter, Berlin
Covergestaltung: Karina Bertagnolli, Wiesbaden
Bildnachweis: Die Bucht von Palermo mit dem Monte Pellegrino, Carl Bernhard Schlösser 1892 © akg-images
Satz und Bearbeitung: SATZstudio Josef Pieper, Bedburg-Hau
Der Titel wurde in der Dante MT Pro gesetzt.
Gesamtherstellung: CPI books GmbH, Leck – Germany

ISBN: 978-3-7374-0022-0

www.verlagshaus-roemerweg.de